Trennung überwinden

Trennung überwinden

Der Weg vom Liebeskummer zur Lebensfreude.
Ein Trennungsratgeber für Herz und Verstand.

Wieland Stolzenburg

Bibliografische Information der Deutschen Nationalbibliothek:
Die Deutsche Nationalbibliothek verzeichnet diese Publikation in der Deutschen Nationalbibliografie; detaillierte bibliografische Daten sind im Internet über http://dnb.dnb.de abrufbar.

Lektorat: Karina Kawaletz, www.karina-kawaletz.de
Coverdesign: Asad Saleh Hayat, Wieland Stolzenburg
Coverfotos: Stasknop, Adobe Stock

Herstellung und Verlag: BoD – Books on Demand, Norderstedt

ISBN: 9783748173212

Inhaltsverzeichnis

Hinweise

Die in diesem Buch enthaltenen Informationen, Aufgaben und Übungen ersetzen nicht die Untersuchung und Beratung beim Arzt oder Therapeuten. Ebenso sind sie keine therapeutischen Anweisungen; sie dienen lediglich der Vermittlung von Wissen und geben praktische Hilfestellungen. Die Umsetzung der Übungen sollte gegebenenfalls mit einem qualifizierten Therapeuten besprochen werden.

Aus Gründen der besseren Lesbarkeit wird auf die gleichzeitige Verwendung männlicher und weiblicher Sprachformen verzichtet. Sämtliche Personenbezeichnungen gelten für alle Geschlechter.

Über mich

Mein Name ist Wieland Stolzenburg und da ich immer wieder gefragt werde, Wieland ist mein Vorname. Ich bin Beziehungspsychologe und begleite Menschen dabei, erfüllende Beziehungen zu führen: Mit sich selbst, ihren Partnern und allen anderen Menschen in ihrem Leben. Meine Unterstützung biete ich als Berater und Therapeut, als Autor und Redner oder als Interviewpartner für verschiedene Medien an.

Schwerpunkte meiner Arbeit sind alle Themen und Fragestellungen rund um Partnerschaft, Beziehung und Selbstverantwortung.

Ich habe Betriebswirtschaftslehre (Hochschule Pforzheim) sowie Psychologie (LMU München) studiert und verschiedene therapeutische Ausbildungen absolviert.

Zwei Bücher sind bereits von mir erschienen: 2018 der Beziehungsratgeber für Paare und Singles *Beziehungsleben.* In dem Buch geht es darum, wie wir die Lösung für alle Beziehungskonflikte in uns finden können. Mein erstes Buch *Männer verstehen für Dummies* ist 2015 im Verlag Wiley-VCH erschienen.

Weitere Informationen über mich und meine Tätigkeit findest du auf meiner Website: www.wielandstolzenburg.de

Einleitung

Eine Trennung ist eine Trennung und kein Zuckerschlecken. Wir sind verlassen worden und müssen uns nun mit all den Gefühlen, insbesondere dem Schmerz und den vielen Veränderungen im Leben, zurechtfinden. Häufig wissen wir nicht, wie wir da wieder herauskommen sollen. Mit diesem Buch begleite ich dich in dieser herausfordernden Zeit. Du bist nicht allein, da es Hilfe und Unterstützung gibt. Ich kenne diese schwere Zeit selbst durch eigene Trennungserfahrung sowie durch die Arbeit mit Klienten, welche ich als Psychologe in meiner Beziehungspraxis durch ihren Trennungsprozess begleitet habe. Da Liebeskummer ein persönliches Thema ist, bin ich dafür, dass wir uns Duzen.

Einen Teil kann ich zu Verarbeitung und Heilung beitragen: Durch die Impulse, Gedanken, Hintergründe sowie durch Übungen und das Aufzeigen von neuen Wertungen und Perspektiven in diesem Buch. Für den anderen Teil brauche ich dich, beziehungsweise besser gesagt, du dich selbst. Auch, wenn es Trennungsratgeber gibt, die dir versprechen, Liebeskummer in 30 Tagen zu überwinden, ist das in meinen Augen nicht realistisch. Gefühle lassen sich nicht in Tagen heilen und Veränderung lässt sich nie garantieren. Eine Trennung zu verarbeiten und den Liebeskummer zu überwinden, braucht Zeit, Geduld, Energie, Disziplin sowie ein Dranbleiben und Lernen. Die Veränderungen geschehen zum Teil von selbst mit der Zeit, doch ein großer Teil erst durch dein Engagement. Das zeigst du allein schon, indem du dieses Buch in deinen Händen hältst.

Damit du das Beste aus diesem Trennungsratgeber ziehen kannst, muss deine Bereitschaft vorhanden sein, selbst aktiv zu werden. Es geht dabei nicht darum, alles richtig und perfekt zu machen. Vielmehr geht es um die Offenheit und Bereitschaft, die hilfreichen Schritte zu gehen. Jeder Mensch hat nach meiner Erfahrung bereits alle Ressourcen in sich, um die Herausforderungen des Lebens lösen zu können. Es geht für dich vor allem darum, dass du deine Ressourcen mit Hilfe des Buches entdeckst und nutzt.

An wen richtet sich dieser Trennungsratgeber? In erster Linie an alle Menschen, die verlassen wurden und sich für die Trennungsverarbeitung Unterstützung wünschen. Doch auch Menschen, deren Trennung einvernehmlich stattfand oder, die sich selbst getrennt haben, finden in diesem Buch Hilfestellung.

Stellen wir uns den Trennungsprozess wie eine Entdeckungsreise vor, welche mit einer einschneidenden Erfahrung beginnt: Wir landen in eisigem Wasser. Der Partner hat sich von uns getrennt und plötzlich sind wir mit Leib und Seele in diesem unbeschreiblich kalten, dunklen Nass. Vielleicht trifft uns die Trennung völlig unvorbereitet, vielleicht war es bereits absehbar oder du hattest selbst Gedanken oder Absichten, die Beziehung zu beenden. Egal, wie schnell du im eiskalten Wasser gelandet bist, die Landung ist extrem unangenehm: Du strampelst in der Kälte, bist hilflos und das Einzige, das du weißt, ist: *Ich will raus aus dem schmerzhaften und unbekannten Zustand.* Die Situation ist neu, unwillkommen und äußerst bedrängend und somit wissen wir nicht, was wir machen sollen. Wir sind häufig überfordert mit unseren Gefühlen und Gedanken.

Egal, wie schlimm es jetzt ist, es wird garantiert besser! Denn irgendwann nach langer Reise kommst du auf einer schönen unbekannten Insel an – selbst, wenn das heute unvorstellbar klingen mag. Dann jedoch blickst du auf den gesamten Zeitraum zurück und kannst selbst nicht glauben, was du alles erlebt, gelernt und entwickelt hast. Am Ziel deiner Reise wirst du dankbar sein für diese Lebenserfahrung, du wirst höchstwahrscheinlich anders auf dein Leben blicken und einen Wachstumsschub deiner Persönlichkeit erkennen.

Doch bis es soweit ist, gilt es, einige Hürden zu überwinden: Zunächst ist es wichtig, Orientierung zu erhalten (Kapitel 1: *Verstehen*), deinen Zustand anzunehmen (Kapitel 2: *Akzeptieren*) und anschließend geht es darum, deinen Verstand und deine Gedanken kennenzulernen und zielführend einzusetzen (Kapitel 3: *Denken*). Danach geht es um all die Stürme auf hoher See und all die Gefühle, welche du im und auf dem Wasser erlebst (Kapitel 4: *Fühlen*).

All diese Aspekte werden dir helfen, langsam ein Floß zu bauen, bis du später ein immer stabileres Schiff gebaut hast. Mit all den Materialien, welche dir im Wasser begegnen und die du nutzen kannst, um schneller und zielgerichteter voranzukommen (Kapitel 5: *Handeln*). Auch andere Schiffe und Seeleute können dir auf deinem Weg helfen, wie du in Kapitel 6 (*Empfangen*) erfahren wirst. Damit du nicht ziellos umherirrst, ist es wichtig, hin und wieder innezuhalten, zu reflektieren und manch alten Ballast über Bord zu werfen (Kapitel 7: *Lieben*). Wenn wir uns im Wasser befinden, haben wir oft den Wunsch, dass uns der Ex-Partner die Hand reicht und uns aus dem Wasser aufs gemütliche Sofa zieht (Kapitel 8: *Zurückgewinnen*). Meist ist das nicht möglich und auch nicht sinnvoll, sodass es darum geht, einen guten Weg zu finden, mit dem Ex-Partner offene Themen zu klären oder mit gemeinsamen Kindern einen guten Umgang zu finden (Kapitel 9: *Austauschen*). Bevor wir am Ziel unserer Reise sind und endlich wieder voller Lebensfreunde am sicheren und schönen Land angekommen sind (Kapitel 11: *Freuen*), geht es in Kapitel 10 (*Lernen*) noch darum, das Bestmögliche für uns aus dieser Erfahrung mitzunehmen. Das wird uns helfen, langfristig gestärkter, reifer und geheilter aus der Erfahrung hervorzugehen.

Mit all diesen Aspekten in den elf Kapiteln werde ich dich auf deiner Reise durch den Trennungsschmerz begleiten. Die Reise wird nicht geradeaus gehen und sie wird für jeden Menschen unterschiedlich aussehen. Es gibt Seestraßen, die wir vielleicht zurückrudern müssen, Strömungen und Winde, die Freude bringen und dich unerwartet nach vorne katapultieren, Flauten, welche Geduld erfordern und Wolkendecken, die plötzlich die Sonne durchlassen. Um den Liebeskummer zu überwinden, den Ex-Partner loszulassen und um wieder mit beiden Beinen im Leben zu stehen, gibt es daher nicht den einen Ratschlag, den einen universellen Tipp, sondern viele unterschiedliche Dinge kommen zusammen. Eine umfangreiche Klaviatur dieser Dinge wirst du in dem Buch finden – Impulse, Übungen, Aufgaben, Hintergründe, Studienergebnisse, Erfahrungsberichte aus meiner Praxis und vieles mehr. Dein Prozess vom Liebeskummer zur Lebensfreude bedeutet Arbeit, Vertrauen, Engagement, Geduld und die Fähigkeit Loslassen.

Wenn du frisch getrennt bist, empfehle ich dir, dich auf die Kapitel 1-6 zu fokussieren. Wenn du die erste turbulente Zeit gut überstanden hast, wende dich gerne auch den Kapiteln 7-11 zu.

Machen wir uns auf den Weg, damit du ankommst: Bei deiner Lebensfreude und Zufriedenheit – bei dir selbst. Viel Mut, Energie und vor allem Vertrauen in dich selbst, das wünsche ich dir!

Dein
Wieland Stolzenburg

Notfall-Checkliste

Das gesamte Buch in Ruhe durchzulesen und sich den Übungen und Aufgaben zu widmen, benötigt Zeit. Nach der Trennung haben wir diese häufig nicht und benötigen sofort einen Fahrplan. Diesen möchte ich dir anhand dieser Checkliste mitgeben. Er erhält ausschließlich Aussagen und noch keine Begründungen und weiterführenden Erläuterungen. Diese findest du im Buch in aller Ausführlichkeit.

- **Vermeiden**: Vermeide jeden Kontakt zu deinem Ex-Partner, schreibe ihm nicht und rufe ihn nicht an. Er ist jetzt nicht dazu da, dir deinen Schmerz zu nehmen. Unterbinde ebenfalls alles, das dich an ihn erinnert. Lese keine alten Nachrichten, entferne Fotos in der Wohnung oder blockiere Statusmeldungen in sozialen Netzwerken.
- **Fühlen**: Unterdrücke keines deiner Gefühle! Lasse sie alle raus, wenn sie da sind. Weine, schreie, sei wütend, sei hoffnungslos, sei traurig. Auch, wenn du dazu nur einmal am Tag die Zeit und Ruhe findest.
- **Denken**: Verwende möglichst wenig Zeit, um die Trennungsgründe zu verstehen und deine vermeintlichen Fehler zu analysieren. Das bringt dich jetzt nicht weiter, selbst wenn es dir dein Verstand weismachen möchte. Dafür ist später genügend Zeit.
- **Schreiben**: Schreibe all das auf, was in dir ist: Die Vorwürfe an deinen Ex-Partner, die Fragen, die sich dein Kopf stellt oder die Ängste, die du gerade spürst. Wiederhole das jeden Tag 10 Minuten.
- **Essen**: Ernähre dich zumindest einmal am Tag gesund. Solltest du nichts herunterbekommen, versuche es mit wenigen Bissen.
- **Ablenken**: Wenn du ins Grübeln kommst, lenke deinen Verstand ab. Etwa indem du überlegst, was du vor drei Tagen gegessen hast oder wer neben dir in der ersten Klasse saß.
- **Zurückgewinnen**: Versuche nicht deinen Ex-Partner zurückzugewinnen. Der Wunsch ist nachvollziehbar, doch ist es keine nachhaltige Lösung für den Schmerz, auch wenn es dein Kopf dir einredet.

- **Einbeziehen**: Suche den Kontakt zu Menschen, die dir nahestehen, wie Freunde oder Familienangehörige. Beziehe sie mit ein, tausche dich aus und finde Trost bei ihnen.
- **Bewegen**: Mache jeden Tag mindestens 30 Minuten Sport oder gehe solange spazieren. Am besten in der Natur mit frischer Luft.
- **Rausgehen**: Genieße deinen Tag mit einem lieben Menschen und lasst es euch gut gehen. Geht zusammen brunchen, genießt eine Massage, spielt Minigolf oder Billard und abends heißt es: Party-Time, Spaß haben, Tanzen, Flirten, Feiern …
- **Gedulden**: Nimm dir selbst den Druck, schnellstmöglich alles verarbeitet zu haben. Druck erzeugt ausschließlich Gegendruck.
- **Erleben**: Mache Dinge, die wegen deinem Ex-Partner nicht möglich waren: Etwa ein überteuertes Kleidungsstück kaufen, die Haare rot färben, obwohl er rot nicht mochte, du aber schon …
- **Eingestehen**: Sei dir bewusst, dass du in diesem Moment nicht in deiner vollen Kraft stehst, sondern unter Schock. Es ist normal, sich selbst als hilflos zu erleben. Bei einer körperlichen Erkrankung gönnen wir uns ebenfalls Pausen und Ruhe. In dieser Verantwortung stehst du dir selbst gegenüber, wenn deine Seele schmerzt.
- **Realisieren**: Schreibe alles auf, was dich an deinem Ex-Partner jemals gestört hat und werde zum Profi seiner Fehler und Schwächen. Das hilft gegen die Idealisierungsbrille.
- **Freimachen**: Lasse dich für einige Tage krankschreiben, wenn für dich die Arbeit zusätzlicher Stress und Belastung bedeutet.
- **Vertraue**: Sei dir bewusst, dass du diese Zeit garantiert überstehen und wieder voller Lebensfreude sein wirst. Das mag jetzt unwahrscheinlich klingen, insbesondere, da dein Schmerz gerade nahezu unerträglich ist. Doch du wirst gestärkt daraus hervorgehen.
- **Lieben**: Sei liebevoll, nachsichtig und sanft zu dir selbst. Verhalte dich so, wie du mit einem kleinen Kind umgehen würdest, welches einen wichtigen Menschen verloren hat und erstmals allein dasteht.

1) Verstehen: Die 4 Trennungsphasen und was in dieser Zeit mit uns passiert

Damit du verstehst, was gerade mit dir passiert und welche Etappen vor dir liegen, befassen wir uns in diesem Kapitel mit hilfreichem Grundlagenwissen. Ich gebe dir dabei Impulse, wie du die erste Zeit im kalten Wasser am besten überstehst, was hilfreich sein kann und was hinderlich ist. Das erste Kapitel dient als Kompass.

Der Wecker klingelt und bevor der Verstand irgendetwas denken oder sagen kann, spüren wir schon, dass etwas nicht stimmt. Nichts ist so, wie wir es uns wünschen: Der Magen ist flau, das Herz schmerzt oder die Brust schnürt sich zu. Wenige Sekunden nachdem wir aufgewacht sind, realisiert auch wieder der Verstand was los ist: Unser Partner hat sich von uns getrennt. Wir könnten heulen, würden uns am liebsten wieder verkriechen, nochmal einschlafen und nicht mehr aufwachen. Wenn wir dann aber doch aufstehen, schleppen wir uns häufig geradeso durch den Tag.

Je nachdem, wie lang die Trennung her ist, wie sie abgelaufen ist und ebenfalls abhängig von der eigenen Lebensgeschichte, werden wir mit unterschiedlichen Themen konfrontiert. Häufig Matsch im Hirn, Chaos in der Gefühlswelt, Panik – ein Schockzustand, der nahezu nicht auszuhalten ist.

Das Herausfordernde und meist schwer Verständliche am Verlassenwerden ist Folgendes: Die Bewältigungsstrategien, auf welche wir in anderen Krisen- und Lebenssituationen zurückgreifen können und welche uns Sicherheit geben, funktionieren in dieser Situation nur bedingt oder überhaupt nicht. Das gilt für jeden: Ob für die selbstbewusste Geschäftsführerin oder den durch nichts aus der Ruhe zu bringenden Banker, für die alleinerziehende Mutter mit drei Kindern, die sonst jede Herausforderung meistert und selbst für den Schaffner, der sonst keine Gefühlsregungen zeigt. Alle Menschen sind damit konfrontiert, dass Bewältigungsstrategien, welche uns bei anderen Krisen und Herausforderungen helfen, plötzlich wie verschwunden sind. Vor Liebeskummer ist niemand immun, ob Mann oder Frau, jung oder alt, psychologisch geschult oder nicht.

Nachdem unser Partner die Beziehung beendet hat, erleben die meisten Betroffenen einen ähnlichen Ablauf von vergleichbaren Zuständen. Wir durchlaufen sogenannte Trennungsphasen, die erstmalig von der Schweizer Psychologin Verena Kast als die kognitiven und emotionalen Phasen nach einer Trennung beschrieben wurden. Es existieren dabei Konzepte mit vier, fünf oder noch mehr unterschiedlichen Phasen. Ich arbeite für gewöhnlich mit diesen vier Phasen:

- **Phase 1: Schock, die Nicht-Wahrhaben-Wollen-Phase**: Wir sind geschockt, können die Trennung noch nicht greifen und leugnen häufig das Beziehungsende.
- **Phase 2: Fühlen, die Gefühlschaos-Phase**: Anschließend folgt die Phase der aufbrechenden Gefühle, ein Auf und Ab aller Gefühlszustände von Trauer, Wut, Erleichterung, Freude, Hoffnung bis Hoffnungslosigkeit. Diese Zeit ist meist die aufwühlendste und unangenehmste Zeit.
- **Phase 3: Aufbruch, die Neuorientierungs-Phase**: Bereits ab der dritten Phase geht es bergauf: wir beginnen uns neu zu orientieren und fangen langsam an, die Trennung zu akzeptieren.
- **Phase 4: Lebensfreude, die »Auf zu neuen Ufern«-Phase**: In der letzten Phase haben wir die Trennung angenommen und gelangen wieder zu mehr Lebensfreude, Energie und Zuversicht. Wir haben die Trennung überwunden und starten mit einem neuen Selbst- und Lebenskonzept ins Leben.

Auf den folgenden Seiten werden wir uns im Detail die vier Trennungsphasen ansehen. Ich halte es für sinnvoll, diese zu kennen, weil:

- Sie geben dir Orientierung, an welcher Stelle im Verarbeitungsprozess du dich momentan befindest.
- Sie geben dir die Reflexionsmöglichkeit, dass du Fortschritte machst und nicht stehen bleibst.

- Sie zeigen dir das Wissen, dass deine Reaktion normal ist.
- Sie machen dir klar, dass du alle Phasen durchlaufen solltest.
- Sie zeigen dir die passenden Übungen für die jeweiligen Phasen.
- Sie geben dir Sicherheit, dass du irgendwann alle Phasen durchlaufen haben wirst.

Obwohl es viele Ähnlichkeiten in Trennungsprozessen gibt, kann der Verlauf bei jedem Menschen individuell sein. Die Reihenfolge der Phasen kann variieren und ist kein statischer Verlauf von Phase eins zu Phase vier. Wir können beispielsweise von Phase zwei nochmals in Phase 1 gelangen und erleben Phase zwei dann nochmals – oder wir erleben eine andere Reihenfolge. Der Verlauf ist demnach nicht linear. Zudem ist die Dauer bei jedem Menschen unterschiedlich. Manche Menschen sind länger in der einen und manche länger in der anderen Phase. Es dient demnach als Orientierung, nicht als starre Größe.

Vor diesen vier Trennungsphasen gibt es noch eine weitere: Die Ambivalenzphase. Diese betrifft diejenigen, die sich überlegen, sich zu trennen. In dieser oft monate- oder jahrelangen Phase stehen Trennungsgedanken von einem der Partner oder beiden im Raum. Manchmal sprechen beide offen darüber, manchmal bleibt es auch in der Gedankenwelt verborgen. Eine Entliebung oder Abwertung des Partners ist meist Voraussetzung, damit die Trennung letztendlich ausgesprochen wird.

Phase 1: Schock – die Nicht-Wahrhaben-Wollen-Phase

Wir sind im eiskalten Wasser, es ist dunkel um uns herum und wir haben keine Ahnung, wie wir hier je wieder rauskommen oder, ob wir die unbekannte Situation überhaupt überleben werden. Unser Partner hat sich von uns getrennt. Wie erstarrt können wir das Gehörte oder Gelesene nicht fassen, nicht glauben, nicht begreifen und wollen es schlicht und einfach auch nicht. Uns drückt die Kraft der Wellen zeitweise so tief unter Wasser, dass wir in Panik geraten. Was jetzt? Wir haben keine Ahnung und strampeln hilflos umher.

Dieser Schockzustand ist eine normale Reaktion von Körper, Seele und Geist. Wie nach einem Autounfall, wissen wir in dem aktuellen Zustand ebenfalls nicht genau, was gerade passiert. Häufig fühlen wir uns, wie in einem Traum und glauben, dass wir irgendwann aufwachen und alles wieder gut ist. Da wir die Trennung im ersten Moment noch nicht glauben möchten und können, verleugnen wir diese neue Realität. Es ist eine Hin- und Herbewegung zwischen Hoffen und Bangen. Dabei haben wir häufig folgende Gedanken:

- *Der geliebte Mensch wird es sich schon noch anders überlegen!*
- *Aber ich liebe ihn/sie doch so sehr, das kann sicher noch nicht das Ende sein!*
- *Bestimmt war das nur eine unüberlegte Kurzschlussreaktion, die bald rückgängig gemacht wird!*
- *Da muss ein Irrtum vorliegen, der Partner hat bestimmt etwas falsch verstanden!*
- *Wir hatten bisher doch alle Widrigkeiten zusammen überstanden und unsere Beziehung war doch besonders und einzigartig!*

Wir sind in diesen Momenten noch weit entfernt von der Akzeptanz. Den klassischen Liebeskummer spüren wir in dieser Phase nur undeutlich und vage, der tiefe Schmerz folgt erst später. Eher befinden wir uns in einem Zustand der Verwirrung.

Schon gewusst? Der Schock unseres Umfelds

Manchmal erzählen wir unserem Umfeld noch nichts von der Trennung, da wir es selbst noch nicht wahrhaben wollen. Sobald dein Umfeld es jedoch weiß, geht es diesem häufig ähnlich. Selbstverständlich mit einer größeren Distanz und mit weitaus weniger Schmerz. Doch diese Menschen sind häufig nicht weniger vom Beziehungsende überrascht. Wenn das Umfeld ebenfalls geschockt ist, kann sich dadurch die Dauer dieser »Nicht-Wahrhaben-Wollen-Phase« verlängern. Warum ist das so? Von Freunden oder der Familie hören wir Sätze wie »Das kann doch nicht sein, ihr wart doch so ein tolles Paar« oder »Er/sie wird sich schon nochmal einkriegen und es sich bestimmt nochmal überlegen …« Diese Aussagen stützen unsere eigene Hoffnung und vergrößern sie.

Dem eigenen Umfeld können wir dafür schwer einen Vorwurf machen, denn es reagiert aufgrund der eigenen Bestürzung und des Wunsches, dass es uns bald wieder gut geht. Darum ist es hilfreich zu wissen, dass deren Reaktion und Aussagen häufig darauf zurückzuführen sind und nicht unbedingt eine realistische Sichtweise und hilfreiche Ratschläge widerspiegeln. Der Rat, den wir bekommen, ist zudem meist der Rat, den andere aus ihrer Sichtweise geben und hat mehr mit ihnen selbst zu tun, als mit uns. Suche daher deine Freunde am besten für Trost und Anteilnahme auf und wenig für Lösungsvorschläge und Ratschläge. In Kapitel 6 »Empfangen« gehen wir genauer darauf ein.

Nach einer Trennung und dem unmittelbaren Schockzustand wollen wir ausschließlich eines: Raus aus dem Loch und wieder glücklich sein. Unsere übliche und nachvollziehbare Reaktion ist es daher, alles dafür zu tun, dass es uns wieder gut geht. Wieder mit dem Ex-Partner zusammenzukommen ist dabei in vielen Fällen die oberste Priorität. Somit klammern wir uns an jeden Hoffnungsschimmer, den Ex-Partner vielleicht doch noch zurückgewinnen zu können, warten darauf, dass sich der geliebte Mensch meldet oder auf unsere Kontaktversuche antwortet. Wir denken, wenn wir nur lange genug mit dem Ex-Partner sprechen, ihn überzeugen, taktieren, Liebesbekundungen ausdrücken und Veränderungsversprechen machen, dann wird er es sich doch noch anders überlegen. Wie unter Drogen gibt es nur ein Ziel: Wir wollen unseren Stoff, den Ex-Partner, der uns wieder glücklich macht.

Ein weiteres Ziel von uns ist es, die Trennungsgründe (besser) verstehen zu können. Häufig ist an diesen Wunsch die Hoffnung gekoppelt: Wenn wir die Gründe verstehen, können wir den Ex-Partner (besser) davon überzeugen, dass wir uns in Zukunft verändern und alles anders, alles besser wird. Zudem möchten wir verstehen, was schiefgelaufen ist, um mehr Klarheit über unsere Verantwortung und dem Thema Schuld zu erhalten. In Kapitel 10 *Lernen* unterstütze ich dich dabei, die Trennungsgründe besser zu verstehen. Wende dich diesem Thema am besten erst zu, wenn du aus dem Gröbsten heraus bist.

Der Kontakt zum Ex-Partner in Phase 1

Das Ziel, wieder glücklich zu sein, ist völlig verständlich und dies würde jeder Mensch in der gleichen oder ähnlichen Situation ebenfalls verfolgen. Es wäre eher merkwürdig, wenn dieser Antrieb raus aus dem Schmerz nicht vorhanden wäre. Doch stellt sich die Frage, ob der Kontakt zum Ex-Partner sinnvoll und zielführend ist. Selbst, wenn du das möglicherweise nicht gerne hörst – nach meiner Erfahrung durch meine Arbeit ist es zielführend, keinen Kontakt zwischen dir und deinem Ex-Partner in der ersten Zeit nach der Trennung zu haben.

Es ist ähnlich wie bei einer Droge: Du musst dich entwöhnen und wirst erst nach dem Entzug klarer sehen, was dich zu deinem Ex-Partner zurücktreibt. Ist es Schmerzvermeidung oder etwas anderes? Das zu differenzieren wird in der ersten Phase nicht gelingen, selbst wenn du das beim Lesen dieser Zeilen vielleicht eindeutig beantworten würdest. Nimm dir die Zeit, um den Schock zu verdauen, um dich selbst zu sammeln, um Klarheit über deine wahren Bedürfnisse zu bekommen und vor allem selbst mit dem Schmerz in Kontakt zu kommen. Wenn du die Lösung direkt im Wiederzusammenkommen suchst, überspringst du einen wichtigen Entwicklungsschritt für dich. Dein persönliches Wachstum wird somit be- oder verhindert.

Selbst, wenn du glaubst, dass die vermeintliche Lösung nur eine Nachricht entfernt ist oder durch eine Nacht mit dem Ex-Partner gefunden werden kann, empfehle ich dir, dich zu entwöhnen – soweit es die äußeren Umstände zulassen. Auch, wenn das verdammt schwer ist. Das bedeutet:

- Keinerlei Kontaktversuche.
- Keine Ex-zurück-Strategien..
- Kein Betteln, kein Jammern, kein Überreden.
- Kein Verfolgen der Social-Media-Kanäle.
- Keine Treffen, kein Kuscheln, kein Sex.

Ja, das ist extrem schwer und kostet viel Kraft. Aber du schaffst das!

Du solltest das Ganze nicht aus Trotz oder Taktikgründen – Stichwort Kontaktsperre – machen. Vielmehr solltest du aus Eigenliebe handeln, weil du möchtest, dass es dir langfristig wieder gut geht, du dir die Zeit schenken möchtest, das Geschehene zu verarbeiten, daraus zu lernen und daran zu wachsen. Dein Verstand wird viele Argumente finden, die für die Fortsetzung des Kontaktes sprechen: »Wenn ich mich jetzt nicht melde, denkt er vielleicht, dass ich nicht um die Beziehung kämpfen würde«, »Ich will diesen Menschen, der ebenfalls mein bester Freund war, nicht vollends verlieren« oder »Wenn wir keinen Kontakt haben, verliebt er/sie sich vielleicht gleich erneut«. Nimm diese Gedanken wahr, denn sie sind da und sie dürfen da sein. Verurteile sie nicht, versuche jedoch diesen Impulsen nicht zu folgen.

In der ersten Zeit nach der Trennung sollten wir uns nicht zu sehr auf unser Bauchgefühl und unsere Instinkte verlassen. Diese verwechseln wir meist mit dem Anteil in uns, der für die Schmerzvermeidung zuständig ist. Wie bei einem Menschen unter Drogen sind wir ebenfalls in dieser Phase nicht vollkommen klar im Kopf. Es geht in vielen Bereichen darum, nicht das zu tun, was sich gut anfühlt, sondern zu tun, was hilfreich ist.

Es gibt Umstände, in denen es unmöglich oder nicht sinnvoll ist, keinerlei Kontakt zu haben. Beispielsweise, wenn ihr gemeinsam in einer Wohnung lebt, zusammen Kinder habt oder beruflich eng verbunden seid. In diesen Fällen solltest du dich, so gut es geht, im Kontakt mit dem Ex-Partner auf die nötigen Sachthemen fokussieren. Manchmal ist es für uns selbst hilfreich, nochmals ein Gespräch zu suchen, um die Trennungsgründe besser verstehen zu können. Wenn das für dich in diesem Moment wichtig ist und nicht dazu dienen soll, den Ex-Partner von irgendetwas zu überzeugen, dann führe dieses Gespräch. Doch danach empfehle ich dir keinen weiteren Kontakt. Weitere Gedanken dazu, warum der Ex-Partner in dem Moment der ungeeignetste Mensch ist, dir deinen Schmerz zu nehmen, liest du in Kapitel 8 *Zurückgewinnen*. Im neunten Kapitel *Austauschen* geht es darum, welcher Kontakt mit dem Ex-Partner in welcher Phase sinnvoll ist.

Deine Trennungskompetenz

Im Schockzustand ist unser Gehirn auf eine bestimmte Art und Weise wie ausgeschaltet und es bedarf viel Aufwand und Reflexion, um die Dinge realistisch zu sehen. Wenn du zum Beispiel nach einem Autounfall unter Schock stehst, würde es dir schwerfallen, eine Rechenaufgabe zu lösen oder eine Gartenparty zu organisieren. Ebenso ist es jetzt in deinem Zustand. Damit du dich daran erinnerst, welche Trennungskompetenz du bisher in deinem Leben gesammelt hast, und, dass du all diese Trennungen überlebt hast und daran gewachsen bist, machen wir eine kleine Gedankenreise:

- **Rückblick**: Blicke auf dein Leben zurück und denke an alle kleinen und großen Trennungen, welche du überstanden und damit überlebt hast. Die Trennung von liebgewonnenen Kollegen, der Tod eines Angehörigen, das Verlassenwerden nach einer langjährigen Partnerschaft, der Auszug aus deinem Elternhaus, die Trennung von der ersten großen Liebe, die Trennung von deinem Lieblingsmeerschweinchen, welches an Durchfall gestorben ist und einer der einschneidendsten Trennungen (auch wenn wir uns nicht mehr bewusst daran erinnern können): Die Trennung von dem Eins-Sein mit deiner Mutter bei deiner Geburt. Schreibe dir diese Erlebnisse auf. Egal, ob du viele oder wenige Aspekte notiert hast, du wirst weitaus mehr kleine und große Trennungserfahrungen gesammelt haben, als dir im ersten Moment einfallen.

- **Reflexion**: Frage dich im zweiten Schritt »Habe ich diese Trennungen überlebt?« Eigentlich hast du doch alles gut überstanden! Aus dieser Perspektive bist du demnach ein »Trennungsexperte« mit vielen Erfahrungen, Ressourcen und Widerstandskräften. Das mag nicht der heilsamste Trost sein und dir den Schmerz in diesem Augenblick nehmen. Dennoch hat diese bewusste Auseinandersetzung mit deiner Trennungskompetenz eine Wirkung. Sie gibt uns – bewusst oder unbewusst – die Sicherheit, dass du es wieder überstehen wirst, selbst wenn die Situationen nicht alle vergleichbar sind.

Allgemeine Verhaltenstipps für Phase 1

Es gibt hilfreiche Empfehlungen für die erste akute Phase, die ich dir hier vorstellen möchte. Diese aufwühlende erste Zeit erleben wir alle unterschiedlich. Somit kann der eine Punkt besser für dich passen, ein anderer möglicherweise weniger.

- **Wissen**: Rufe dir in Erinnerung, dass diese Schockreaktion und das Nicht-Wahrhaben-Wollen völlig normal ist und keinen zusätzlichen Grund zur Sorge darstellt. Mache dir immer wieder bewusst, dass du garantiert aus diesem Loch herauskommen wirst. Selbst, wenn du nur eine andere Person in deinem Leben kennst, die eine Trennung überstanden hat, bedeutet das: Es ist möglich!

- **Ablenken**: Manche Berater und Therapeuten empfehlen, sich in den ersten Tagen vollständig abzulenken, andere sind vom Gegenteil überzeugt. Ich bin ein Freund von einer gesunden Kombination. Extreme Strenge gegenüber sich selbst ist in meinen Augen zu Beginn nicht empfehlenswert. Finde einen guten Mix für dich aus Ablenkung und dem Fühlen deiner Gefühle sowie der gedanklichen Beschäftigung mit der Trennung.

- **Verändern**: Alles was neu ist, kann dich von dem Alten wegbringen. Räume beispielsweise deine Wohnung um, hänge alte Bilder ab und neue auf, stelle das Sofa oder den Fernseher um, kaufe neue Bettwäsche oder vertausche Messer, Gabel und Löffel im Besteckfach. Verändere zudem Handlungen, welche du bisher mit deinem Partner routinemäßig durchgeführt hast.

- **Erinnern**: Du siehst Gegenstände, wie etwa Fotos von euch als Paar, Geburtstagsgeschenke oder Mitbringsel aus gemeinsamen Urlauben? Packe diese weg, wenn sie dich an den Ex-Partner erinnern oder trenne dich gleich von ihnen. Das Loslassen im Außen hat einen Einfluss auf das Innen. Wenn du materielle Dinge loslässt, die im Bezug zu deinem Ex-Partner stehen, wird es das Loslassen im Inneren unterstützen. Wenn ihr jahrelang zusammengelebt habt, kannst du selbstverständlich nicht die gesamte Einrichtung aus dem Fenster werfen, dann geht es vor allem um persönliche und emotionale Dinge.

- **Informieren**: Lass deine Freunde, deine Familie und Kollegen wissen, dass ihr euch getrennt habt. Das hilft dir, die unangenehme, neue Realität immer mehr anzunehmen und nicht in der Hoffnungsfalle hängen zu bleiben. Erinnere dich zusätzlich daran, was ich oben zur Schockreaktion deines Umfeldes geschrieben habe.

- **Austauschen**: Suche Gespräche mit Freunden, der Familie und anderen Menschen. Heule dich aus, lasse den Schmerz raus und gib deinen Gesprächspartner Hinweise, was dir guttut und was nicht. Hilfreich ist meist eine gewisse Routine, wie beispielsweise die verbindliche Vereinbarung jeden Abend um 19 Uhr mit der besten Freundin oder dem besten Freund zu telefonieren. Das kann untertags eine beruhigende Wirkung haben, weil du und dein Unterbewusstsein wissen, dass später Zeit zum Reden und Austauschen ist.

- **Pausieren**: Finde heraus, ob eine Krankschreibung für einige Tage hilfreich für dich wäre. Für manche Menschen sind die Struktur, die Aufgaben und die Ablenkung in der Arbeit ein wichtiger Aspekt, für andere eine zusätzliche Belastung. Wenn du zur zweiten Gruppe gehörst, sorge gut für dich. Viele Menschen, die ich in dieser Zeit begleitet habe, würden gerne ein paar Tage frei haben, trauen sich jedoch nicht. Sie denken oft: »Das muss ich jetzt schon schaffen« oder »Das geht doch nicht, wegen dieser Kleinigkeit.« Ich kann dich nur ermuntern, deinem Bedürfnis nachzugehen und dich für einige Tage krankschreiben zu lassen. Sich einzugestehen, dass wir in diesem Moment nicht in unserer vollen Kraft stehen, ist nicht immer leicht. Bei einer körperlichen Erkrankung gönnen wir uns ebenfalls Pausen und Ruhe. Diese Verantwortung hast du dir selbst gegenüber, wenn deine Seele schmerzt.

- **Rausgehen**: Da unser Selbstwert nach einer Trennung im Keller liegt, unterstütze ihn. Mache auch einmal Dinge, die wegen deinem Ex-Partner nicht möglich waren, wie beispielsweise ein überteuertes Kleidungsstück kaufen, die Haare rot färben, obwohl er rot nicht mochte, du aber schon. Genieße deinen Tag mit einem lieben Menschen und lasst es euch gutgehen: Geht zusammen brunchen, genießt eine Massage, spielt Minigolf oder Billard und abends heißt es: Party-Time – Spaß haben, Tanzen, Flirten, Ablenken, Feiern …

- **Löschen**: Lösche die Telefonnummern deines Ex-Partners aus den Favoriten in deinem Handy und speichere am besten noch einen Zusatz wie *Nicht anrufen!* hinter seinem Namen. Blockiere zudem alle Kanäle in den sozialen Medien, in welchen irgendeine Information von ihm erscheinen könnte. Lösche gemeinsame Bilder in den Sozialen Medien und auf deinen Geräten, ebenso alte E-Mails und SMS-Nachrichten oder schiebe sie zumindest in den Archiv-Ordner. All diese Maßnahmen erfordern viel Disziplin, ersparen jedoch unnötige Schmerzen, da wir sonst dauernd diese Nachrichten lesen, auf der Suche nach Anhaltspunkten oder Fehlerquellen. Das bringt uns jedoch nicht weiter! Es geht jetzt um dich und deine Zukunft und nicht darum, was geschehen ist oder, wie es interpretiert werden könnte. Auch nicht darum, was dein Ex-Partner gerade macht, postet oder für ein neues Profilbild hat.

Soweit einige Impulse für dich für die erste Phase. Wichtig ist es, dass du dabei freundlich und rücksichtsvoll mit dir selbst bist. Es wird nie alles so gelingen, wie du es wünschst oder dir vorgenommen hast. Das Letzte, das dir jetzt noch zu allem fehlt, ist ein großer innerer Kritiker, der dich zusätzlich zu all dem anderen kritisiert, abwertet oder fertig macht. Wie du mit diesem am besten umgehst, erfährst du in Kapitel 3 *Denken.*

Schon gewusst? Suizidgedanken nach einer Trennung

Vermutlich jeder Mensch, der bereits eine schwere Trennung durchgemacht hat, kennt diese Gedanken: »Ich kann nicht mehr! Wenn mich jetzt ein Lastwagen erfassen würde, dann wäre das nicht weiter schlimm.« Diese Selbstmordgedanken ohne konkrete Handlungsabsicht sind in einem solchen Zustand für gewöhnlich normal und bis zu einer gewissen Grenze in Ordnung. Es ist verständlich, dass du in dieser schweren Zeit zutiefst entmutigt bist und manchmal am liebsten aufgeben würdest. Suizidgedanken bedeuten in den allermeisten Fällen nicht »Ich möchte nicht mehr leben«, sondern »So möchte ich nicht mehr leben.« Diese Gedanken sind gut nachvollziehbar, denn kein Mensch möchte in diesem Zustand leben und der Drang und Wunsch nach Verbesserung ist eine gesunde Reaktion. Neben diesem Anteil in dir, der am liebsten nicht mehr weiterleben möchte, gibt es auch einen

Anteil in dir, der so nicht mehr weiterleben und der jetzt dieses Buch liest und aktiv zur Veränderung beitragen möchte. Und für diesen Anteil ist dieses Buch geschrieben, dem Teil, der leben möchte, der die schöne Zukunft vor sich sieht.

Falls du konkrete Suizidgedanken haben solltest, wende dich bitte umgehend an einen psychiatrischen Dienst, einen Psychotherapeuten oder eine Seelsorge-Hotline. Dort wird dir weitergeholfen.

Phase 2: Fühlen – die Gefühlschaos-Phase

In der zweiten Phase gelangen wir langsam aus dem Schockzustand und der Verleugnung heraus und es wird zunächst nicht besser. Denn was nun folgt, ist ein Wechselbad unserer Gefühle. Der Übergang ist kein harter Cut, von einer zur anderen Phase. Die Grenzen sind schwimmend und es ist normal, dass wir zurück zu Phase eins kommen. Du merkst die Ankunft in Phase 2, wenn du eine tiefe Trauer, Einsamkeit, Leere oder auch Wut spürst. Bis du von der ersten zu dieser Phase gelangst, kann unterschiedlich lange dauern. Diese Konfrontation mit dem erlittenen Verlust ist wie ein Sturm auf hoher See, der dich stets wieder unter Wasser drückt und du deine Orientierung verlierst. Du kannst das Gefühl haben, keine Luft mehr zu bekommen, bald unterzugehen und hast den Eindruck, bald keine Kräfte mehr zu haben.

Langsam realisierst du die Trennung und ihre Endgültigkeit. »Ich bin wirklich verlassen worden« gelangt langsam bis in jede Zelle deines Körpers und das tut zunächst schlichtweg nur weh. Es ist keine Schande oder Schwäche, wenn dich das an deine Grenzen bringt. Der ehemalige Partner, das gemeinsame Leben, die gemeinsamen Freunde und die Zukunftsträume sind weg. Wir können uns nicht vorstellen, dass wir je wieder aus dem tiefen Loch kommen und wieder glücklich werden. Ja, diese Phase ist die unangenehmste und schwerste! Doch danach geht es wieder bergauf.

Wir reagieren in dieser Zeit auf vieles sensibler, als üblich. Vielleicht sind dir bei den letzten Zeilen auch die Tränen gekommen – lasse sie zu. Das Gefühlschaos, der Verlust unserer Stabilität und die ungewisse

Zukunft haben Auswirkungen auf Beruf, Familie und Freunde. Das gilt es anzunehmen, anstatt eine nicht vorhandene Stärke vorzutäuschen.

In diesem Abschnitt stelle ich vor, was mit uns in der zweiten Phase alles geschieht. Teilweise in Kurzfassung, denn später befassen wir uns im Detail mit den Herausforderungen und dem besten Umgang für diese Gefühlsphase.

Unser Gefühlschaos

Wir spüren im langsamen oder schnellen Wechsel chaotische Bedürfnisse und heftige Gefühle. Tiefste Trauer, unglaubliche Wut, Hass oder Rachegedanken, Scham und Schuld, Hoffnungslosigkeit und Ungläubigkeit, Einsamkeit oder Sehnsucht und Liebe. Selten zeigen sich auch Erleichterung, Zuversicht oder Freude. Die Gefühle können sich im Minuten- oder Stundentakt ändern oder erst nach Tagen und dann geht es möglicherweise wieder von vorne los. Du wirst immer wieder von einem oder mehreren Gefühlen überrannt und kommst in Tiefen, die du vielleicht noch nie erlebt oder bereits wieder vergessen hast.

- **Trauer**: Wir sind häufig todunglücklich, heulen ständig und die Trauer ist ein ständiger Begleiter. Oft können wir in diesem Schmerz versinken und nichts anderes mehr spüren.
- **Wut**: Wir sind wütend auf den Partner, beispielsweise, dass er uns im Stich gelassen oder uns nicht in seine Trennungsabsichten mit einbezogen hat.
- **Angst**: Wir haben Angst vor der Zukunft und die Sorge, nie mehr (einen solchen) Partner zu finden. Zudem gibt es vielleicht Existenzängste oder die Sorge um das Wohl der gemeinsamen Kinder.
- **Sehnsucht**: Häufig fühlen wir uns zu unserem Ex-Partner hingezogen und möchten ihm am liebsten unsere sehnsuchtsvolle Liebe zeigen und meist noch wichtiger: seine Liebe uns gegenüber spüren.
- **Beschuldigungen**: Die Mehrheit der Verlassenen machen ihrem Ex-Partner in dieser Zeit einseitige Schuldzuschreibungen für die Trennung. Wir sehen die gesamte Verantwortung bei ihm und es fällt uns schwer, unseren eigenen Anteil an der Trennung zu sehen.

- **Selbstvorwürfe**: Andere Menschen jedoch übernehmen die volle Verantwortung. Sie fühlen sich allein schuldig und geißeln sich dafür selbst.

In Kapitel 4 *Fühlen* befassen wir uns ausführlich mit einem guten Umgang mit unseren Gefühlen und im Kapitel 7 *Lieben* mit den genannten Selbst- und Fremdvorwürfen. In Kürze das Wichtigste: Lasse deine Gefühle zu – ob heulen, schreien, schluchzen – erlaube dir all das, was deine Gefühlswelt zeigt. Alle haben ihre Berechtigung, selbst wenn sie schnell und häufig wechseln. Auch, wenn unser Kopf diese manchmal widersprüchlich empfindet, warum wir in einer Sekunde traurig, dann wütend und im Folgenden voller Liebe sein können – lass sie zu.

Unsere Körpersymptome

Gefühle sind stets direkt mit unserem Körper verbunden. Unsere Alltagssprache verdeutlicht das auch: »Ich habe einen Kloß im Hals«, »Das war wie ein Stoß in mein Herz« oder »Das liegt wie ein Stein im Magen.« Somit sind häufig deutliche körperliche Symptome spürbar: Oft haben wir keinen Appetit, erleben Einschlaf- oder Durchschlafstörungen oder wachen früh am Morgen auf. Unser Körper ist häufig geschwächt, wir fühlen uns schlapp, matt und haben wenig Energie. Daher sind wir unter anderem anfälliger für Erkältungen oder andere Infekte. Der Abschnitt *Für den Körper* im fünften Kapitel *Handeln* befasst sich mit diesem Thema.

Unsere Fragen

Jetzt, nachdem wir die Trennung realisiert haben, entstehen viele Fragen. Nicht nur unsere Gefühlswelt ist spürbar, unser Verstand ist ebenfalls im Dauereinsatz. Er möchte uns helfen, schnellstmöglich die neue Situation besser einzuschätzen, möchte Antworten finden und uns unterstützen, dass der Schmerz aufhört. Etwa mit Fragen wie »Werde ich jemals wieder aus dem Loch kommen?«, »Hat mich mein Partner überhaupt jemals geliebt?« oder »Werde ich mich je wieder verlieben können?« Es ist gut, wenn du weißt, dass dies völlig normal ist. Das dritte Kapitel *Denken* befasst sich ausführlich mit diesen Fragen, Sorgen und Ängsten.

Unsere Freunde und Familie

Unglaublich wichtig ist es, in Kontakt mit Menschen zu kommen, die dich kennen und denen du vertraust. Gerade im Zustand von tiefer Trauer und dem Alleinsein, ist es heilsam, diese zwischenmenschlichen Verbindungen zu suchen und zu erkennen: *Ich bin nicht allein, ich habe Freunde, Bekannte und Familie.* Selbstverständlich nimmt das nicht den Schmerz, er kann jedoch gelindert werden. Wie bereits beschrieben, hilft es, wenn die Menschen um dich herum wissen, was dir gerade guttut und sei es auch nur manchmal eine Umarmung, die du brauchst. In Kapitel 6 *Empfangen* befassen wir uns ausführlich mit einem sinnvollen Umgang mit anderen Menschen.

Unsere Sehnsucht

Häufig haben wir in dieser Phase das Bedürfnis, unserem Ex-Partner vieles zu sagen oder ihn zu fragen. Ich empfehle dir weiterhin, dich mit dir zu beschäftigen und keinen Kontakt aufzunehmen. Das heißt jedoch nicht, dass du deine Gedanken für dich behalten und damit ignorieren musst, denn es gibt eine hilfreiche Methode: Das Briefeschreiben. Schreibe dabei einen Brief an deinen Ex-Partner mit all dem, was du ihm sagen oder fragen möchtest – ohne diese letztendlich abzusenden. Am besten sprichst du ihn in den Texten direkt an. Das ist eine der effektivsten Übungen, welche bei der Verarbeitung der Gefühle hilft, das Gedankenkarussell unterbricht und mehr Klarheit ermöglicht. Als hilfreich für den Brief haben sich die folgenden Aspekte erwiesen:

- *Ich bin wütend auf dich, weil …*
- *Ich liebe dich noch, weil …*
- *Ich bin enttäuscht, weil …*
- *Ich hätte mir gewünscht, dass …*

In den Kapiteln 3 (*Denken*) und 4 (*Fühlen*) zeige ich dir weitere Schreib-Übungen.

Soweit ein Überblick über die zweite Phase. Selbst, wenn wir uns im Augenblick wahrscheinlich noch in eine der ersten beiden befinden, möchte ich dir bereits einen Ausblick geben. Wichtig wird es sein, dass wir die jeweiligen Phasen durchlaufen, damit wir gut in die nächste kommen. Eine Phase zu überspringen, wird meist nicht oder ausschließlich zu einem hohen Preis funktionieren. Wenn wir beispielsweise unsere Gefühle langfristig unterdrücken oder den Schmerzen ausschließlich durch Ablenkung entweichen, geschieht keine nachhaltige Trennungsverarbeitung. Das Leben wird sich in anderen Situationen, teils Jahre später, eine Möglichkeit suchen, dass diese Gefühle ausgedrückt werden können.

Wenn wir am Ende der zweiten Phase angekommen sind, befinden wir uns wie in einer Zwischenwelt: Zwischen dem *nicht mehr* und dem *noch nicht*. Weder ist das Alte da noch das Neue.

Phase 3: Aufbruch – die Neuorientierungs-Phase

Das kalte Wasser haben wir mit großen Anstrengungen hinter uns gelassen, die körperlichen und seelischen Schmerzen werden geringer und seltener und das tosende Meer hat sich in ein ruhigeres Gewässer verwandelt. Noch immer schwimmen Gegenstände im Meer, gegen welche wir plötzlich stoßen und die uns an die Trennung erinnern – doch wir können besser damit umgehen und sie schmerzen uns weniger. Doch noch sind wir nicht am Ziel angelangt, denn wir wissen noch nicht genau, wo wir uns befinden und wo wir hinmöchten. Diese aktuelle Orientierungslosigkeit schafft Möglichkeiten für Neues und Unbekanntes. Somit können wir uns langsam ein Boot aus Treibgut bauen und das gibt uns Sicherheit.

Wir sind viele kleine und großen Schritt gegangen und nähern uns langsam der Neuorientierungsphase. Es ist ein fließender Übergang, sodass wir immer wieder Gefühle und Zustände wie in der zweiten Phase erleben werden. Vielleicht geht es einige Wochen lang bergauf und wir fallen dann plötzlich wieder in ein Loch. Beispielsweise siehst du zufällig deinen Ex-Partner, erinnerst dich an Erlebnisse der gemeinsamen Zeit oder es geschieht ohne erkennbaren Impuls. Dieser Wechsel zwischen den beiden Phasen kann sich wiederholen und ist kein Rückschluss darauf, dass du wieder von vorne beginnst.

Je mehr wir unsere Gefühle zugelassen und durchlebt haben, desto rascher kommen wir zur dritten Phase. Wir haben nun mehr und mehr verstanden, dass es kein *Happy-End* mit diesem Ex-Partner geben wird. Wir können langsam annehmen, dass die Trennung endgültig ist. Selbst, wenn der Gedanke immer noch weh tun kann. Doch es ist nicht mehr der brennende, stechende Schmerz, den wir fühlen – dieser macht zunächst Platz für eine dumpfere und tiefere Trauer. Bis auch dieser verschwindet, kann es nochmals dauern. Auch die Sehnsucht nach ihm wird Stück für Stück geringer. Wir wissen, dass wir den Verlust akzeptiert haben, sobald wir im Guten an den Ex-Partner und die Beziehung denken und sich Wut oder Trauer nur noch schwach zeigen. Häufig sehen wir unseren Ex-Partner nun realistischer, anstatt ihn zu idealisieren oder abzuwerten.

In dieser Zeit nehmen wir unser Leben wieder aktiver in die Hand und sehen eine Zukunftsperspektive. Langsam wird die Distanz zum Ex-Partner spürbar und die Momente, in welchen wir nicht an ihn denken, werden häufiger und länger. Wenn wir doch an ihn denken, zieht es uns nicht automatisch in die Trauer und Schwere. Wir haben mehr und mehr Energie für Neues, entdecken verborgene Potentiale, lernen neue Menschen kennen und suchen und gehen mehr und mehr unseren eigenen Weg. Die Identifizierung mit der Partnerschaft als häufig »überlebenswichtiges« und unabdingbares Element können wir langsam loslassen. Unsere eigene Identität wird wieder freier vom Ex-Partner, beziehungsweise der Beziehung zu diesem. Wir erleben uns wieder mehr als eigenständiges Individuum.

Typisch für diese Phase ist, dass wir über uns und die Beziehung immer objektiver reflektieren. Wir werden offener, auch uns selbst ehrlich zu hinterfragen. Häufig stellen wir uns viele Fragen, insbesondere zu unserer eigenen Identität: »Was möchte ich eigentlich selbst?«, »Was bleibt, ohne den Partner?« oder »Was habe ich in der Partnerschaft über mich selbst gelernt?« Zudem erkennen wir möglicherweise bereits Verknüpfungen mit unserer Lebensgeschichte und Herkunftsfamilie.

In dieser Phase ist es hilfreich, neue Dinge auszuprobieren, sich selbst wahrzunehmen, weiterhin die Gefühle zuzulassen, wenn sie sich zeigen und den Blick auf sich selbst zu werfen: *Was kann ich lernen? Hat die Trennung auch Gutes ermöglicht?* Wie wir das Beste aus der Trennungserfahrung für uns mitnehmen können, darum geht es im zehnten Kapitel *Lernen*.

Einen Gedanken möchte ich noch zum Thema Sexualität nach einer Trennung äußern. Es ist normal, wenn wir keine Lust auf Sex haben oder Männer keine oder nur schwer eine Erektion bekommen. Es kann jedoch genauso gut sein, dass wir ein großes Verlangen danach haben und wir Seiten an uns entdecken, welche wir bisher nicht kannten. Daher probieren wir vielleicht verrückte Dinge aus und entdecken Neues. Beides ist typisch für diese Phase.

Phase 4: Lebensfreude – die *Auf zu neuen Ufern*-Phase

Wir haben es geschafft! Wir haben wieder die Orientierung erlangt und navigieren mit neuer Selbstsicherheit und Zuversicht auf dem Meer. Unser Boot haben wir vergrößert, stabilisiert und können die Segel nun selbstständig und ohne externen Einfluss hissen. Die Momente der Freude und Zuversicht werden länger und intensiver, sodass wir wieder offener werden. Wir segeln auch wieder mit anderen Menschen, nicht mehr zur Schmerzvermeidung, sondern aus Freude. Wir entdecken und erkunden weitere Inseln und wissen nun genauer, wo wir hinmöchten.

Ein Mut machender Blick in die Zukunft: Die ehemalige Partnerschaft und all die mit der Trennung verbundenen Herausforderungen haben wir in der Vergangenheit gelassen. In der vierten Trennungsphase freuen wir uns, dass wir diese Zeit gut überstanden haben und dort stehen, wo wir sind.

Wir sind persönlich gewachsen und gereift und haben häufiger das Gefühl, dass es richtig war, wie alles gekommen ist. Ein wenig Wehmut ist manchmal noch spürbar. Aber das zieht uns nicht nach unten. Wir suchen unsere Zufriedenheit und unseren Selbstwert nun nicht mehr bei unserem Partner, sondern bei uns selbst und in anderen Lebensbereichen. Wir leben wieder eigenverantwortlicher, sind energievoller und spüren mehr Lebensfreude.

Zudem sind wir nun bereit, auch unseren eigenen Anteil am Ende der Partnerschaft offen, ehrlich und realistisch zu betrachten. Wir schieben in der letzten Trennungsphase nicht mehr einen Großteil der Verantwortung auf unseren ehemaligen Partner. Im besten Fall haben wir viel über uns und unser Beziehungsverhalten gelernt sowie einen neuen Zugang zu unserer eigenen Liebesfähigkeit entwickelt. Die Erkenntnisse, dass wir die Trennung überstanden haben und über eine stabile und wirksame Selbstregulation verfügt haben (sonst wären wir nicht in der vierten Phase angekommen), gibt uns Selbstvertrauen und Selbstbewusstsein.

Irgendwann spüren wir, dass wir bereit für eine neue Partnerschaft wären. Unabhängig davon, ob wir dem tatsächlich folgen oder wir uns bewusst dafür entscheiden, das Leben erstmals allein zu genießen. Offen waren wir möglicherweise bereits in den vorherigen Phasen, doch der Antrieb dahinter ist nun ein anderer. Es geht nicht mehr primär um Ablenkung, Schmerzverringerung oder Selbstwertstabilisierung. Vielmehr ist nun eine Partnerschaft auf Augenhöhe möglich. Im elften und letzten Kapitel *Freuen* blicken wir in aller Ausführlichkeit auf all das, was in der vierten Trennungsphase wichtig ist. Die vierte Trennungsphase liegt bei dir wahrscheinlich noch in Zukunft, doch wirst du mit Sicherheit dort ankommen.

Nach diesem Übersichtskapitel wenden wir uns nun in den folgenden zehn Kapiteln den Bereichen zu, welche im Trennungsverlauf wichtig sind. Wir starten mit der Annahme, welches wohl eines der wichtigsten Themen direkt nach dem Verlassenwerden ist.

2) Akzeptieren: Warum du die Trennung annehmen solltest und wie du davon profitierst

Kurz nach der Trennung, befinden wir uns weiterhin im Wasser. Es ist wahrscheinlich noch kalt, schmerzhaft und unser Wunsch nach Veränderung ist unendlich groß. »Hauptsache es wird anders, egal wie«, denken wir oft. Verständlicherweise versuchen wir uns gegen das zu wehren, was gerade Realität ist: Gegen die Schmerzen und Ängste, die Ohnmacht und die negativen Gedanken sowie unsere Zukunftssorgen. Alle möglichen Strategien kommen zum Einsatz, doch irgendwie scheint der Kampf gegen das Unangenehme und Schmerzhafte nicht zu funktionieren und hält uns im Wasser gefangen.

Die innere Haltung der Annahme ist ein Schlüsselwort nach jeder Trennung, welche für alle vier Trennungsphasen gilt. »Warum sollte ich denn diese bescheidene Situation annehmen?« fragst du dich vielleicht. Und weiter: »Okay, angenommen, ich würde den jetzigen Zustand annehmen wollen, das geht doch nicht, wie soll mir das jetzt gelingen?« Ich weiß nicht, ob du genau diese Gedanken hast. Zumindest höre ich diese häufig von Menschen, die ich bei ihrer Trennung begleite und sich in einer ähnlichen Situation befinden.

Annahme des Ist-Zustandes ist der in meinen Augen wichtigste Prozess auf dem Weg der Trennungsverarbeitung. Er hat den größten Einfluss darauf, wie schnell und wie nachhaltig wir das Beziehungsende verarbeiten. Etwas in voller Tiefe anzunehmen, geschieht selbstverständlich nicht von der einen auf die andere Sekunde. Wir können uns nicht entscheiden und sagen »Jetzt habe ich es angenommen«. Was wir jedoch können, ist die Entscheidung zu treffen, alles dafür zu geben, das Hier und Jetzt annehmen zu lernen. Um welche Annahme geht es?

- Die Annahme, dass die Beziehung vorbei ist.
- Die Akzeptanz, dass es wehtut.
- Die Geduld, dass die Verarbeitung Zeit braucht.

In Folgenden wenden wir uns diesen drei Themen zu. Ich zeige dir auf, warum Annahme der wichtigste und beste Wegbegleiter im Trennungsprozess ist und wie uns dies Schritt für Schritt gelingen kann.

Annahme, dass die Beziehung vorbei ist

Warum Annahme wichtig ist, verdeutlicht der folgende Vergleich: Stell dir vor, du liegst in einem kleinen Boot und treibst einen Fluss herunter. Mal ist der Fluss ruhig und du schaukelst gemütlich mit der Strömung, mal gibt es wilde Abschnitte, die herausfordernd sind. Was vermutest du: Wenn du in eine Stromschnelle kommst, wirst du besser durch diesen unruhigen Abschnitt kommen, wenn du hingegen anruderst oder, wenn du dich vom Fluss treiben lässt? Ja, es liegt auf der Hand. Es wäre gefährlicher, wenn du gegen die Wassermassen ankämpfst. Demnach bleibt dir lediglich eine Alternative: Ruhig im Boot zu liegen und dich durch die Flusswindungen treiben zu lassen. Das erfordert Vertrauen.

Das Gleiche gilt nach einer Trennung: Es gibt Situationen, in welchen du etwas aktiv tun kannst (die ruhigen Gebiete) und es gibt Bereiche, in welchen du loslassen und vertrauen sowie das annehmen solltest, was du fühlst (die unruhigen Gebiete). Bevor wir uns das ansehen, was das für dich konkret bedeutet, möchte ich dir noch einige grundsätzliche Gedanken zum Thema Annahme mit auf den Weg geben. Wir Menschen sind häufig wahre Experten darin, uns selbst zu kritisieren und abzuwerten – insbesondere nach einer Trennung:

- Wir mögen unsere Gefühle nicht.
- Wir tragen Schuldgefühle mit uns herum.
- Wir kritisieren unser Verhalten.
- Wir wären gerne anders oder woanders.

Wir lehnen uns ab, wie wir sind und wir machen das Gleiche häufig mit den Umständen, in denen wir uns befinden. Wir sind folglich im Widerstand gegen das, was ist, gegen die Realität, wie beispielsweise gegen unsere Gefühle. Das Blöde daran ist, dass noch niemand gegen die Realität gewonnen hat und somit auch nicht gegen sich selbst, wie eben die Gefühle. Das Unterdrücken gelingt ausschließlich für eine gewisse Zeit. »Ich bin dann mal weg«, hilft daher leider nicht.

Der Therapeut Werner Bock hat zu diesem Thema Folgendes gesagt: »Was ist, darf sein, und was sein darf, kann sich verändern.« Die Dinge, die wir in und an uns ablehnen und bekämpfen, werden sich schwer verändern oder auflösen, sondern vielmehr das, was wir annehmen. Wenn wir lernen, uns mit unseren Gefühlszuständen und Eigenschaften anzunehmen, werden Veränderungsschritte möglich und passieren manchmal wie von selbst oder spontan. Bei externen Dingen wird es nicht jederzeit gelingen, dass sich diese verändern. Wenn ich die Trennung annehme, wird mein Ex-Partner dadurch nicht wieder zurückkommen. Doch meine innere Zufriedenheit kann sich zum Positiven verändern. Denn dann sind wir nicht mehr im Widerstand, sondern leben nach dem Motto: »So ist es. Es kann nicht anders sein« beziehungsweise »Lernen, das zu lieben, was ist.«

Es geht demnach um die Haltung uns selbst gegenüber: Liebevolles Mitgefühl sowie eine ehrliche und vorurteilsfreie Annahme. Genauso, wie wir in diesem Moment sind und mit welchen Umständen wir konfrontiert werden. Annahme heißt allerdings nicht, dass wir im Trennungsschmerz steckenbleiben sollten. Wir können dennoch Ziele haben und aktiv werden.

Nach gewisser Zeit ist es folglich wichtig, sich innerlich zu verabschieden:

- Von der Partnerschaft und dem Bild, dass es mit diesem Partner weitergeht,
- von dem Menschen und allem, was zu ihm gehört,
- von der Hoffnung, dass es sich doch noch zum Guten wendet oder
- von der Erwartung, jemals wieder etwas von diesem Menschen (auf partnerschaftlicher Ebene) zu bekommen.

Das gilt es anzunehmen und zu akzeptieren, selbst wenn der Herzschmerz bei diesen Gedanken unendlich groß sein mag. Eine Differenzierung kann diesen vielleicht etwas lindern, denn es ist kein Abschied von dem, was du bekommen und gegeben hast. All das kann dir keiner mehr nehmen! Die Liebe und das Vertrauen, das du gegeben hast, kannst du jedoch zu dir zurücknehmen und irgendwann jemand anderem geben, wenn du dazu bereit bist. Doch dazu später mehr.

Im Folgenden möchte ich dir einige konkrete Schritte an die Hand geben, welche sich als hilfreich erwiesen haben:

- **Konfrontation**: Rufe dir in Erinnerung, dass Annahme die Voraussetzung für Veränderung ist. Anschließend geht es darum, dieser unliebsamen Realität ins Auge zu blicken: Dem Beziehungsende. »Ja, es ist vorbei!« wäre ein möglicher Satz dafür. Selbst, wenn es uns an unsere Grenzen bringt, es ist ein wichtiger Schritt.

- **Entscheidung**: Du kannst dich bewusst dazu entscheiden, dich mit der Trennung abzufinden. Auch, wenn es dir schwerfällt und ein anderer Teil in dir damit überhaupt nicht einverstanden sein wird. Je öfter du die Entscheidung triffst und dir sagst »Ja, ich akzeptiere die Trennung«, desto hilfreicher.

- **Gefühle**: Wenn du dich bewusst entschieden hast, folgen meist diese Gefühle: Trauer oder Wut, Ohnmacht oder Schwere. Versuche sie wahrzunehmen, da sein zu lassen, zu fühlen. Wie dir das am besten gelingen kann, zeige ich dir in Kapitel 4 *Fühlen*.

- **Geduld**: Dieser Prozess der Annahme braucht Zeit. Wichtig ist weniger die Geschwindigkeit, in welcher du dich fortbewegst. Vielmehr geht es darum, dass du damit beginnst und dranbleibst. Je früher du damit anfängst, desto einfacher wird der gesamte weitere Trennungsverlauf für dich. Denn dann bist du nicht im Widerstand, sondern in der Annahme, im Fluss.

Das ist unser Stichwort, nochmals zurück zum Bild der Bootsfahrt zu kommen. Die unruhigen Gewässer in der Trennungszeit gilt es anzunehmen und dich hinzugeben: Dem Beziehungsende, deiner Gefühlswelt, deinen Schmerzen, deiner Hoffnungslosigkeit und allem, was sich noch in dir zeigt. In den ruhigen Gewässern kannst du jedoch vieles beeinflussen, unter anderem dein Denken, Handeln, Reflektieren, Lernen und Bewerten. All diesen Bereichen wenden wir uns in den weiteren Kapiteln zu.

Akzeptanz, dass es wehtut

Nachdem wir uns mit der Annahme des Beziehungsendes befasst haben, blicken wir nun auf alle unliebsamen Schmerzen, unangenehmen Gefühle und chaotischen inneren Zustände. Wir leben in einer Welt, in der wir dazu erzogen werden, zu funktionieren sowie stark, widerstandsfähig und erfolgreich zu sein. Insbesondere Männer erfahren das bereits in der Kindheit. Das prägt und kann dem Heilungsprozess nach einer Trennung im Wege stehen. Frauen sollen ebenfalls funktionieren: als Mutter, in der Arbeit, im Sport oder Zuhause. Wir lernen daher häufig nicht, wie wir mit solchen schweren Momenten umgehen können, sollen und dürfen. Denn sie werden in den meisten Lebensbereichen ausgeklammert und höchstens im Verborgenen gelebt und gezeigt. Somit ist es meist das Letzte, dass wir Dritten gegenüber zugeben möchten, dass wir Hilfe benötigen. Meist ist das noch schwerer, es uns selbst gegenüber einzugestehen. Unser Partner hat sich von uns getrennt und auf einmal sollen wir mit etwas umgehen, mit dem die allerwenigsten weder Erfahrung sammeln konnten, noch ein hilfreiches Vorbild hatten: Einen lösungsorientierten Umgang mit Schwäche und Schmerzen. Wir kennen häufig nicht nur keinen adäquaten Umgang, sondern versuchen zudem vor anderen und meist auch vor uns selbst diesen Schmerz und diese Schwäche zu verbergen. Warum das keine zielführende Strategie ist, beleuchten wir in Kapitel 4 *Fühlen*.

Das »Blöde« in der aktuellen Situation ist: Neben schweren Erkrankungen existiert wohl nahezu keine andere Lebenssituation, in welcher wir derart schwach und hilflos sind. Alle Menschen, die sich in der akuten Trennungszeit befinden sind ein wenig wie Babys. Sie sind abhängig, bedürftig, können selbst nichts geben und benötigen dafür umso mehr. Das ist völlig okay. Je mehr du das in diesem akuten Zustand annimmst und nicht dagegen ankämpfst, umso schneller wird er sich verbessern. Neben diesem Vergleich mit Babys möchte ich dir in diesem Abschnitt das Folgende mitgeben:

- Gestehe dir ein, dass du verletzlich bist, dich in der aktuellen Phase immer wieder schwach fühlen wirst und das völlig in Ordnung ist. Du kannst dich in seelischer Not befinden, diese ist keine Schwäche. Denn Not ist und bleibt Not.
- Gestehe dir ein, dass du momentan nicht die volle Leistung erbringen kannst und nicht in deiner vollen Kraft stehst.
- Gestehe dir ein, dass es unglaublich weh tut.
- Gestehe dir ein, dass du deinen Ex-Partner in manchen Momenten vermisst und du in diesen abhängig von ihm bist.

All diese Aspekte sind normale Begleiterscheinungen, wenn wir verlassen wurden. Da dies eine große Herausforderung ist, sei gut zu dir selbst, wie zu einem Baby: Nachsichtig, liebevoll und verständnisvoll. Sich wie ein Baby zu fühlen, klingt wahrscheinlich wenig attraktiv, das ist verständlich.

Wenn wir uns diese Dinge bewusst machen und immer mehr eingestehen und wahrhaben, sind wir auf dem direkten Wege zur Akzeptanz. Dann kann es sich wandeln. Wenn wir in dieser Zeit uns selbst gegenüber unehrlich sind, uns ausschließlich Stärke und Abgeklärtheit vorspielen, belügen und bestrafen wir uns damit selbst und werden umso länger in den ersten beiden Trennungsphasen feststecken.

Geduld, dass die Verarbeitung Zeit braucht

Wenn wir verlassen wurden, stellen wir uns häufig die Frage, wie lange es dauern wird, bis die Wunden in unserem Herzen verheilt sind, wir wieder mit beiden Beinen im Leben stehen und die Trennung überwunden haben. Ich habe leider keine allgemeingültige Antwort darauf. Dennoch möchte ich dir im Folgenden einige Faktoren nennen, von welchen die Verarbeitungsdauer abhängt.

Zunächst etwas Grundlegendes: Eine Trennung ist eine seelische Verletzung und bei diesen Wunden gilt in der Regel:

- Manche Verletzungen heilt die Zeit.
- Manche werden durch neue positive Erfahrungen geheilt.
- Manche heilen erst, wenn wir uns ihnen bewusst zuwenden.

Der letztgenannte Aspekt ist bei einer Trennung der wichtigste: Selbst aktiv zu werden! Wir haben folglich einen großen Einfluss darauf und sind nicht auf Dauer diesem Zustand ausgeliefert. Das Gute ist: Du bist bereits mittendrin auf dem Weg der Besserung, denn du liest beispielsweise dieses Buch. Das spricht dafür, dass du zu den Menschen gehörst, welche die schlimmste Zeit schneller überwinden werden.

Wie beschrieben, verläuft eine Trennung wellenförmig. Selbst nach Monaten kann uns eine Erinnerung oder eine Begegnung wieder ins Tal der Tränen stürzen. Doch beginnen wir dann nicht wieder von vorne, sondern kommen schneller wieder heraus. Was die Verarbeitungsdauer hingegen verlängern wird:

- Wenn du dich gegen die Trennung wehrst.
- Wenn du versuchst, die Gefühle zu unterdrücken.
- Wenn du dich beeilen willst und dich selbst unter Druck setzt.
- Wenn du vor dir selbst wegrennst und dich nicht reflektierst.

Auf alle diese Aspekte gehen wir im weiteren Verlauf dieses Buches ein.

Manche Menschen sind (vermeintlich) nach ein paar Wochen über die Beziehung hinweg und haben sich vielleicht bereits in jemand Neuen verliebt. Was jedoch kein Anzeichen dafür ist, dass diese die Trennung tatsächlich verarbeitet haben. Andere sind über den Ex-Partner auch nach Monaten oder Jahren noch nicht hinweggekommen. Warum ist das so? Im Folgenden möchte ich Gründe aufzeigen, warum die Dauer der Trennungsverarbeitung derart unterschiedlich lange sein kann:

- **Wer hat sich getrennt**: Eine Trennung ist meist für beide Partner schmerzhaft. Derjenige, der sich trennt, hat jedoch mit dem Loslösungs- und Trennungsprozess schon viel früher begonnen. Er hat zum Zeitpunkt der Trennung bereits einen zeitlichen »Vorsprung«. Mit Fragen wie »Möchte ich noch zusammenbleiben?«, »Hat es Sinn, an der Beziehung zu arbeiten?« oder »Liebe ich meinen Partner überhaupt noch?« hat sich dieser bereits länger beschäftigt. Er ist schon wesentlich weiter im Prozess der Trennungsphasen. Wir selbst beginnen damit erst ab dem Tag der Trennungsaussprache. Daher ist ein Vergleich mit dem Zustand des Partners nicht sinnvoll.

- **Kontrolle und Einfluss**: Wir Menschen möchten am liebsten über alles die Kontrolle haben und selbstwirksam sein. An Entscheidungen, die wir nicht selbst treffen konnten, haben wir länger zu knabbern. Sobald jemand anderes über uns bestimmt und ohne unser Einverständnis eine Entscheidung trifft, gelangen wir schnell in ein Ohnmachtsgefühl. Diese Hilflosigkeit schmerzt zusätzlich zum Verlust der Partnerschaft. Es ist in anderen Lebensbereichen ebenfalls so, dass wir den Kontrollverlust spüren. Im Berufsleben macht es einen Unterschied, ob wir den Arbeitgeber verlassen oder von ihm gekündigt wurden. Derjenige, der verlassen wurde, braucht daher länger zur Verarbeitung.

- **Trennungserfahrungen als Kind**: Unsere Erfahrungen mit Trennungen in der Kindheit haben einen großen Einfluss darauf, wie wir mit diesen im Erwachsenenalter umgehen können. Insbesondere frühkindliche negative Abschieds- und Trennungserlebnisse prägen uns. Beispielsweise die Trennung direkt nach der Geburt von der Mutter, wenn wir in den Brutkasten oder zu einer langen Untersuchung mussten und daher nicht bei ihr sein konnten. Spätere Trennungserfahrungen können ebenfalls Auswirkungen haben: der Tod des geliebten Haustieres, der Umzug des besten Schulkameraden in eine andere Stadt oder die täglichen Trennungen von unseren Eltern, wenn diese zur Arbeit gingen. Prägen kann uns zudem eine Trennung oder Scheidung unserer Eltern. Bei all diesen Trennungserfahrungen geht es vor allem darum, welche Unterstützung wir von unseren Eltern oder anderen Bezugspersonen erhalten haben: Wurden wir ernst genommen, wurden wir unterstützt, unsere Gefühle auszudrücken, konnten wir Bewältigungsstrategien erlernen und hatten wir hilfreiche Vorbilder. Je weniger einschneidende Erfahrungen wir gemacht haben und je besser wir gelernt haben mit diesen kleinen und großen Frustrationen umzugehen, desto leichter können wir uns für gewöhnlich mit einer Trennung im Erwachsenenalter zurechtfinden.

- **Trennungserfahrungen als Erwachsene**: Menschen, die bereits mehrere schwierige Trennungen erlebt haben, kommen meist schneller darüber hinweg. Jedoch nur, wenn sie sich mit den Themen der vorherigen Trennung aktiv auseinandergesetzt und etwas daraus gelernt haben. Selbst, wenn die aktuelle Trennung erneut unglaublich schmerzt, hilft es, sich an bisherige Erfahrungen zu erinnern.

- **Ablenkung und Gefühle**: Einerseits ist es hilfreich, sich während einem Trennungsprozess abzulenken. Wir können dabei auf andere Gedanken kommen, positive und heilende Erfahrungen sammeln und für Minuten oder Stunden aus dem Gefühlstief herauskommen. Das ist gut und hilfreich. Doch sich langfristig ausschließlich abzulenken, verlängert die Trennungsverarbeitung.

- **Kontakte und Austausch**: Menschen, die sich in der Trennungszeit an Freunde oder Familie wenden und sich mit diesen austauschen, fallen weicher. Sie erfahren Fürsorge, Liebe und Nähe, können sich ausweinen und anlehnen. Der Austausch mit anderen Menschen ist Heilung und beschleunigt die Verarbeitung. Doch dieser Austausch hat ebenfalls Grenzen, weil wir nicht monatelange den gleichen Menschen die »gleiche« Geschichte erzählen möchten oder können. Dazu weiterführende Gedanken in Kapitel 6 *Empfangen*.

- **Selbstwert und Selbstliebe**: Menschen mit einem höheren Selbstwert verarbeiten eine Trennung für gewöhnlich schneller. Wenn ich tief in mir weiß und spüre, dass mein Wert als Mensch unabhängig von der Zuneigung des Ex-Partners ist, brauche ich diesen weniger für die Stabilisierung meines eigenen Selbstwerts.

- **Unabhängigkeit und Selbstständigkeit**: Je unabhängiger meine Lebenszufriedenheit von einer Partnerschaft ist, desto leichter werde ich den Trennungsschmerz überwinden. Ist mein gesamtes Leben auf den Partner fokussiert und habe ich diesem – meist unbewusst – die Verantwortung für mein Glück übertragen, wird das vermutlich zu einer längeren Verarbeitung führen. Denn plötzlich ist dieser »Glückslieferant« nicht mehr da und ich bin aufgefordert, mich wieder selbstverantwortlich um meine Zufriedenheit zu kümmern.

So schließt sich der Kreis dieses Kapitels. Menschen, die ohne Druck und Eile die Trennung, die Gefühle und alles andere annehmen, werden diese wesentlich schneller überstehen. Wenn wir diesen Schritt überspringen, bleiben wir meist in der Trennungsphase 1 oder 2 hängen.

Was nimmst du aus diesem Kapitel für dich mit? Welcher Gedanke oder Impuls war am wichtigsten für dich? Was nimmst du dir vor: gibt es etwas, das du jetzt oder später durchführen möchtest?

Schon gewusst? Geschlechterunterschied bei der Verarbeitung
Männer gehen eine Trennung oft aktiver an als Frauen. Sie lenken sich ab, vergraben sich in der Arbeit, stürzen sich in Sport – oder gehen früher eine neue Partnerschaft ein. Das hat verschiedene Folgen: Einerseits überwinden sie damit eine Trennung häufig vermeintlich schneller und verbringen weniger Zeit im sogenannten Tal der Tränen. Andererseits birgt es die Gefahr, dass sie weniger ins Fühlen gehen und damit eine nachhaltige Verarbeitung verhindern und dass sie seltener über ihren Anteil des Beziehungsendes reflektieren. Dadurch erkennen sie im Vergleich zu Frauen ihre eigenen Beziehungsmuster seltener und tragen diese unverändert in zukünftige Beziehungen.

Eine Studie unterstreicht diesen Geschlechterunterschied bei Trennungen: Der »Gallup-Healthways Well-Being Index« untersuchte bei hunderttausenden US-Amerikanern das Wohlbefinden rund um deren Beziehungen. Hierbei hatten verheiratete, liierte, geschiedene oder Singlefrauen im Schnitt einen höheren Wohlfühlindex als Männer mit dem gleichen Beziehungsstatus. Bei den Getrenntlebenden war das Bild jedoch umgekehrt: Hierbei litten die Männer deutlich weniger als Frauen. Als Grund nannten die Forscher den höheren Stresslevel der Frauen. Demnach weist diese Studie darauf hin, dass Männer im Schnitt weniger unter einer Trennung leiden.

3) Denken: Wie du mit destruktiven Gedanken umgehst und aus dem Grübeln kommst

»Was soll ich machen? Wie bin ich hierhergekommen? Warum ist mir das passiert?« Diese und weitere Fragen drehen sich in unserem Verstand, während wir uns noch auf dem offenen Meer befinden. Da wir dort viel Zeit haben, wiederholt unser Verstand diese Fragen ständig, ohne, dass sich tatsächlich etwas verändert oder wir neue Erkenntnisse erlangen. Wir grübeln! Uns ist immer noch kalt, wir haben noch kein stabiles Boot und treiben vor uns hin. Der Verstand möchte uns helfen – doch macht er das tatsächlich?

Du kennst bestimmt diesen Satz: Gedanken erzeugen Gefühle, Gefühle erzeugen Reaktionen und Reaktionen erzeugen unsere Handlungen. Oder, wie Buddha bereits sagte: »Wir sind, was wir denken. Alles, was wir sind, entsteht aus unseren Gedanken. Mit unseren Gedanken formen wir die Welt.« Die Ursache vieler schöner und leidvoller Momente sind demnach unsere Gedanken und die damit verbundenen Bewertungen.

Nachdem unser Partner uns das Ende der Beziehung mitgeteilt hat, ist nicht nur unser Körper und unsere Gefühlswelt im Ausnahmezustand, sondern unser Verstand ist ebenfalls im Dauereinsatz. Er gibt sein Bestes, um uns vor Schmerzen zu schützen. Doch seine Fähigkeiten – insbesondere nach einer Trennung – sind nur bedingt hilfreich. Er verhindert und erschwert uns auch einiges. Auf der einen Seite ist der Verstand eine wichtige Stütze. Er hilft uns beispielsweise bei der Umplanung des gemeinsamen Urlaubs, dem Thema Sorgerecht der gemeinsamen Kinder oder dem Finden einer neuen Wohnung. Auf der anderen Seite können bestimmte Gedanken wie ein Geschwür sein, unnötige Schmerzen verursachen und unsere Heilung verzögern oder verhindern. Damit meine ich vor allem das Grübeln: Unser Verstand läuft auf Hochtouren und kann sich ewig um dasselbe kreisen. Wir haben täglich circa 60.000 bis 70.000 Gedanken, etwa 90 Prozent davon hatten wir bereits am Tag vorher.

- **Analysieren**: Ein Teil unseres Verstandes versucht alles zu analysieren und einzuschätzen: *Die eine Aussage von mir, wie ist die wohl beim Ex-Partner angekommen? Warum hat er in dem Moment so komisch geschaut? Heißt seine letzte SMS, dass er doch noch Gefühle hat?* Der Verstand spornt uns an, neue Erkenntnisse zu erlangen, die letzte Zeit vor der Trennung gedanklich immer wieder durchzugehen oder die letzten Nachrichten zum wiederholten Male zu lesen und zu analysieren.

- **Verstehen**: Ein Teil unseres Verstandes möchte alles verstehen, die Trennungsgründe, unser Verhalten, das Verhalten des Ex-Partners: *Was habe ich falsch gemacht? Was ist die Schuld des Partners? Was muss passieren, dass wir wieder zusammenkommen?*

- **Bewerten**: Ein Teil unseres Verstandes bewertet alles: *Wie blöd habe ich mich denn verhalten! Hätte ich es doch in dem Moment anders gemacht! So wie ich bin, ist es kein Wunder, dass ich verlassen wurde!* Dem Verstand gelingt es, dass wir uns wegen einer Erinnerung oder einem Gedanken schlecht fühlen oder traurig werden.

- **Lösen**: Ein Teil unseres Verstandes sucht unaufhörlich nach Wegen, uns aus unserem schmerzhaften Gefühlszustand zu bringen: *Wenn du verstehen würdest, was du falsch gemacht hast, dann … Wenn du nur wüsstest, dass dein Ex-Partner ebenfalls unglücklich ist …* Der Verstand spornt dich an, die verrücktesten Lösungsmöglichkeiten zu kreieren und sucht und sucht und sucht.

Kennst du diese nicht enden wollenden Gedankenabläufe, das Hinterfragen und Grübeln? Eine Kollegin von mir nannte es einmal passend »Wiederkäuen«. Diese Art von Grübeln ist einer der häufigsten und gleichzeitig selbstzerstörerischsten Verhaltensweisen nach einer Trennung. Doch nicht nur in dieser Lebenssituation kommen wir ins Grübeln. Das passiert ebenso auf der Arbeit, weil wir zum Beispiel über die Bemerkung einer Kollegin stunden-, tage- oder wochenlange nachdenken oder wir Ärger mit dem Finanzamt haben und uns die vermeintliche Ungerechtigkeit nicht mehr loslässt.

Einen guten Umgang mit diesen Gedanken und dem ganzen »Wirrwarr« im Kopf zu erlernen, ist eine Lebensaufgabe. Selbst, wenn es eine große Aufgabe ist, es lohnt sich diese Zeit und Energie zu investieren, sich nicht vom Verstand täuschen zu lassen, ihm nicht die gesamte Aufmerksamkeit zu schenken und die Wiederholungen zu stoppen. Denn wir sind dem nicht hilflos ausgeliefert und können etwas dagegen tun. Doch du musst beharrlich dranbleiben, um den Liebeskummer zu überwinden, du brauchst demnach vor allem Disziplin und Wissen. Dabei werde ich dich in diesem Kapitel unterstützen und gebe dir Impulse, stelle Fragen, zeige dir Perspektivwechsel und leite Übungen an. Um diese fünf Aspekte geht es:

- Verstandesmechanismen, die du kennen solltest
- Fragen, die nach Antworten suchen
- Möglichkeiten, aus dem Verstand zu kommen
- Perspektivwechsel, der dir eine andere Bewertung ermöglicht
- Vorstellungskraft, die Macht der Gedanken

Verstandesmechanismen, die du kennen solltest

Es ist hilfreich, bestimmte Funktionsweisen und Mechanismen unseres Verstandes zu kennen, zu verstehen und zu durchschauen. Denn er kann uns manipulieren, uns süchtig machen oder uns weitere Schmerzen zufügen, die unnötig sind.

Unser Liebeskummer ist wie eine Sucht

In unserem Gehirn laufen bei Liebesentzug ähnliche Prozesse ab, wie bei Süchtigen, die auf Drogenentzug sind. Wir haben nachweislich Entzugserscheinungen und unser Ex-Partner ist dabei unsere Droge. Wenn wir diese nicht mehr bekommen, sucht unser Gehirn nach Ersatz: Als Methadon, die Ersatzdroge, welche Abhängige bei Drogenentzug erhalten, findet unser Unterbewusstsein häufig Erinnerungen an die gemeinsame Zeit, Mutmaßungen, wie die Trennung verhindert hätte werden können oder Fragen, auf die es selten eine Antwort gibt. Wir sind auf der Suche nach dem nächsten »Schuss« und wissen nicht, dass wir uns wie Süchtige verhalten.

Das Einzige, was dir tatsächlich hilft, ist Entzug! Das heißt, dass jeder Blick zurück, jede Kontaktaufnahme mit dem Ex-Partner, jede Erinnerung oder jeder Blick auf die Facebook-Seite deine Sucht nährt und dich im Schmerz gefangen hält. Heilung wird dadurch erschwert. Vermeide daher möglichst jeden Kontakt zu deinem Ex-Partner, ob in deinen Gedanken oder im wahren Leben. Suche dir stattdessen passenden Ersatz: Unternehmungen mit Freunden, Sport, Tanzen, Schreiben … Wie du damit umgehen kannst, wenn es beispielsweise Organisatorisches zu regeln gilt, findest du im Kapitel 9 *Austauschen*.

> ***Schon gewusst? Es gibt einen Einfluss auf unseren Intellekt***
> *Liebeskummer hat zur Folge, dass unsere intellektuellen Fähigkeiten leiden. Studien haben herausgefunden, dass unser Intelligenzquotient vorübergehend sinkt, wir komplexe Aufgaben schlechter lösen können und unser logisches Denken beeinträchtigt ist, denn unser Gehirn arbeitet in dieser Zeit nicht besonders akkurat. Das bedeutet auch: nur weil es uns etwas meldet, muss es nicht zwingend real, wichtig und richtig sein.*

Unser Gehirn lernt durch Wiederholungen

Du kannst dir deine Gehirnverbindungen als ein riesiges Netz an Verknüpfungen vorstellen. Dabei existieren Netzwerkverknüpfungen verschiedener Qualität und Breite: Ausgebaute Autobahnen, einspurige Bundesstraßen, Fahrradwege, ein Wanderweg und ein dichter Wald ohne Trampelpfad. Nehmen wir diesen unberührten Wald als Bild. Anfangs war noch niemand in dem Wald (dieser Gedanke wurde noch nie gedacht). Beim ersten Durchqueren des Waldes kommen wir langsam und beschwerlich voran. Wenn wir den gleichen Weg durch den Wald häufiger gehen, kommen wir schon etwas leichter durch, da wir eine gewisse Orientierung erworben haben. Mit der Zeit entsteht ein kleiner Trampelpfad (wir haben den Gedanken immer öfter gedacht). Je häufiger wir den Weg gehen, desto breiter wird der Pfad und desto leichter und schneller können wir uns auf ihm fortbewegen.

Vielleicht entsteht über Jahre ein Wanderweg, dann eine kleine Straße und irgendwann möglicherweise ein Autobahnzubringer.

Das gleiche Prinzip gilt bei unseren Gedanken: Je häufiger wir diese denken und wiederholen, desto breiter wird die Verbindung zwischen zwei Punkten in unserem Gehirn. Aus diesem Grund ist es hilfreich, möglichst früh damit zu beginnen, negative Gedankengänge zu kontrollieren, um keine Autobahnen für diese zu erschaffen. Genauso, wie ein seltener oder nie benutzter Waldweg von der Natur zurückerobert wird, wird es mit der Zeit mit unseren Gedanken passieren – wenn wir diese Gedanken seltener denken.

Das gilt ebenfalls andersherum: Wenn wir konstruktive Gedanken stets wiederholen, werden die Trampelpfade zu Autobahnen und unser Gehirn verinnerlicht das Positive.

> ***Schon gewusst? Parallelen zwischen dem Beginn und ungewollten Ende einer Partnerschaft***
> *Beim Schreiben dieses Abschnitts ist mir eine Parallele aufgefallen zwischen dem Verliebtheitszustand und Zustand nach einer Trennung. Wir idealisieren den Partner in beiden Situationen. Wenn wir verliebt sind, sehen wir fast ausschließlich die schönen und positiven Seiten von ihm. Ähnlich blicken wir auf diesen Menschen, wenn wir verlassen wurden. In beiden Fällen benötigen wir viel Reflexionsfähigkeit und die bewusste Entscheidung und Hinwendung zu den weniger schönen Seiten des Partners. Was können wir aus dieser Parallele mitnehmen? Die einzige Konstante im Leben ist die Veränderung. Wie sich der Zustand des Verliebtseins mit der Zeit verwandelte, wird sich der des Liebeskummers ebenfalls verwandeln.*

Unser Liebeskummer manipuliert uns

Unserem Verstand gelingt es im Liebesschmerz erstaunlich leicht, eine rosarote Brille aufzusetzen. Wir idealisieren unseren Ex-Partner und denken an die schönen Momente oder liebevollen Worte. Der ehemalige Partner erscheint meist im besten Licht. All die Schwierigkeiten und Schattenseiten verdrängen wir hingegen. Wenn du von deinem Ex-Partner betrogen wurdest und er sich anschließend von dir getrennt hat, kann deine Reaktion auch anders ausfallen. Wenn wir jedoch diese *Idealisierungsbrille* tragen, wird uns Heilung weitaus schwerer gelingen, denn der Verlust wird unnötigerweise noch größer und schmerzhafter. Diese Übung hat sich dafür bewährt:

- **Aufschreiben**: Schreibe alles auf, was für dich in der Partnerschaft nicht gut war: Alle Erinnerungen an zermürbende Konflikte, unmögliche Eigenschaften des Partners, böse Worte, nicht eingehaltene Versprechen oder etwas Banales wie der Mundgeruch.

- **Erinnern**: Sobald dein Verstand die Idealisierungsbrille aufsetzt, erinnere dich an die Liste. Lies die Punkte – selbst, wenn du sie bereits auswendig kennst. Sei mit voller Aufmerksamkeit bei der Auflistung. Je mehr du dich mit allen deinen Sinnen an diese Erfahrungen erinnerst, desto nachhaltiger wird diese Übung sein.

Dieser Realitätscheck unterstützt dich dabei, das Bild des vermeintlich perfekten Partners und der vermeintlichen perfekten Beziehung abzugeben.

Fragen, die nach Antworten suchen

Nach einer Trennung suchen wir Antworten auf typische Fragen. Nicht nur im eigenen Kopf, sondern auch im Internet, in Erfahrungsberichten von anderen Verlassenen, in Gesprächen mit Freunden oder in alten Nachrichten und E-Mails des Ex-Partners. Das ist eine normale Reaktion des Verstandes. Er möchte beispielsweise das Folgende wissen:

- **Vergangenheitsbezug**: *Was hätte ich anders machen können, damit mein Ex-Partner die Beziehung nicht beendet hätte? Wenn ich das eine Mal netter, aufmerksamer oder kooperativer gewesen wäre, wäre es dann nicht so weit gekommen?*

- **Gegenwartsbezug**: *Was kann ich machen, damit es mir wieder gut geht? Warum ist mir das passiert?*

- **Zukunftsbezug**: *Was mache ich, wenn ich den Ex-Partner zufällig irgendwo treffe? Werde ich mich je wieder verlieben können?*

Unser Verstand verfolgt dabei verschiedene Ziele. Er möchte uns einerseits helfen, die neue Situation besser einzuschätzen, Antworten zu finden und unseren Schmerz zu verringern. Andererseits möchte er die Kontrolle und Macht behalten und nicht an die Gefühlswelt verlieren. Denn diese ist derart präsent und mächtig, wie sonst selten im Leben. Solange der Verstand nicht weiß, warum die Trennung geschehen ist, ist er in dieser Hinsicht ohnmächtig und ausgeliefert. Das mag er nicht. Mit seinen Fähigkeiten kann er nichts zur Verbesserung beitragen, weil er in einer Sackgasse steckt. Doch überflüssig machen möchte er sich nicht und somit stellt er wieder und wieder Fragen, Hypothesen, Lösungen … Ich weiß leider nicht mehr, von wem ich den folgenden Satz aufgeschnappt habe, doch er passt gut: »Das Gehirn ist ein Problemlöse-Organ«.

Wir Menschen können mit Klarheit besser umgehen, als mit Unklarheit. Wir können ein kleines Stück der Ohnmacht entkommen, wenn wir die Ursache begreifen. Doch die Lösung für unseren Liebeskummer werden wir nicht im Verstand finden. Er kann ein hilfreicher Begleiter sein. Verstehen kann diesen Schmerz in voller Tiefe letztendlich nur unser Herz. Unsere Gefühle werden heilen, wenn wir sie fühlen. Damit befassen wir uns im vierten Kapitel *Fühlen*.

Auf was sucht unser Verstand eine Antwort? Im Folgenden blicken wir auf fünf häufig genannte Fragestellungen, nachdem wir verlassen wurden.

Fragezeichen: Warum ist es überhaupt aus?

Eine der wichtigsten Fragen für uns ist es, die (wahre) Ursache der Trennung zu erfahren. Manchmal kennen wir die Trennungsgründe, manchmal können wir es erahnen und manchmal haben wir keine Ahnung, warum der Ex-Partner gegangen ist. Alle drei können zu einem quälenden Zustand werden:

- **Wir wissen, warum sich der Partner getrennt hat**: Unser Kopf überlegt sich, was wir selbst hätten besser machen können, kreiert Hypothesen, unter welchen Umständen die Trennung hätte vermieden werden können oder was jetzt vonnöten ist, um wieder zusammenzukommen.

- **Wir haben eine Ahnung**: Unser Kopf prüft unaufhörlich diese Haupt-Hypothesen. Mal spricht etwas dafür, mal spricht etwas dagegen. Wenn wir irgendwann glauben, dass wir die Antwort gefunden haben, ist der Verstand kurzfristig befriedigt. Doch zur Ruhe wird er sich nicht setzen, denn die Garantie, dass es die eindeutig richtige Antwort ist, hat er nicht.

- **Wir haben keine Ahnung**: Unser Kopf kreiert eine Hypothese nach der anderen, prüft Argumente, die dafür und dagegensprechen. In einem Moment sind wir uns sicher, dass es dieser Grund ist, im nächsten fangen wir wieder von vorne an.

In allen drei Fällen findet der Verstand – insbesondere in der akuten Trennungsphase – schwer Frieden. Er wird sich selten mit einer Antwort zufriedengeben. Inwieweit und wie intensiv unser Verstand diesbezüglich zur Ruhe kommen kann, unterscheidet sich selbstverständlich von Mensch zu Mensch. Für manche meiner Klienten war es tröstlich, eine Idee der Trennungsgründe zu bekommen, für andere ändert sich durch dieses Wissen nicht viel. Was du konkret machen kannst: Du musst für dich herausfinden, was für dich das Hilfreiche ist – Option A oder B:

- Bei **Option A** machst du dich auf die Suche nach dem oder den möglichen Trennungsgründen. Über den Weg des Verstehens gelangst du im nächsten Schritt zum Loslassen. Dann hilft dir möglicherweise der Abschnitt *Trennungsgründe verstehen* im zehnten Kapitel *Lernen*. Für den Fall, dass du keine befriedigenden Ursachen finden konntest, hast du zumindest alles dafür getan. Dann geht es darum, das zu akzeptieren und dich anschließend Option B zuzuwenden.

- Vielleicht ist für dich **Option B** der passendere Weg: Dich gleich dem Loslassen und Annehmen zuzuwenden. In manchen Fällen werden wir die (wahren) Gründe nie erfahren, weil der Partner den Kontakt abbricht, weil der Partner es selbst nicht weiß oder, weil wir dem Partner die Gründe nicht abnehmen. Dann drehen wir gedanklich und folglich auch emotional immer wieder die gleiche Schleife und bleiben in der gleichen Sackgasse stecken. Darum kann die Annahme, dass es manchmal keine Antworten gibt der schnellere Weg sein. Im nächsten Schritt geht es dann um einen zielführenden Umgang mit deinen Gefühlen, die in diesem Prozess entstehen. Dafür begleitet dich das vierte Kapitel *Fühlen*.

Schon gewusst? Zahlen und Fakten zu Trennung und Scheidung
»Warum trifft es mich?« ist eine häufig gestellte Frage. »Warum mich und nicht den Nachbarn, der unmöglich mit seiner Partnerin umgeht oder meine Kollegin, die ihren Mann immer wieder hintergeht?« Zur Einordung ein kleines Gedankenspiel: Jedes Jahr gibt es in Deutschland etwa 170.000 Scheidungen. Die Anzahl der Trennungen wird nicht erhoben, liegen jedoch weitaus höher als die der Scheidungen. Nehmen wir an, dass es in Deutschland zusätzlich zu den Scheidungen 630.000 Trennungen pro Jahr gibt. Zusammengerechnet wären das knapp 2.200 Scheidungen und Trennungen pro Tag. Das ist ein ganzes Dorf, welches jetzt etwas Ähnliches durchmacht. Verändert sich für dich etwas dadurch, dass momentan viele andere Menschen ebenfalls in diesem Gefühlschaos stecken? Das nimmt sicherlich nicht den eigenen Schmerz. Im besten Fall verändert es den Blick auf die Bewertung »Warum ich?« Du bist auf jeden Fall nicht allein.

Zweifel: Hat mich mein ehemaliger Partner überhaupt geliebt?

Insbesondere in der ersten Zeit nachdem wir verlassen wurden, drängt sich eine weitere Frage auf: *Hat mich der Ex-Partner überhaupt geliebt?* Wenn sich der Partner bereits neu verliebt oder vorher eine Affäre hatte, trifft uns das meist noch härter. Ist ein anderer Mensch, so unsere bewusste oder unbewusste Schlussfolgerung, *besser* als ich? Dieser Vergleich kann unglaublich schmerzhaft sein, noch größere Selbstzweifel hervorrufen und unseren Selbstwert angreifen. Wir fragen uns insbesondere: *War ich so leicht austauschbar? Was habe ich falsch gemacht? Wie lange kennen die beiden sich schon?*

Unabhängig davon, ob unser Ex-Partner eine Affäre hatte oder nicht, gelangen wir zu einem Teufelskreis an destruktiven Gedanken. Dieser mündet häufig in dieser Frage: *Hat mich mein Ex-Partner überhaupt jemals geliebt?* Wir können in dieser Zeit meist nur Vermutungen anstellen, ob *ja* oder *nein*. Denn die emotionale Lage unseres Ex-Partners werden wir nie vollständig verstehen und nachvollziehen können. Der Mensch, der vorher alles mit uns geteilt hat, hat uns auch das weggenommen: Den Blick auf sein Seelen- und Gefühlsleben. Wenn wir zumindest wüssten, dass er ebenfalls zu kämpfen hat mit der Trennung, wäre das für viele Verlassene eine Erleichterung.

Dazu noch ein weiterer Gedanke: Die Wahrscheinlichkeit ist hoch, dass selbst unser Ex-Partner sich und seine Entscheidungshintergründe nur teilweise verstehen und begründen kann. Wenn er dir alles erzählt, bleiben immer noch zwei Fragen: Zum einen, ob er sich selbst und die Gründe für die Trennung in voller Tiefe versteht. Zum anderen kommt es vor, dass aus Schutz vor dem Verlassenen, nicht die gesamte Wahrheit berichtet wird – damit dieser nicht noch mehr leidet. Leider, denn die Wahrheit bringt uns meist weiter, selbst, wenn sie erstmals schmerzhaft ist und häufig irgendwann dennoch ans Tageslicht kommt.

Was du konkret machen kannst: Stelle dir die Fragen *Was würde sich für mich heute ändern, wenn ich wüsste, dass er mich nie geliebt hat?* Und: *Was würde sich für mich heute ändern, wenn ich wüsste, dass er mich geliebt hat?* Beantworte dir diese Fragen so lange, bis du alle Eventualitäten und Details durchgegangen bist und berücksichtig hast. Schreibe dir deine Antworten auf. Immer dann, wenn sich dein Verstand zum wiederholten Male damit befassen möchte, verweise ihn auf deine Notizen und begegne ihm in etwa so: *Ja, lieber Verstand, ich kenne dich gut. Du suchst wieder nach Erklärungen und Antworten und das ist in Ordnung. Du weißt ja, wir haben schon alles mehrfach durchdacht, kommen jedoch auf keine neuen Ergebnisse. Daher mache ich jetzt etwas anderes.* Wende dich anschließend etwas vollkommen anderem zu: Kochen, Telefonieren, Spazieren, Lesen …

Perspektivlosigkeit: Wie soll es jetzt weitergehen?

Je kürzer die Trennung zurück liegt, desto quälender ist die Frage, wie es mit dem eigenen Leben weitergehen soll. Das Beziehungsende bedeutet nicht nur die Trennung vom Partner, sondern auch von dem gemeinsamen Leben. Das betrifft sowohl praktische wie emotionale

Aspekte. Beispielsweise gemeinsame Zukunftspläne, Kinderplanung oder -erziehung, die emotionale Unterstützung bei Herausforderungen oder die gemeinsame Wohnung, Rentenversicherung oder der Freundeskreis. Etwas Gewohntes, Geliebtes und Sicheres ist weg, ohne dass es bereits einen Ersatz gibt. Wenn wir verlassen werden, haben wir meist erstmals einen relativ düsteren Blick auf die Zukunft.

Was du konkret machen kannst: Du kannst etwas im Innen und im Außen tun. Im Außen geht es darum, dass du dein Leben wieder selbst aktiv in die Hand nimmst. In den folgenden Kapiteln gehen wir mit praktischen Tipps aus verschiedenen Perspektiven darauf ein. Im Innen geht es – wieder einmal – um die Annahme des Ist-Zustandes und das Vertrauen in dich selbst. Damit beschäftigen wir uns ebenfalls in den folgenden Kapiteln. Was auf jeden Fall gilt: Es wird besser werden, du wirst Stück für Stück mehr Klarheit über deine Zukunft erlangen und mehr Sicherheit spüren. Setze dich nicht unter Druck, jetzt schon alles Weitere zu kennen, sondern versuche dir selbst und dem Universum zu vertrauen, dass sich alles zum richtigen Zeitpunkt zeigen wird.

Ängste: Komme ich je wieder aus diesem Loch?

Ja, du kommst aus dem Tief, du wirst aus dem Tal der Tränen kommen und du wirst wieder zufrieden und glücklich werden. Selbst, wenn das direkt nach einer Trennung unvorstellbar erscheint und tatsächlich wie nach einem anderen Leben klingt. Wir vermuten vielmehr, dass wir nie mehr oder erst nach Jahren aus diesem Zustand gelangen. Doch das ist die Perspektive aus dem Schmerz, eine normale und zugleich unrealistische Reaktion. In meiner Praxis habe ich viele Menschen während einer Trennung oder Scheidung begleitet. Zudem haben mir viele Menschen aus ihrem Leben und ihren vorherigen Trennungserfahrungen berichtet. Bisher ist jeder dieser Menschen aus dem Tief herausgekommen!

Was du konkret machen kannst: Es geht um Vertrauen und Wissen. Das Vertrauen dir selbst gegenüber, dass du Ressourcen und Möglichkeiten hast, dich zu entwickeln und aus dem Tief zu kommen. Du hältst dieses Buch in der Hand – das spricht sowohl für deinen Willen, selbst aktiv zu werden als auch für dein Interesse an deinem seelischen Wohlbefinden. Das Wissen, dass jeder, der sich den

Aufgaben und Herausforderungen einer Trennung stellt und nicht in die Verdrängung geht, garantiert wieder herausfindet und langfristig persönlich von der Trennung profitieren wird.

Bedenken: Werde ich mich jemals wieder verlieben?

Viele Menschen, die ich begleite, fragen mich, ob sie sich je wieder verlieben können. Solange wir selbst in einer Beziehung sind, würden wir uns diese Frage wohl nur selten stellen, denn sie klingt eher merkwürdig. Doch im Trennungsschmerz ist es anders: Wir sind noch emotional an unseren Ex-Partner gebunden und haben den Wunsch, in dessen Arm aufzuwachen und ein *Schatz, das war nur ein Alptraum, alles ist gut* zu hören. Zudem ist unser Selbstwert verletzt. Ein dritter Mensch kann diese Sehnsucht meist nicht stillen und diesen Schmerz nicht lindern. Unser Herz tatsächlich jemand anderem zu öffnen, ist in der Phase nahezu unmöglich. Denn nur derjenige, der uns in diesen schmerzhaften Zustand gebracht hat, kann uns da wieder herausholen, so zumindest unsere Schlussfolgerung. Alternativ stürzen sich einige Menschen – tendenziell mehr Männer – schnell in eine neue Partnerschaft. Doch die alte Beziehung wird dann wohl noch nicht verarbeitet sein.

Was du konkret machen kannst: Einmal mehr hilft das Wissen, dass dies eine normale Reaktion ist, die zum Liebeskummer dazu gehört. Wenn du darüber hinaus noch weißt, dass diese pessimistische Zukunftsvorstellung genauso in den Hintergrund rücken wird, wie der Schmerz, begegnest du diesen Bedenken realistisch. Wie nach dem Verlust von einem Job, bei welchem wir anfangs ebenfalls nicht glauben konnten, dass wir von dieser Neuorientierung langfristig profitierten.

Möglichkeiten, aus dem Verstand zu kommen

In diesem Abschnitt findest du weitere Übungen und Impulse, wie es dir gelingen kann, mit liebevoller Strenge und Disziplin deinem Verstand zu begegnen.

Die Beobachterrolle einnehmen

Die sogenannte Beobachterposition ist in meinen Augen eine der effektivsten Möglichkeiten, aus dem Leiden zu kommen. Wer sich mit voller Präsenz selbst beobachtet, kann nicht gleichzeitig denken und leiden oder sich freuen und hoffen. Das, was du beobachten kannst, das kannst du nicht im gleichen Moment selbst auch noch sein. Du kannst nicht der Schauspieler auf der Theaterbühne sein und gleichzeitig im Saal sitzen und diesen Schauspieler beobachten. Wenn wir uns beobachten, werden wir von der Person, die denkt oder leidet, zu der Person, die eine denkende oder leidende Person beobachtet. Für diesen Moment sind wir raus aus dem Schmerz. Selbst, wenn das vielleicht zu Beginn merkwürdig klingt, möchtest du es einmal ausprobieren? Schlüpfe in die Beobachterrolle und betrachte dich wie von oben aus der Vogelperspektive oder von vorne aus einer Kameraperspektive: *Wer sitzt da mit dem Trennungsratgeber in der Hand? Wie geht es der Person, was fühlt sie, was denkt sie, was beschäftigt sie?*

Wie ging es dir mit diesem Perspektivwechsel? Ist es dir gelungen, dich zu beobachten – wenn auch nur für einige Sekunde? Konntest du gleichzeitig neben dem Beobachten noch denken oder leiden? Das kannst du innerlich auch benennen: »Oh ja, jetzt ist er wieder in seinem Element und denkt zum fünfzehnten Mal heute darüber nach, was er hätte besser machen können.«

Wenn es dir gelingt, diese Beobachterrolle häufiger einzunehmen, wird das dein Leben bereichern – bezüglich deiner Trennung und allen anderen Lebensbereichen. Wir werden ausgeglichener, zufriedener und glücklicher, erleben weniger Stress, Ängste und Leid und begegnen uns selbst liebevoller. Doch es erfordert Arbeit und viel Übung.

Vielleicht ist dir aus der Beobachterposition aufgefallen, wie gut die Person, die du beobachtest – folglich du selbst – leiden kann. Wenn ich das selbst übe, sehe ich es immer als ein Forschungsprojekt an, *den Wieland* wahrzunehmen und herauszufinden, was in seinem Kopf und seinem Leben im Moment alles passiert und da geschieht vieles, was nicht notwendig wäre. Wenn ich diese Perspektive in meinem Leben einnehme, dann muss ich über den *denkenden Wieland* schmunzeln.

Weil diese Übung nach meiner Erfahrung derart wichtig und hilfreich ist, wird sie dir im Buch häufiger begegnen. Weitere Übungen zum Thema Achtsamkeit findest du im fünften Kapitel *Handeln*.

Die Gedanken stoppen

Du kannst lernen, deine wiederkäuenden Gedanken an die kurze Leine zu nehmen und etwas anderes zu denken. Sobald du in negative Gedankenmuster gelangst, denke bewusst an etwas vollkommen anderes. Verschiebe die Aufmerksamkeit, aktiv und sofort. Meist reichen zwei Minuten an Ablenkung aus. Einige Ideen dazu:

- Erinnere dich daran, was du vor drei Tagen zum Abendessen gegessen hast, mit wem und wo.
- Überlege, in welches Land du mit deinen Eltern als Kind als erstes gereist bist und wie es da aussah.
- Zähle rückwärts von 50 bis 0. Sobald du wieder ins Grübeln kommst, beginne von vorne. Wiederhole das solange, bis es dir gelingt bei null anzukommen, ohne an die Trennung zu denken.
- Nutze deine Vorstellungskraft und lege in deiner Fantasie positive Bilder über deine aktuellen negativen Gedanken, wie schönen Erinnerung deiner Schulzeit, Bilder deines Traumurlaubslandes oder einen Moment aus deinem Berufsalltag, der dich zum Lachen gebracht hat. Es ist wie ein Szenenwechsel auf einer Theaterbühne.

Finde demnach etwas, was du sofort umsetzen kannst. Diese mentale Kontrolle erfordert Übung und Dranbleiben. Doch die Belohnung – schmerzfreie Momente – folgt relativ schnell. Der Grübelanteil in dir braucht diese Strenge, damit er dich nicht kontrolliert. Das bedarf jedoch einer guten Differenzierung. Sei knallhart zu ihm, jedoch liebevoll zu dem verletzten Teil in dir.

Kathryn K. Woodward ist Gesundheitsexpertin und Autorin, unter anderem von *Meditation für Anfänger*. Darin beschreibt sie die sogenannte *Gibberish*-Technik, die ein wenig verrückt ist. Ziel dieser Übung ist es, den Kopf frei zu bekommen. *Gibberish* ist ein Wort aus dem

Englischen und bedeutet sowas wie Geschwafel. Bei dieser Technik quasselt man schlichtweg drauf los und spricht ununterbrochen Fantasie-Laute und -Worte aus. Zum Beispiel denkst du gerade über das letzte Picknick nach, dann kommen dir vielleicht Worte wie *Fahrrad, Decke, Obst, Weg, Beine* in den Kopf oder auch Laute wie *Snirrr, Hasabusaah, Rruuuh.* Sprich alles aus, ohne darüber nachzudenken. Diese Methode wird häufig als Meditationsvorbereitung eingesetzt, eignet sich jedoch ebenfalls hervorragen, um den Verstand abzulenken. In Kapitel 5 *Handeln* findest du weitere Achtsamkeitsübungen.

Den Körper mitnehmen

Eine bewährte Möglichkeit aus dem Gedankenkarussell auszubrechen, ist das Setzen eines sogenannten Ankers. Bei einem Anker geht es darum, dass wir etwas Bestimmtes abspeichern und bei Bedarf wieder abrufen, wie beispielsweise eine Handlung oder einen Gefühlszustand. Wenn du feststellst, dass du in destruktiven Gedankenmustern festhängst, nimm deinen Körper zur Hilfe und mache eines der folgenden Dinge:

- **Kneife dich selbst**: Unterbreche damit den Gedankenstrom und wende dich anschließend etwas anderem zu. Das Fingernagelbett ist dafür eine gute Körperstelle. Sie ist sensibel und verdeutlicht, was wir durch unsere negativen Gedanken mit uns machen: Wir verletzten uns selbst. Wenn du das körperlich »wiederholst«, indem du mit einem anderen Fingernagel in das Nagelbett drückst, wird deine bewusste und unbewusste Motivation steigen, deine Gedanken zu kontrollieren. Bitte mache das nicht, wenn du die Tendenz zu einem selbstverletzenden Verhalten hast.

- **Zucke mit den Achseln**: Kombiniere diese Körperbewegung mit der inneren Haltung »Okay, dann denkt er oder sie (also du) wieder daran. So ist das jetzt eben, das ist okay.« Diese Haltung hilft dir, dich selbst besser anzunehmen.

- **Schnippe mit dem Finger**: Nimm das Geräusch des Schnippens wahr und spüre die kurze Vibration der Fingerkuppe. Das hilft dir ins Hier und Jetzt zu kommen. Wende dich anschließend bewusst etwas anderem zu.

Wähle eines der Beispiele oder kreiere deinen eigenen Anker. Sobald du feststellst, dass du im Verstand bist, fokussiere dich auf eine dieser Körperübungen. Diese Wahrnehmungsverschiebung hilft dir aus dem Gedankenkarussell auszubrechen und hat sich als hilfreiche alltagstaugliche Routine bewährt.

Die Frage aller Fragen stellen

Einer der mächtigsten Fragen, welche ich kenne, ist die folgende: »Verbessert das, was du jetzt machst (oder machen möchtest) deine Situation?« Lautet die Antwort *ja*, dann mach es. Lautet die Antwort *nein*, dann lass es und mache etwas anderes. So einfach kann es sein. Auch, wenn es wieder Bewusstsein, Disziplin und Übung erfordert. Für viele Klienten war diese Frage in verschiedenen Lebenssituationen unglaublich hilfreich.

Perspektivwechsel, der dir eine andere Bewertung ermöglicht

Während des Liebeskummers haben wir meist einen engen Korridor an Gedanken, an Perspektiven und an Interpretationsmöglichkeiten. Wir sehen manches extrem vergrößert und anderes ist wie nicht existent. Manche Interpretationen erscheinen uns als die einzige Wahrheit. Manche liegen außerhalb des Vorstellbaren, obwohl andere Menschen die Realität anders erleben. In diesem Abschnitt möchte ich dir einige Impulse geben, neu zu denken und dir selbst andere Fragen zu stellen.

Andere Fragen, andere Antworten

Wir stellen uns nach einer Trennung – oder auch nach einem Jobverlust oder anderen Schicksalsschlägen – ähnliche Fragen, erhalten stets die gleichen Antworten und bleiben daher in unserer Entwicklung stehen. Ich möchte dir, ohne dies weiter zu kommentieren, einige Alternativen zu häufig gestellten Fragen mitgeben:

- Frage dich anstelle von *Was mache ich jetzt?* einmal *Was macht diese Erfahrung mit mir?*
- Überlege dir anstelle von *Was wäre, wenn …?* einmal *Was ist …?*

- Frage dich anstelle von *Was habe ich verloren?* einmal *Was habe ich dadurch gewonnen?*
- Reflektiere, ob du tatsächlich die Person vermisst oder doch mehr den Status mit ihr (die Sicherheit, Zukunftspläne …)?

Nimm dir ausreichend Zeit zur Beantwortung. Möchtest du dir deine Antworten auf diese anderen Fragen notieren?

Andere Perspektive, andere Bewertung

Der folgende Perspektivwechsel kann häufig etwas in uns verändern: Wir haben nicht unseren Seelen- oder Liebespartner verloren, sondern es hat sich herausgestellt, dass es nicht *der* Liebespartner unseres Lebens war. Denn, wenn er es tatsächlich wäre, wäre er ja noch da. Diese neue Bewertung kann zugleich enttäuschend als auch erleichternd sein. Auf jeden Fall ermöglicht sie uns, besser loszulassen. Wenn du diesem Gedanken nachgehst, beobachte einmal, was er in dir auslöst – neben einem möglichen Widerstand. Ich kann mir gut vorstellen, dass sich bestimmte Gefühle in dir zeigen. Vielleicht Enttäuschung oder Traurigkeit. Wenn das im Moment so ist, lege das Buch kurz zur Seite und lass das zu, was ist, ohne etwas zu verändern.

Andere Bewertung, andere Gefühle

Stell dir vor, jemand sagt zu dir: »Du bist blöd!« Stimmt das dann? Wohl kaum. Stimmt es, wenn das Gleiche tausend Menschen sagen würde? Genau, es stimmt dadurch immer noch nicht! Auch umgekehrt gilt das Gleiche: Wenn jemand sagt: »Du bist supertoll!« stimmt das dadurch? Nein, genauso wenig. Es ist eine Bewertung und nicht die Wahrheit. So ist es auch mit allem, was mit uns passiert. Erst unsere subjektive Bewertung, welche wir einer Sache oder einem Erlebnis geben, macht daraus ein *gut* oder *schlecht* – und darauf folgt dann unsere Gefühlslage.

Nach einer Trennung ist es schwer, sich einfach für eine andere Bewertung zu entscheiden. Damit befassen wir uns später nochmals. An dieser Stelle wollte ich dir schon einmal den Gedanken zeigen.

Vorstellungskraft, die Macht der Gedanken

Stell dir die folgende Szene vor: *Du hältst eine reife, gelbe und wunderschöne Zitrone in deiner Hand. Du legst diese auf ein Schneidebrett und holst ein Messer aus der Schublade. Du teilst nun die Zitrone in der Mitte, nimmst eine Hälfte in deine Hand und riechst genüsslich an ihr. Nun führst du die Zitrone langsam zum Mund, schließt deine Augen und beißt genüsslich hinein.* Was passiert? Wahrscheinlich schüttelt es dich im Moment, als ob du tatsächlich in eine Zitrone gebissen hättest. Unglaublich, zu was unsere Vorstellungskraft fähig ist, oder? Denn es war ausschließlich deine Fantasie.

Es gibt unzählige ähnliche Beispiele. Von einem eindrücklichen Erlebnis dazu möchte ich dir berichten: Ich war vor einiger Zeit auf einer Konferenz, auf welcher ein Hypnotiseur auftrat. Hypnose bedeutet für ihn nicht, andere Menschen zu manipulieren, sondern sie darin zu unterstützen, mit ihrer eigenen Vorstellungskraft ihre eigene Realität zu verändern. Er zeigte uns – und wir im Publikum durften mitmachen – wie wir unsere Hand zu einer Faust ballten und anschließend nicht mehr aufbekommen haben. Es war unglaublich, denn trotz größter Anstrengung war die Faust wie fixiert. Mit einem bestimmten Satz, den wir uns selbst sagten, konnten wir sie schließlich wieder öffnen. Dieses und viele andere Beispiele zeigen auf, dass unsere Vorstellungskraft eine immense Kraft hat – was wir erleben, was wir fühlen, was wir glauben und an was wir uns erinnern.

Entscheidend ist demnach der Fokus, mit dem wir uns einer bestimmten Sache zuwenden. Er wird darüber entscheiden, was wir wahrnehmen und erleben. Wenn ich zum Beispiel einem Interview in einer Radiosendung folge und glaube, dass dieser Experte sowieso keine Ahnung hat, fokussiere ich mich darauf, dafür eine Bestätigung zu finden und ich werde irgendeine finden. Wenn ich jedoch glaube, dass mir der Experte lebensverändernde Impulse schenkt, werde ich mich darauf fokussieren und das dann auch erleben. Mit meiner inneren Haltung kann ich direkt beeinflussen, was ich erleben möchte.

Das gleiche Prinzip lässt sich ebenfalls nach einer Trennung nutzen. Wenn du der festen Überzeugung bist, dass das gesamte Leben schlecht ist, dass du nie aus dem Loch kommen wirst und der heutige Tag sowieso nichts Gutes bringen wird, dann wird dein System sich auf die Suche nach dieser Bestätigung machen. Denn du möchtest ja – unbewusst – Recht behalten. Wenn du dich hingegen beispielsweise auf die Suche nach bereichernden menschlichen Begegnungen an diesem Tag machst, dann kann sich dein gesamtes System darauf fokussieren. In der Psychologie wird dies die selbsterfüllende Prophezeiung genannt.

Soweit meine Impulse für dich in diesem Kapitel. Was nimmst du daraus für dich mit? Welcher Gedanke, Impuls oder welche Übung war am wichtigsten für dich? Was nimmst du dir vor? Gibt es eine Aufgabe, die du gleich jetzt oder später durchführen möchtest?

4) Fühlen: Wie du mit deinen Gefühlen umgehen kannst und dadurch alles leichter wird

Nachdem du etwas Ordnung in deine Gedankenwelt gebracht und mehr Orientierung im offenen Meer gefunden hast, kommt die Zeit des unbeständigen Wetters: Von einer leichten, angenehmen Brise mit Sonnenschein bis zum Orkan mit meterhohen Wellen ist alles dabei. Jetzt, in der zweiten Trennungsphase, hast du immer wieder den Eindruck dem Wetter ausgeliefert zu sein und denkst manchmal: »Ich kann nicht mehr. Wann hört es endlich auf? Wie tief wird es noch gehen?« Trotz dieser emotionalen Herausforderung lernst du mit der Zeit, dass der beste Umgang mit dieser unkontrollierbaren Situation der folgende ist: Loslassen, vertrauen und dich diesem wechselhaften Wetter hingeben.

Zu diesem Thema passen die Worte von Rumi, einem persischen Gelehrten des Mittelalters. *Das Gasthaus: Das menschliche Dasein ist ein Gasthaus. Jeden Morgen ein neuer Gast. Freude, Depression und Niedertracht – auch ein kurzer Moment von Achtsamkeit kommt als unverhoffter Besucher. Begrüße und bewirte sie alle! Selbst, wenn es eine Schar von Sorgen ist, die gewaltsam Dein Haus seiner Möbel entledigt, selbst dann behandle jeden Gast ehrenvoll. Vielleicht bereitet er dich vor auf ganz neue Freuden. Dem dunklen Gedanken, der Scham, der Bosheit – begegne ihnen lachend an der Tür und lade sie zu Dir ein. Sei dankbar für jeden, der kommt, denn alle sind zu Deiner Führung geschickt worden aus einer anderen Welt.* Rumi fasst in diesen wenigen Zeilen vieles von dem zusammen, mit was wir uns in diesem Abschnitt befassen werden.

Nach dem vorherigen kognitiv-geprägten Kapitel wenden wir nun unseren Blick von den Gedanken zu den Gefühlen, vom Kopf zum Herz. Nicht umsonst heißt es auch *Gedanken sind die Sprache des Gehirns, Gefühle sind die Sprache des Körpers*. Daher wird uns unser Körper in diesem Kapitel an vielen Stellen begegnen. Was erwartet dich darüber hinaus? Ich vermute, dass du dir zurzeit vor allem eine Veränderung deiner Gefühlswelt wünschst und nach Impulsen suchst, aus dem Schmerz zu gelangen. Wir blicken in diesem Abschnitt auf Grundlagenwissen zu Gefühlen und Emotionen, auf einen guten und nachhaltigen Umgang mit ihnen und betrachten die wichtigsten Gefühlszustände im Trennungsprozess, wie Trauer, Wut, Einsamkeit oder Hoffnungslosigkeit.

Grundlagenwissen zu Gefühlen

Für gewöhnlich unterscheiden wir unsere Gefühle nach guten und schlechten: Die positiven Gefühle wie Freude oder Dankbarkeit und die negativen wie Wut, Angst oder Trauer. Doch an sich ist kein Gefühl positiv oder negativ, es ist *nur* unsere Bewertung, die es zu solchen macht. Alle Gefühle sind wichtig, heute wie in der gesamten Evolution, wie beispielsweise die Angst vor dem Säbelzahntiger oder die Überquerung einer Autobahn zu Fuß.

Ohne die Angst würden wir als Menschen in beiden Fällen nicht lange überleben. Jedes Gefühl hat seine Daseinsberechtigung, denn sie geben uns immer Hinweise in unserem Leben. Auch, wenn wir – insbesondere nach einer Trennung – andere Gefühlszustände bevorzugen. Welche Gefühle sich nach einer solchen zeigen, ist individuell. Es ist folglich nicht ein Fehler, wenn wir nicht alle fühlen.

Wir können mit unserem Verstand nicht einfach unsere Gefühle verändern. Im limbischen System im Gehirn sitzt der Teil, der für unsere Gefühle und Triebe und damit für unser psychisches Befinden verantwortlich ist. Der sogenannte Neokortex in der Großhirnrinde steuert hingegen unsere Gedanken und die Sprache – er hat jedoch keinen direkten Einfluss auf unser limbisches System.

Das zeigt sich bei normalen Situationen. Stelle dir vor, du betrittst am Grand Canyon den *Skywalk*, das ist ein Glasboden, auf welchem man die Felsenformationen unter sich beobachten kann. Obwohl unser Verstand weiß, dass dieser gut gesichert ist und bereits tausende andere Menschen gefahrlos darauf gelaufen sind, zeigt sich bei vielen dennoch eine unglaubliche Angst. Viele Menschen krabbeln auf allen Vieren langsam auf der Glasplattform nach vorne. Da in dieser Situation unser emotionales Gehirn die Kontrolle übernommen hat, kann die Angst oder Panik nicht vom Verstand beendet werden.

Vieles wird als ein Gefühl verstanden, wie beispielsweise Aggression, Angst, Begeisterung, Enttäuschung, Freude, Hass, Hilflosigkeit, Kränkung, Liebe, Misstrauen, Mitgefühl, Selbstsicherheit, Trauer und Trotz. In Forschung und Wissenschaft gibt es verschiedene Meinungen darüber, welche Gefühle zu den Basisgefühlen gezählt werden. Häufig werden dabei Freude, Wut, Trauer, Angst, Ekel, Scham, Schuld und Überraschung genannt.

Vivian Dietmar, Autorin und Gefühlsexpertin, befasst sich tiefgreifend mit Gefühlen und schreibt lesenswerte Bücher darüber. Sie hat den sogenannten *Gefühlskompass* entwickelt und zeigt darin auf, dass all unsere Gefühle eine Schatten- und eine Kraftseite haben und beide Seiten eine wichtige Funktion übernehmen – abhängig von der jeweiligen Situation. In ihrem Gefühlskompass finden sich die nach außen gerichteten Gefühle Freude, Trauer, Wut und Angst sowie das nach innen gerichtete Gefühl der Scham.

Bevor wir uns den wichtigsten Gefühlszuständen – Wut, Trauer, Liebe, Ohnmacht, Scham und Angst – im Trennungsprozess zuwenden, blicken wir noch auf hilfreiches Hintergrundwissen.

Der Unterschied zwischen Leiden und Fühlen

Eine wichtige und hilfreiche Differenzierung besteht zwischen Fühlen und Leiden. Sie ist uns bereits im Kapitel *Denken* begegnet und aufgrund ihrer Bedeutung möchte ich sie hier vertiefen. Mal fühlen wir, mal leiden wir, während wir die unterschiedlichen Trennungsphasen durchlaufen. Den Unterschied zu kennen, kann dir helfen, deinen aktuellen Zustand zu erkennen und zu verändern.

Fühlen …

- findet in der Gegenwart statt. Wir können nicht gestern oder morgen fühlen, sondern ausschließlich im Jetzt,
- hat stets eine körperliche Komponente,
- beginnt mit einem Gefühl und wir bleiben dann im Gefühl und lassen es wie durch uns durchfließen,
- bringt uns im Heilungsprozess wesentlich weiter,
- bedeutet, dass wir etwas loslassen, es erleichtert uns.

Leiden …

- hat einen Vergangenheits- oder Zukunftsbezug, da es aufgrund einer Bewertung entsteht,
- findet im Verstand statt,
- beginnt häufig mit einem Gefühl, welchem wir dann aber ausweichen, indem wir in den Verstand wechseln,
- bringt uns im Heilungsprozess nicht weiter und wir bleiben im Drama,
- strengt uns an und erschöpft uns.

In meiner Arbeit hat sich diese Differenzierung vielfach bewährt. Wie geht es dir damit? Leidest oder fühlst du eher? In welchem Zustand du dich befindest, erkennst du am besten daran: Je mehr dein Verstand aktiv ist und je weniger sich verändert, desto wahrscheinlicher wirst du im Leiden stecken. Das blöde daran ist, es verstärkt sich meist noch selbst, denn wir leiden, dass wir leiden. Beim Fühlen liegt der Fokus mehr auf dem Fühlen und weniger auf dem Denken. Wenn du die Tränen zulässt, die Wut rausschreist oder auf den Boden stampfst, bist du mit hoher Wahrscheinlichkeit im Gefühl. Du wirst dich danach besser fühlen – ob kurz- oder langfristig.

Wenn du merkst, dass du im Zustand des Leidens feststeckst, beziehe deine Gefühle und deinen Körper mit ein. Lerne die Gefühle zuzulassen. Wie du leichter ins Fühlen kommst, erfährst du etwas später in diesem Kapitel.

Das Unterdrücken von Gefühlen

Wenn wir körperliche und seelische Schmerzen haben, ist es verständlich, dass wir diese am liebsten schnellstmöglich loshaben und loslassen möchten. Doch ist das Ziel, keine Schmerzen zu fühlen und diesen zu entkommen, das Sinnvollste und Nachhaltigste? Wie wir bereits im zweiten Kapitel *Akzeptieren* gesehen haben, ist das Unterdrücken und die Abwehr der Realität kontraproduktiv. Das gilt insbesondere bei unseren Gefühlen.

Gefühle wollen leben – das ist ihr einziges Bedürfnis: gefühlt und ausgedrückt zu werden. Sie entstehen in uns und suchen den Weg nach außen. Wenn wir sie nicht ausleben, verbleiben sie im Körper. Gefühle unterdrücken ist wie einen Ball unter Wasser halten – das ist möglich, kostet aber unglaublich viel Kraft und gelingt nicht auf Dauer.

Das Unterdrücken ist demnach nicht der beste Weg, denn Gefühle sind stets real. Wir können uns verrechnen oder verlaufen, wir können uns aber nicht ver-fühlen. Wie wir im nächsten Abschnitt lesen werden, verlernen wir meist im Laufe unseres Lebens einen sinnvollen Umgang mit unseren Gefühlen. Statt sie zu fühlen, machen wir etwas anderes mit ihnen. Beispielsweise bewerten, unterdrücken, vergrößern oder verkleinern wir sie. Das ist ausschließlich auf kurzfristige Sicht hilfreich. Doch was ist der zielführende Weg?

Sinnvoll ist in meinen Augen das wahrhaftige Fühlen. Das heißt aber nicht, dass ich in jeder Situation zum Kind werde und jede Sekunde losheule oder jemanden anbrülle, wenn mir etwas nicht passt. Gefühle zu fühlen heißt für mich folglich nicht,

- jederzeit in ihnen zu versinken,
- mich von ihnen ständig überwältigen zu lassen oder

- laufend die Kontrolle an meine Gefühlswelt abzugeben.

Vielmehr geht es darum, dem jeweiligen Gefühl genügend Raum zu geben. Dabei geht es einerseits um das Ausdrücken der Gefühle und andererseits um die innere Haltung ihnen gegenüber. Gefühle benötigen Aufmerksamkeit, Wohlwollen und Zeit, ein liebevolles Hinwenden – wie ein kleines Kind, welches traurig ist und für welches du da bist. Wenn dir diese Haltung deinem eigenen Schmerz, deinen eigenen Gefühlen gegenüber gelingt, dann bist du auf dem besten Weg der Heilung und Verarbeitung. Das ist gelebte Annahme!

Bei unseren Gefühlen, ob Trauer, Wut oder Scham, geht es stets darum, uns diesen zu stellen. Nach der Trennung keine Schmerzen haben zu wollen, ist nicht das Ziel, sondern hindurchzugehen und zu fühlen, was da ist. Denn erst, wenn wir ihnen Raum gegeben haben, sie sich zeigen und ausdrücken konnten, werden wir tatsächlich frei und geheilt. Das Paradoxe ist oft, wenn wir *nein* zu einem Gefühl sagen, ist es in diesem Moment bereits da. Wir kämpfen also gegen die Realität, gegen uns selbst. Je stärker wir gegen unsere Gefühle kämpfen, desto mehr Kraft müssen wir aufwenden, um sie zurückzuhalten. Das kostet viel Lebensenergie und verhindert unsere Heilung. Renne folglich nicht vor dem Schmerz, den Tränen und der Ohnmacht weg, sondern gibt deinen Gefühlen die Zeit zu leben, die sie brauchen. Alles andere verschiebt und verlängert ausschließlich die Trennungsphasen und den Schmerz.

Beobachte einmal kleine Kinder. Sie sind im Hier und Jetzt und fühlen ihre Gefühle, in dem Moment, in dem sie da sind. Da sie diese unmittelbar ausdrücken, treten die Gefühle auch schneller wieder in den Hintergrund. Kinder haben meist noch diesen förderlichen Umgang mit Gefühlen. Insgesamt gilt: Je mehr wir in unserem Leben die Gefühle ausgedrückt haben, welche in diesem Moment da waren, desto besser ist es für unsere psychische und körperliche Gesundheit – desto weniger leiden wir für gewöhnlich unter einer Trennung. Doch leider wird uns der natürliche Umgang mit Gefühlen in der Kindheit Stück für Stück abtrainiert.

Es gibt jedoch auch Zeitpunkte im Alltag, während denen wir nicht einfach losheulen oder wütend losschimpfen können, wie etwa in der Arbeit oder beim Geburtstagfest von Oma. Hierbei ist das Unterdrücken eine hilfreiche Fähigkeit. Am besten vereinbarst du davor in einem inneren Dialog mit deinen Gefühlen, dass du dich jetzt zusammenreißen möchtest und sie heute Abend um 20 Uhr wieder Raum bekommen. Zwischenrein kann es helfen, dich kurz zurückzuziehen, spazieren zu gehen, deine Gedanken ins Smartphone zu tippen oder dich in einer ruhigen Ecke mit jemandem darüber auszutauschen. Wenn die Kollegen oder Oma zudem wissen, dass du dich gerade in einem Trennungsprozess befindest, nimmt das allen Druck.

Schon gewusst? Wie uns der Verstand aus dem Fühlen bringt
Um uns aus dem Fühlen zu bringen oder uns davor zu schützen, hat unser Verstand eine einfache Möglichkeit: Er wendet sich der Vergangenheit oder der Zukunft zu und schon sind wir raus aus dem Gefühl, vom gegenwärtigen Augenblick. Denn fühlen können wir ausschließlich im Jetzt. Wie macht das unser Verstand? Nach einer Trennung bringt er uns mit Schuld oder Angst aus der Gegenwart. Die Schuld, wie zum Beispiel »was habe ich falsch gemacht«, ist vergangenheitsbezogen. Die Angst, »finde ich je wieder einen Partner« oder »was könnte alles Schlimmes passieren«, bezieht sich auf die Zukunft. In beiden Fällen kommen wir aus dem Fühlen. Was einerseits eine gute Ablenkung sein kann, andererseits verschieben wir damit ausschließlich die Auseinandersetzung mit unserer Gefühlswelt, denn die Gefühle kommen dann zu einem anderen Zeitpunkt an die Oberfläche. Hilfreich ist es, diesen Wechsel vom Gefühl zum Verstand wahrzunehmen. Denn sobald du dich dabei beobachtest, bist du bereits im gegenwärtigen Moment und kannst dich entscheiden, die Aufmerksamkeit wieder deinem Fühlen zu schenken.

Das langfristige Unterdrücken von Gefühlen

Deine Trennung ist bereits viele Monate oder Jahre her und du vermeidest bewusst und konsequent jegliche Erinnerung sowie Auseinandersetzung mit deinem Ex-Partner? Was vermeidest du, wem weichst du aus? Deinen Gefühlen? Kann das sein? Vielleicht hast du alle nicht ausgedrückten Gefühle bezüglich der Trennung in eine Kiste gepackt und diese fest verschlossen, weil die Konfrontation schlichtweg zu schmerzhaft sein würde und du Angst davor hast. Wie oben beschrieben, beeinflusst dich der gesamte Inhalt der Kiste dennoch jeden Tag. Denn du musst höllisch aufpassen, sie geschlossen zu halten und bloß an keine Berührungspunkte mit deinen Gefühlen rund um deinen Ex-Partner zu gelangen.

Im Fall von lange unterdrückten Gefühlen, wie wäre es mit einer zeitlich begrenzten Konfrontation? Dazu stellst du dich täglich bewusst 10 Minuten diesem Thema. Schaue dir beispielsweise Fotos aus der gemeinsamen Zeit an, höre eure Lieblingsmusik oder gehe den Spazierweg, welchen ihr jeden Sonntag gegangen seid. Dabei lasse alles zu, was aufkommt, auch bisher unterdrückte Gefühle. Sei dabei jedoch rücksichtsvoll und liebevoll zu dir selbst. Wenn du diese Gefühle lange Zeit unterdrückt hast, kann es passieren, dass sie mit viel Energie an die Oberfläche kommen möchten und dich erst einmal überfordern. Zum Beispiel heulst du sehr stark, dein Herz schmerzt oder du bekommst Angst, darin stecken zu bleiben. Wenn du die Erfahrung machst, dass dich dieses Zuwenden der Gefühlswelt total überfordert, empfehle ich dir, dir ein Trennungsbegleitung oder Therapie.

Ablenken versus Fühlen

Von meinen Klienten höre ich häufig die Frage, was zielführender ist: Sich jederzeit den Gefühlen hinzugeben oder sich ständig abzulenken. In meinen Augen ist ein guter Mix meist der beste Weg. Doch das hängt ebenfalls von der Person, den Umständen und dem Zeitpunkt ab.

Wesentlich ist es in meinen Augen, nicht im Leiden beziehungsweise Jammern zu versinken. Das darf auch mal sein, doch als ständiger Zustand würde er zur Stagnation führen. Die beste Entwicklung geschieht meist dann, wenn wir entweder voll fühlen oder uns gänzlich ablenken. Lieber einmal voller Hingabe heulen, um dann mit ganzer Energie Tennis zu spielen oder einen Film anzuschauen, als die gesamte Zeit im Jammer- und Leidensmodus auf der Couch zu verbringen.

Es gibt verschiedene Arten von Ablenkung. Eine wichtige Differenzierung möchte ich an dieser Stelle ansprechen. Wir können uns zum

Beispiel vor dem Fernseher oder mit sozialen Medien ablenken oder wir lenken uns mit Sport, einem neuen Projekt oder dem Ausmisten unserer Wohnung ab. Der Unterschied zwischen beidem liegt in einem konkreten Ziel, einer Aufgabe. Bei der neuen Thriller-Serie gibt es meist kein Ziel, welches wir verfolgen. Auch persönlich werden wir wohl weniger daran wachsen. Beim Sport, dem Projekt Kräutergarten auf dem Balkon oder dem Minimalismus in der Wohnung, haben wir ein Ziel. Diese Dinge bringen uns weiter und bereiten Freude. Ein Mix dieser beiden Ablenkungen und damit auch eine spannenden TV-Serie, hat jedoch noch niemandem geschadet.

Über den Gefühlen stehen

Dieser Inhalt richtet sich vor allem an Menschen, die sich intensiv mit Persönlichkeitsentwicklung und/oder Spiritualität beschäftigen sowie Personen, die in sozialen oder therapeutischen Bereichen beruflich tätig sind. Zählst du dich dazu? Nach einer Trennung kann es passieren, dass wir sofort auf eine Metaebene springen und uns mit folgenden Fragen befassen: »Was soll ich daraus lernen?« oder »Was will das Leben mir mit dieser Trennung sagen?« Wir wissen, dass alles aus einem Grund geschieht. Diese Gedanken sind hilfreich, keine Frage. Doch sollten sie nach meiner Erfahrung erst im Mittelpunkt stehen, wenn wir ausreichend gefühlt haben. Ansonsten verhindern wir dadurch diesen wichtigen Entwicklungsschritt – sind im Kopf und gehen weiter, ohne jedoch im Fühlen gewesen zu sein. Das meine ich mit *über den Gefühlen stehen.*

Schon gewusst? Männer und deren Umgang mit Gefühlen

Den folgenden Abschnitt habe ich aus meinem Buch »Männer verstehen für Dummies« entnommen und etwas ergänzt. Er befasst sich mit dem häufig anderen Umgang von Männern mit den Themen Trennung und Scheidung. Selbstverständlich verhalten sich nicht alle Männer gleich, doch eine bestimmte Tendenz konnte ich in meiner Praxis beobachten. Viele Aspekte im Umgang mit einer Trennung sind geschlechtsneutral, denn alle Gefühle sind weder männlich noch weiblich, sondern universell. Im Umgang mit dem Verlassenwerden sind jedoch einige typische, männliche Verhaltensweisen erkennbar: Selbst, wenn für verlassene Männer die Welt zusammenbricht und sie den Zustand emotional kaum ertragen können, zeigen sie nach außen hin meist Stärke und auch sich selbst gegenüber überwiegt der Anteil: »Ein Indianer kennt keinen Schmerz.« Sich selbst Schwäche und Weichheit einzugestehen fällt vielen Männern schwer.

Grundlegender Umgang mit Gefühlen

In diesem Absatz stelle ich dir einige grundlegende, gefühlsübergreifende Übungen vor. Danach findest du Übungen und Impulse für die entsprechenden Gefühle wie Trauer oder Wut.

- **Fließen lassen**: Gefühle wollen durch uns durchfließen. Mehr musst du nicht machen. Es ist auch mehr ein Zulassen als ein aktives Machen. Wenn es dir gelingt, sie wie durch dich hindurchfließen zu lassen, ohne sie zu verändern, zu bewerten oder darüber nachzudenken, dann hast du bereits die Lösung.

- **Fragen stellen**: Wenn du mitten in einem Gefühlschaos steckst, kann es dir helfen, dir selbst Fragen zu stellen und in Ruhe zu beantworten. »Was mache ich gerade? Wie fühle ich mich dabei? Was will ich jetzt? Was vermeide ich im Moment?« Die Auseinandersetzung damit kann zur gedanklichen und emotionalen Beruhigung führen, da du Struktur in dein System bringst.

- **Gefühl visualisieren**: Finde den Platz in deinem Körper, in welchem du das Gefühl wahrnimmst: Was passiert dort genau? Kribbelt es, zieht es sich zusammen, drückt es …? Wenn das Gefühl ein Geräusch machen könnte, welches wäre es? Welche Farbe, Form, Größe und Konsistenz hat dieser Bereich in deinem Körper? Visualisiere das, was in dir ist.

- **Namen finden**: Finde zunächst den passenden Namen für dein Gefühl wie Angst, Wut, Trauer … Verändere im Folgenden, wie du über deinen emotionalen Zustand sprichst: Anstelle von *Ich habe Angst* nutze einmal die Worte *Da ist Angst in mir.* Oder anstelle von *Ich bin traurig* sage *Da kommt Traurigkeit in mir hoch.* Das hilft dabei, sich mit dem Zustand nicht vollständig zu identifizieren.

- **Dich wahrnehmen**: Nimm wahr, wie sich in einem emotionalen Zustand dein Herz, dein Körper und deine Seele anfühlen. Ist das

Herz momentan zu oder offen? Ist deine Seele offen oder zu, wie fühlt es sich an, wenn sie aufgeht, wie, wenn sie sich schließt? Ist der Körper frei oder angespannt? Mach dich auf Entdeckungstour deines Inneren.

Wir benötigen dazu viel Mut, Vertrauen und Hingabe. Das fällt uns je nach eigener Lebensgeschichte leichter oder nicht. Den Mut, mich meinen Gefühlen zu stellen, selbst wenn ich noch nicht weiß, was mich erwartet. Das Vertrauen, dass ich aus dem Gefühl wieder herauskomme und ich langfristig davon profitiere. Die Hingabe, dass ich es geschehen lasse.

Impulse, um ins Gefühl zu kommen

Meist sind wir es nicht mehr gewohnt, unseren Gefühlen Zeit und Raum zu geben, wie zu weinen oder zu trauern und tendieren dazu, diese wegzudrücken. Vielen Menschen geht es so. Andere haben einen leichteren Gefühlszugang und können diese besser ausdrücken und zulassen. Wenn du zur ersten Gruppe gehörst, helfen dir vielleicht die folgenden Ideen, um ins Fühlen zu kommen:

- **Musik und Filme**: Diese berühren unsere Seele. Sie lassen uns vor Freude in die Luft springen oder melancholisch werden. Wenn dir das Weinen schwerfällt, können dir bestimmte Musikstücke oder Filme einen Zugang dazu ermöglichen. Weißt du, welche Lieder oder Filme dich emotional berühren? Was passiert, wenn du diese jetzt hörst oder siehst? Dieser bewusste Gefühlszugang sollte jedoch keine Beschäftigung werden, die dich dauerhaft im Leiden gefangen hält. Am besten kommst du nach dem Trauern in Bewegung und schüttelst dich aus oder hüpfst für einige Minuten auf und ab.

- **Nachrichten und Bilder**: Erinnerung an unseren Ex-Partner sind weitere hilfreiche Triggerpunkte, um an unsere vergrabenen Gefühle zu kommen. Schaue dir Fotos aus gemeinsamen Urlauben an oder lies Nachrichten, welche ihr früher ausgetauscht habt. Auch hierbei gilt: Nutze diese Methode, um ins Fühlen und nicht um ins Leiden zu kommen.

- **Gefühle personalisieren**: Sprich mit deinen eigenen Gefühlen wie mit einer anderen Person: Sag *Hallo*, frage das entsprechende Gefühl, wie es ihm geht, was es im Moment von dir braucht und erzähle ihm, wie es dir mit ihm geht: Etwa, dass es dir schwerfällt, es voll anzunehmen, aber auch, dass es da sein darf und du dich freust, wenn ihr einen guten Kontakt zueinander findet und euch das Leben gegenseitig nicht unnötig erschwert.

Einfluss der Lebensgeschichte auf Gefühle

Ein wichtiger Grund für unseren Schmerz, den Hass oder die Hoffnungslosigkeit nach dem Verlust eines Partners wird häufig übersehen. Er spielt nach meiner Erfahrung eine große, langfristig gesehen meist die entscheidende Rolle. Es geht um unsere Vergangenheit und alle Erfahrungen, welche wir in unserem Leben bereits gemacht haben, die schönen, wie auch die schweren Erfahrungen. Spürbar werden nach einer Trennung vor allem die schweren – auch, wenn wir es gerne anders hätten.

In der Psychologie spricht man davon, dass eine Trennung den Ohnmachtsspeicher aktiviert. Das heißt, dass alle negativen Lebenserfahrungen und die größten Ängste gleichzeitig aktiviert und abgerufen werden. Was bedeutet das?

- **Negative Erfahrungen**: Das sind alle Erfahrungen, die schmerzhaft für uns waren, ob wir uns bewusst daran erinnern oder nicht. Beispielsweise kann es ein Schockmoment sein, den unsere Mutter erlebte, als wir noch in ihrem Bauch waren, es können frühkindliche Trennungserfahrungen von den Eltern sein, wenn diese nicht verfügbar waren oder andere Enttäuschungen, Trennungen oder Verluste, wie der Tod der Oma als wir selbst noch sehr jung waren, der Trennungsschock unserer ersten großen Liebe, der Jobplatzverlust …

- **Glaubenssätze**: Innere Überzeugungen aus unserer Kindheit spielen dabei ebenfalls eine Rolle. Sie werden in der Psychologie meist Glaubenssätze genannt. Sie bilden sich vor allem bis zum siebten Lebensjahr. In dieser Zeit kann unser Gehirn alles, was es wahrnimmt, sieht oder hört, nicht richtig filtern und wir nehmen all das in uns ungefiltert auf. Somit werden Aussagen, welche wir hören, Handlungen, welche wir erleben oder Stimmungen, welche wir spüren zur unserer eigenen (ungefilterten) Wahrheit. Wir glauben demnach das, was wir erleben oder hören: *Du bist faul, Du bist nicht viel wert, Du bist erst wertvoll, wenn du das und das machst*, oder auch *Mädchen können das nicht* oder *Jungs müssen stark sein*. Neben negativen Glaubenssätzen gibt es ebenfalls positive wie *Ich hab dich lieb, egal wie gut es dir gelingt* oder *So wie du bist, mag ich dich*. Jeder Mensch hat demnach eine Vielzahl an positiven und negativen Glaubenssätzen über sich selbst, über Partnerschaften und alles in der Welt – ob unbewusst oder bewusst. Die prägendsten negativen Glaubenssätze werden im Trennungsschmerz besonders aktiviert und *ploppen* automatisch hoch: *Ich bin nicht liebenswert* oder *Ich kann nicht mal eine Beziehung führen*. Obwohl diese nichts mit unserem Ex-Partner zu tun haben, erschweren sie unseren Trennungsprozess zusätzlich.

Der Ohnmachtsspeicher und die einverleibten Glaubenssätze können uns mehr oder weniger intensiv beeinflussen. Das hängt laut meiner Erfahrung nach vor allem an Folgendem: Der Schmerz und Einfluss des Ohnmachtsspeichers ist umso geringer, desto besser wir all diese Wunden verarbeitet haben. Neben den beiden Aspekten spielt der Umgang mit Gefühlen eine zentrale Rolle für unser Erleben und Verhalten nach einer Trennung. Es geht darum, wie wir erlernt haben, mit unseren Gefühlen umzugehen und wie wir diese im Laufe unseres Lebens bisher ausgedrückt beziehungsweise unterdrückt haben.

Jedes Kind hat intuitiv einen stimmigen Umgang mit Gefühlen. Es drückt sofort aus, wenn es ein Bedürfnis hat, ob nach Nahrung, Wärme oder Nähe. Meist schreit es lauthals. Wenn alles passt, gluckst es hingegen vor Freude. Irgendwann wird es älter und dann soll es das nicht mehr: *Sei nicht so aufgedreht; jetzt nicht; Hallo, es gibt kein Grund, wütend zu sein; jetzt stell dich nicht derart an …* Sicherlich kennst du all diese Sätze. Wenn wir es nicht gut im Sinne der Eltern oder Lehrer machen, dann werden wir bewertet, ignoriert oder anderweitig bestraft. Wir lernen folglich, dass wir mit unseren Gefühlen häufig nicht richtig sind und passen uns an, weil wir gemocht und geliebt werden möchte – das macht jedes Kind. Darüber hinaus erleben wir andere Erwachsene, allen voran unsere Eltern, die selbst versuchen ihre Gefühle zu verstecken oder zu unterdrücken. Als Kinder sind wir Nachahmungsweltmeister, auch in dieser Hinsicht.

Wir werden älter und sammeln demnach immer mehr unausgedrückte Gefühle in uns – die dann zu Emotionen werden. In Wissenschaft und Literatur werden Gefühle und Emotionen unterschiedlich definiert. Ich arbeite am liebsten mit der Differenzierung der südafrikanischen Sexualtherapeutin Diana Richardson sowie der deutschen Gefühlsexpertin Vivian Dittmar: *Emotionen sind alle in der Vergangenheit nicht ausgedrückten Gefühle.*

So tragen wir unser Leben lang all diese nicht ausgedrückten Gefühle in und mit uns. Sie sind solange in unseren Muskeln gespeichert, bis sie einen Weg finden, rauszukommen. Hierfür eignet sich aus der Perspektive eines Gefühls eine Trennung gut. Denn während dieser emotionalen Zeit können wir unsere Gefühle meist nicht weiter unterdrücken. Somit nutzen die alten unausgedrückten Gefühle diese Möglichkeit, mit hochzukommen. Das bedeutet: Je mehr wir in unserem Leben an unterdrückten Gefühlen mit uns tragen, desto schmerzhafter kann eine Trennung im Erwachsenenalter sein. Die Unterscheidung, was sich gerade in uns meldet, ist nicht leicht. Ist es das Alte (die Emotionen) oder das Aktuelle (die Gefühle)? Da in diesem Buch Trennungen und Liebeskummer im Mittelpunkt stehen und nicht die Heilung der Wunden unserer Kindheit, steige ich an dieser Stelle nicht tiefer in das Thema ein. Mein Buch *Beziehungsleben* befasst sich im Detail mit dem Erkennen, Verstehen und Heilen dieser alten Verletzungen.

Wut

Wie Wut gezeigt wird, unterscheidet sich von Mensch zu Mensch. Manche spüren intensive Wut bis Hass, anderen ist dieses Gefühl eher fremd. Manchen sieht man deren Wut an, andere verbergen sie. Auch richtet sich die Wut an verschiedene Zielgruppen: Den Ex-Partner oder die Affäre von ihm, auf sich selbst oder den lieben Gott.

Hintergrundwissen zur Wut

Wut entsteht stets dann, wenn wir uns nicht gerecht behandelt fühlen, wenn wir betrogen oder misshandelt wurden oder wir nicht wollten, dass etwas so passiert, wie es geschehen ist. Meist steht eine Forderung hinter ihr. Wie ist es bei dir, was ist deine Forderung und an wen richtest du diese?

Vivian Dittmar hat mit ihrem *Gefühlskompass* eine einfach verständliche Übersicht bestimmter Gefühle erstellt. Diese habe ich für Wut, Trauer, Scham und Angst übernommen. Es wird deutlich, dass jedes Gefühl zwei Seiten hat: die förderliche und hilfreiche, als auch die hinderliche und zerstörerische Seite. Mit diesem Wissen fällt es leichter, alle Gefühle anzunehmen, auch die unangenehmen.

- **Wir benötigen Wut,** um klar *Ja* oder *Nein* zu sagen, Entscheidungen zu treffen, eine klare Position zu beziehen und um ernst genommen zu werden.

- **Wut entsteht** durch die Interpretation *Das ist falsch!* Sie ist eine wesentliche Handlungskraft. Unser Körper wird von Adrenalin überflutet, wir sind in Aktionsbereitschaft.

- **Zu viel Wut macht** aggressiv, cholerisch, kritisch, verbittert.

- **Zu wenig Wut** macht unklar, zweifelnd, grenzenlos, entscheidungsunfähig.

Die Wut ist folglich kein sinnloses Gefühl, es kommt vielmehr darauf an, wie wir sie nutzen. Im besten Fall bringt sie uns auf die Frage: »Was will ich? Was mache ich jetzt?« Damit können wir wieder aktiv werden und Entscheidungen treffen.

Die Wut ausdrücken

Wut ist etwas Wichtiges für die Verarbeitung der Trennung, solange wir nicht dauerhaft darin stecken bleiben. Manchmal zeigt sie sich direkt, nachdem wir verlassen wurden. Manchmal auch erst nach Wochen oder Monaten und in selten Fällen nach Jahren. Um die Wut gehen lassen zu können, müssen wir sie zuerst rauslassen, ausdrücken.

Der Verstand kann uns etwas dabei unterstützen, aber wird nie die vollständige Lösung finden. Dabei ist es wichtig, dass die Wut an die richtige Person adressiert wird, sonst kann es passieren, dass der Ausdruck nur kurzfristig befriedigend ist und nicht nachhaltig wirkt.

Auf wen bist du wütend? In meiner Arbeit erlebe ich häufig diese Zielgruppen:

- **Wut auf den Ex-Partner**: Meine Klienten haben meist die heftigste Wut auf ihren ehemaligen Partner. Die Wut auf ihn, weil er uns sitzengelassen, angelogen, Versprechen gebrochen hat oder uns in seine Trennungsgedanken nicht mit einbezogen hat.

- **Wut auf uns selbst**: Zudem sind wir häufig wütend auf uns, weil wir vermeintlich mit unserem Verhalten den Partner vertrieben haben, etwas falsch gemacht oder übersehen haben. Wir sind ebenfalls wütend auf uns, weil uns die Trennung derart verletzen konnte und wir aktuell nur über unzureichende Bewältigungsstrategien verfügen und gerne bessere hätten. Wir sind demnach wütend auf uns, weil wir zulassen, dass unser Partner uns dermaßen treffen konnte und dass er eine solche Macht über unser Befinden hat.

- **Wut auf die Welt**: Häufig sind wir wütend auf die Welt, die vermeintliche Ungerechtigkeit, dass es wieder uns trifft und nicht andere. Wir fragen uns, wofür wir mit der Trennung bestraft werden.

- **Wut auf die Eltern**: Wie oben angedeutet, spielt unsere Lebensgeschichte eine wesentliche Rolle, wie verwundbar wir sind und welche Bewältigungsstrategien wir bei Krisen haben. Wir sind vor allem an den Stellen verletzbar, an welchen wir bereits Wunden haben. Meist besteht dabei eine Parallele zu unserem Elternhaus, sodass wir oft eine Wut ihnen gegenüber spüren, für das, was wir als Kind erlebten.

Auf wen bist du im Moment am meisten wütend? Wenn du das weißt, hast du den ersten Schritt bereits gemacht. Im nächsten geht es darum, die Vorwürfe, die Anklagen zu formulieren. Was ist es, das dich wütend macht, wie lauten deine Vorwürfe?

- **Schreiben**: Verfasse einen Wut-Brief an deinen Ex-Partner oder das Universum mit all deinen Vorwürfen: *Ich bin wütend, weil …* oder *Ich hasse dich, weil …*

- **Telefonieren**: Nimm dein Telefon und tue so, als ob du mit deinem Ex-Partner verbunden bist und er dir zuhört. Beschimpfe ihn so gut es geht, solange, bis dir nichts mehr einfällt.

- **Anklagen**: Suche dir einen Platz in deiner Wohnung, an welchem du dich ansonsten nicht aufhältst. Stelle dir einen Wecker mit 5 oder 10 Minuten. In dieser Zeit hast du die Möglichkeit, dich zu beklagen und wütend zu sein. Schrei deinen Ex-Partner mit voller Kraft an, sei wütend, beschwere dich bei Gott und erlaube dir Selbstmitleid. Lass alles raus, was raus möchte. Wenn der Wecker klingelt, höre sofort damit auf und schüttele deinen Körper gut durch. Lenke dich danach mit etwas anderem ab. Wiederhole das für einige Wochen ein- oder zweimal am Tag.

Lass in diesen Momenten alle Hemmungen fallen, nutze – wenn es für dich stimmig ist – die schlimmsten Schimpfwörter. Traust du dich das? Wie geht es dir, nachdem du die Wut auf diese Art und Weise herausgelassen hast? Hier ist es ebenfalls hilfreich, deinen Körper mitzunehmen:

- **Zuhause**: Schlage deine Matratze oder ein Kissen k. o., klebe ein Foto deines Ex-Partner darauf und werde zum besten Boxer. Du kannst auch stupide auf den Boden stampfen oder mit all deiner Energie auf und ab hüpfen. Sprich dabei laut oder leise all deine Vorwürfe aus.

- **Draußen**: Renne beispielsweise so schnell du kannst und verausgabe dich dabei völlig, schleudere Steine in ein Flussbett oder schlage Holzscheite gegen einen Baumstamm.

Unsere Wut muss raus, damit wir uns nicht mit ihr von innen selbst vergiften! Selbst verständlich solltest du diese nicht an anderen Menschen auslassen und dich oder andere damit verletzen. Durch das Ausdrücken der Wut kann es passieren, dass wir den Ex-Partner Stück für Stück wie von uns wegstoßen und wir dadurch wieder mehr und mehr die Kontrolle zurückgewinnen. Wenn wir unsere Wut unterdrücken, binden wir uns damit selbst an unseren Ex-Partner. Das Loslassen und Weitergehen wird verhindert.

Wenn wir hingegen überhaupt keine Wut spüren, heißt das nicht, dass irgendetwas falsch mit uns ist. In diesem Fall gilt es herauszufinden, ob wir sie unterdrücken oder ob wir tatsächlich keine haben.

Manche Klienten haben mir davon berichtet, dass es sie erleichtert hat, ihrem Ex-Partner von Angesicht zu Angesicht die Meinung zu sagen. Diesbezüglich möchte ich keine allgemeingültige Empfehlung aussprechen, da es auf den Einzelfall ankommt. Unter anderem auf den Trennungsablauf, die Trennungsgründe oder die Trennungsphase, in welcher du dich befindest. In manchen Fällen ist dieser persönliche Ausdruck der Wut etwas, was uns erleichtert und in anderen Fällen zerstören wir damit mehr, als wir davon profitieren.

Schon gewusst? Die unterdrückte Wut

Wenn wir jahrelang keine Wut gezeigt und ausgedrückt haben und nach der Trennung oder in einer Therapie an diese aufgestaute Wut kommen, kann sie manchmal eine große Kraft bekommen. Wir zeigen dann manchmal auch unbeteiligten Menschen gegenüber unsere wütenden Anteile, ohne dass sie direkt etwas damit zu tun haben. Diese sind wahrscheinlich über dieses neue Verhalten irritiert. Wenn du dich zu diesen Personen zählst, weise dein Umfeld am besten darauf hin: »Es kann sein, dass ich in nächster Zeit vielleicht ab und zu wütend werde, das hat nichts mit dir zu tun.« Wie bei vielem ist es auch hier so: All das, was wir zum ersten Mal machen, kann intensiv oder unkontrolliert sein.

In der Wut feststecken

Wenn wir für lange Zeit in der Wut stecken bleiben, ist es ein Hinweis darauf, dass wir sie noch nicht ausreichend oder nicht richtig ausgedrückt haben. Der Ausdruck der Wut und des Ärgers ist der beste Weg, beides loszulassen. Schreibe in diesem Fall für 10 Tage jeden Tag 20 Minuten alles auf, was du ungerecht findest, was dich wütend macht oder gemacht hat. Stelle dir dazu einen Wecker und höre mit dem

Schreiben erst auf, wenn die Zeit herum ist. Selbst, wenn sich die Themen jeden Tag wiederholen, mache das für diesen Zeitraum. Beziehe zudem deinen Körper ein, siehe die obige Auflistung – oder finde einen eigenen Weg, damit die Wut aus deinem Körper gelangen kann.

Manchmal bleiben wir auch in der Wut hängen, weil sie uns noch eine Verbindung zum Ex-Partner ermöglicht. Sie ist in diesem Fall ein Ersatzgefühl für das frühere Gefühl der Liebe, die jedoch nicht mehr möglich ist. Diese Bindung über Wut kann manchmal noch stärker sein, als die vorherige über die Liebe.

Einige Gedanken zum Reflektieren, wenn du bereits seit langer Zeit in der Wut hängst:

- **Eigenverletzung 1**: Wenn wir wütend auf andere sind, ist es ein wenig so, als ob wir glühende Kohlen nach jemandem werfen. Wir verletzen uns dabei nur selbst und haben nicht einmal die Garantie, dass wir den anderen mit der Kohle treffen.
- **Eigenverletzung 2**: Wut und Vorwürfe auszudrücken, ist ein wichtiger Baustein auf dem Weg, die Trennung zu verarbeiten. Sich jedoch dauerhaft zu beschweren, bedeutet im wahrsten Wortsinn *Ich mache es mir schwer*! Wenn es dir gelingt, die Vorwürfe aus der Hand zu geben, hast du sprichwörtlich nichts mehr gegen deinen Ex-Partner in der Hand. Das ist emotionale Abrüstung und Befreiung für dich selbst.
- **Eigenverantwortung**: Die Wut, der Ärger, der Groll ist in uns selbst entstanden. Unabhängig davon, warum er entstanden ist und welchen Anteil dein Ex-Partner mit seinem Verhalten dazu beigetragen hat. Er hat die Wut nicht in dich hineinpflanzen können. Mehr über Selbstverantwortung für unsere Gefühle findest du im letzten Abschnitt in diesem Kapitel.
- **Macht**: Solange wir andere Menschen hassen oder wütend auf sie sind, verleihen wir ihnen Macht über uns und unsere emotionale Lage. Wie ist es bei dir, wie viel Macht hast du in die Hände deines Ex-Partners gelegt, möchtest du ihm diese geben?

- **Veränderung**: Formuliere im ersten Schritt alle Aspekte deines Ärgers, wie etwa *Ich bin wütend auf dich, weil … du ohne unserer Beziehung eine Chance zu geben, gegangen bist … weil du mich angelogen hast …* Verändere diese Aussagen sprachlich anschließend in Wünsche um, wie etwa: *Ich hätte mir von dir gewünscht, dass du unserer Beziehung eine Chance gegeben hättest … dass du ehrlich zu mir gewesen wärst …* Verändert sich dadurch deine Wut? Häufig gelangen wir dadurch zur Trauer, die oft eine Schicht unter der Wut liegt. Wir müssen nicht zwingend die Wut erlebt haben, um traurig zu sein. Doch bei manchen Menschen zeigt sich der Schmerz in voller Tiefe erst, wenn sie die Wut erlebt haben.

Trauer

Der Schmerz und die Trauer sind nach einer Trennung für die meisten Betroffenen das Unangenehmste. Daher ist dieser Abschnitt im Vergleich zu den anderen Gefühlen umfangreicher.

Hintergrundwissen zur Trauer

Jeder Mensch geht unterschiedlich mit Trauer um: Wie wir sie spüren, wahrnehmen und ausdrücken oder wie wir unseren Schmerz vor anderen zeigen. Das Weinen ist dabei im Trauer- und Trennungsprozess unglaublich wichtig. Weinen führt zum Abbau von Stresshormonen, es erleichtert uns, es unterstützt uns loszulassen. Es ist Heilung, es ist seelische Verarbeitung und schützt uns damit vor körperlichen Beschwerden. Weinen heißt auch, ehrlich sich gegenüber zu sein, eben all das da sein zu lassen, was wir vielleicht nicht haben möchten und negativ bewerten. Die Trauer findet ebenfalls ihren Platz im *Gefühlskompass* von Vivian Dittmar. Hier findest du die Übersicht:

- **Wir benötigen Trauer,** um das zu akzeptieren, was wir nicht ändern können, um loszulassen, unsere Hilflosigkeit anzuerkennen, in die Tiefe zu gehen und unser Herz zu öffnen.

- **Trauer entsteht** durch die Interpretation: *So wollte ich es nicht.* Trauer beinhaltet einerseits die Bereitschaft, das, was ist, anzunehmen, auch wenn wir es uns anders gewünscht haben und andererseits die Kraft der Liebe und des Friedens.

- **Zu viel Trauer** macht passiv, depressiv, wehleidig, handlungsunfähig.
- **Zu wenig Trauer** macht oberflächlich, gleichgültig, unsensibel.

Trauer ist eine heilende Emotion und sinnvolle Reaktion auf externe Geschehnisse. Sie fragt uns »Was würde ich mir wünschen?« Sie beruhigt uns und kann unser Herz wieder weit machen. Wenn wir nicht zur Trauer kommen, bleiben wir passiv, beleidigt und stagnieren. Sie hat folglich einen Sinn.

Die Trauer über den Verlust

Die Hauptursache für die Trauer nach einer Trennung ist der Verlust eines geliebten Menschen. Das liegt auf der Hand. Ein Verlust ist in anderen Lebenssituationen ebenfalls schmerzhaft: Der Job, die beste Freundin, den Stammplatz im Sportverein, das Haustier oder die eigene Gesundheit. Doch den Partner zu verlieren, ohne selbst einen Einfluss zu haben, ist wohl für die meisten Menschen einer der größten Verluste, verbunden mit tiefer Trauer, unsagbaren Schmerzen und häufig einer unfassbaren Verzweiflung – wir stürzen in ein tiefes Loch.

Die durch eine Trennung spürbare Zurückweisung ist einer der größten emotionalen Schmerzen für uns Menschen. In manchen afrikanischen Stämmen wird das als Bestrafung eingesetzt: Man wird beispielsweise nach einer Straftat nicht eingesperrt, sondern ausgesperrt. Das kann eine viel schlimmere Bestrafung sein.

Wir verlieren nicht nur den Partner im Jetzt, sondern ebenfalls vieles, was mit der Vergangenheit und Zukunft verbunden ist. Zudem verlieren wir eine wichtige Identität – in einer Partnerschaft zu leben. Diese ist neben dem Beruf für viele Menschen die Hauptidentität.

- **Im Jetzt**: Alles, was wir mit unserem Ex-Partner gemeinsam hatten, ist weg. Die Verbundenheit und gegenseitige Liebe, die gemeinsame Wohnung, das Haustier, das gemeinsame Lachen und Weinen, möglicherweise auch gemeinsame Freunde oder die Familienangehörigen des Ex-Partners. Wir verlieren neben dem Partner noch einiges mehr: die Sicherheit, das Gewohnte, das Gemeinsame.

- **Die Vergangenheit**: All das, was wir in der Vergangenheit mit dem Ex-Partner erlebt haben – alle Höhen und Tiefen – erscheinen nun in neuem Licht. Wir stellen vieles in Frage und bewerten das Geschehen anders. *Hat der Ex-Partner mich wirklich geliebt? War die Zeit umsonst? Hätte ich doch …* Wir idealisieren zudem häufig die Beziehung und sehen nur noch das Schöne und Tragende dieser Zeit.

- **Die Zukunft**: Wir verlieren zudem alles, was wir zukünftig mit dem Partner erleben wollten: Kinder bekommen oder die Kinder großziehen, liebgewonnene Rituale, Reisen, gemeinsam alt werden …

Mir geht es mit dieser detaillierten Auflistung darum, dass du dir bewusst machst, dass der Verlust vielschichtig ist und die Trauer darum derart mächtig und einnehmend sein kann – und es nicht deine individuelle Schwäche ist, dass du leidest. Damit haben alle Menschen zu kämpfen, die verlassen wurden. Es ist hilfreich, uns bewusst zu machen, dass wir nicht nur das verlieren. Vielmehr lassen wir auch all die Auseinandersetzungen, Konflikte, abwertenden Blicke, bösen Worte und alles andere Nervenaufreibende und Schwere einer Partnerschaft zurück.

Übungen im Umgang mit Trauer

Es gibt eine Vielzahl an Übungen und Aufgaben, um mit Trauer umzugehen und Schmerzen erträglicher zu machen. Im Folgenden findest du Übungen, welche sich in der Arbeit mit meinen Klienten am meisten bewährt haben. Beginnen wir mit zwei grundlegenden Methoden:

- **Traueraltar**: Diese Übung ist dann hilfreich, wenn du lange Zeit nach der Trennung nicht aus dem Trauern und Leiden herauskommst. Errichte einen sogenannten Traueralter in deiner Wohnung und vereinbare mit dir selbst eine feste Zeit, zum Beispiel jeden Tag um 20 Uhr. Den Altar kannst du *schmücken* mit Bildern aus der gemeinsamen Zeit, mit Andenken oder schlichtweg mit einem Stein – wie es für dich stimmig ist. Wenn es acht Uhr ist, stelle dir einen Wecker für 30 Minuten (die Dauer kannst du variieren) und nun hast du Zeit zu trauern, zu grübeln und zu weinen. Bewege dich anschließend und mache etwas vollständig anderes. Denn nun ist für die nächsten 24 Stunden Schluss mit allen Gedanken, die dich traurig werden lassen. Immer, wenn sich dein Verstand wieder meldet, erinnere ihn an eure Abmachung. Das Wichtige dabei: Dein Verstand sollte sich darauf verlassen können, dass du die halbe Stunde am Abend konsequent einhältst. Ansonsten wird diese Übung nicht funktionieren.

- **Selbstberuhigung**: *Das halte ich aus!* Dieser einfache Satz kann eine erstaunliche Wirkung haben. Wir vermitteln uns damit selbst Sicherheit und Stärke und unserem gesamten System, dass wir den aktuellen Zustand aushalten können. Zudem verweigern wir uns selbst, in das Land des Leidens einzutauchen.

Gedankenübungen im Umgang mit Trauer

Im vorherigen Kapitel *Denken* haben wir uns im Detail mit dem Umgang mit unseren Gedanken befasst. Daher möchte ich dir an dieser Stelle nur eine kleine Auffrischung mitgeben:

- **Zeitperspektive**: Du bist vielleicht 80 oder 90 Jahre hier auf der Erde. *Welche Bedeutung haben dabei einige Wochen voller Schmerzen?* Wenn wir diese langfristige Perspektive einnehmen, verringert sich dadurch nicht der Schmerz, das ist wahr. Doch die Bewertung und die Angst vor der Zukunft können sich verändern. Zu sehen, dass es *nur* ein kleiner Ausschnitt eines gesamten Lebens ist, kann uns Erleichterung verschaffen, sodass die aktuellen Herausforderungen häufiger kleiner und unbedeutender erscheinen. *Wie wirst du mit 90 Jahren auf dein Leben während der Trennungsphasen blicken?*

- **Realitätscheck**: Stelle dir die Frage, was der absolute *Worst-Case* ist? Wirst du sterben oder wirst du überleben? Was kann im allerschlimmsten Fall geschehen? Erinnerst du dich an vergangene Herausforderungen in deinem Leben? Bist du da durchgekommen und hat es sich wieder zum Guten verändert?

- **Bewertung**: Sehe deinen Schmerz als einen Übergangsritus an, der dich zu etwas Neuem und Besseren bringen wird. Etwas, was du dir heute noch nicht vorstellen kannst. Dieser Gedanke kann uns befreien und Hoffnung schenken – selbst, wenn wir das aktuell kaum glauben können.

- **Beobachterrolle**: Du kannst dich nicht beobachten und gleichzeitig leiden, wie bereits an anderen Stellen beschrieben. Beobachte dich und deine Gefühle wie ein Wissenschaftler und beschreibe, was gerade geschieht: *Ah wie interessant, jetzt denkt er/sie wieder an den Ex-Partner und eine leichte Trauer steigt auf ... doch diese schiebt er/sie schnell beiseite. Ihm/ihr fällt es wohl schwer, sich dem Fühlen hinzugeben ...* Du kannst dich aus der Vogelperspektive neugierig und mit einer Prise Humor selbst beobachten. Während du dich mit Hilfe der Beobachterrolle selbst besser kennenlernst, verlässt du für diese Momente den Schmerz.

Körperübungen im Umgang mit Trauer

Gefühle haben stets eine körperliche Komponente, sodass wir unseren Körper zur Heilung benötigen – und er uns. Körper- und Atemübungen sind effektiv und meist reichen wenige Minuten aus, um zu einer Veränderung zu kommen. Zudem helfen sie uns, für einige Augenblicke aus dem Schmerz und dem Grübeln zu gelangen.

- **Wahrnehmungs-Übung**: Setze dich hin, stelle beide Füße auf den Boden und bewege deinen linken kleinen Zeh. Mache Kreisbewegungen im und gegen den Uhrzeigersinn, versuche in der Luft eine stehende oder liegende 8 zu zeichnen. Wiederhole die Übung etwa zehn Mal mit voller Konzentration. Am besten beobachtest du dabei deinen Zeh. Wie ging es dir dabei? Ich kann mir vorstellen, dass du für einige Augenblick alles um dich herum vergessen hast. Ich finde es eine schöne Übung, um zumindest kurzfristig aus den Gedanken und dem Schmerz zu kommen.

- **Beruhigungs-Atemübung**: Atme langsam durch die Nase ein, presse anschließend deine Lippen zusammen und halten den Atem an. Atme im Folgenden langsam aus, jedoch nur so viel Luft, wie durch einen Strohhalm passen würde. Durch diese Atemtechnik verlangsamt sich unser Atem, unser Nervensystem beruhigt sich und wir kommen aus dem Kampf- beziehungsweise Fluchtmodus zur

Entspannung. Damit kannst du dich in schweren Momenten selbst beruhigen.

- **Imaginations-Atemübung**: Stelle dir vor, dass du beim Einatmen alles Positive dieser Welt einatmest, wie beispielsweise Freude, Ruhe, Licht, Liebe ... Beim Ausatmen lässt du dagegen alles raus, was du nicht mehr haben möchtest, wie Schmerz, Trauer, Wut, negative Gedanken ... Versuche mit diesen inneren Bildern einige Minuten konzentriert zu atmen.

- **Crazy-Dance**: Gibt es eine bestimmte Musik, zu der du gerne tanzt? Dreh diese laut auf und bewege dich dazu möglichst ungehalten und verrückt mit allen Körperteilen und den Bewegungen, die sich dein Körper wünscht. Es darf völlig verrückt aussehen. Du kannst zum Beispiel auch nur die Arme und Beine ausschütteln, auf und ab hüpfen oder auf den Boden stampfen. Es gibt dabei kein richtig und falsch. Fokussiere dich auf die Bewegungen und deinen Körper. Wenn sich dein Verstand meldet, versuche wieder deinen Körper und die Musik wahrzunehmen. Bist du bereit? Leg das Buch für einige Minuten zur Seite und probiere es aus. Wie ging es dir dabei, hat sich etwas verändert? Dieser Tanz benötigt Übung. Am Anfang ist häufig unser Kopf noch sehr aktiv, weil er bewertet, sich Bewegungen überlegt, sich fragt was die Übung soll. Doch mit der Zeit wirst du mehr und mehr davon profitieren.

Schreibübungen im Umgang mit Trauer

An vielen Stellen im Buch sind uns Schreibübungen bereits begegnet. Unsere Seele wünscht sich, dass wir das, was in unserem Inneren ist, ausdrücken. Das Schreiben ist dabei eine leicht umzusetzende und effektive Möglichkeit:

- **Trennungstagebuch**: Nimm dir jeden Tag – meist ist abends die beste Zeit dafür – einige Minuten und schreibe alles auf, was dir in den Sinn kommt. Wie es dir heute emotional ging, was passiert ist, was dir geholfen hat oder was dich trauriger gemacht hat. Bringe deine Gedanken ohne große Struktur aufs Papier. Schreibe auch gerne persönliche Worte an deinen Ex-Partner in Du-Form.

- **Emotionstagebuch**: Bei dieser Form des Tagebuchs geht es darum, dass du täglich deine emotionale Lage festhältst. Du kannst dabei die verschiedenen Gefühlslagen wie Trauer, Wut, Hoffnungslosigkeit aber auch Freude und Dankbarkeit einzeln bewerten oder dein Gesamtbefinden. In den meisten Fällen ist eine Differenzierung sinnvoll. Am besten erstellst du eine Skala von 1 bis 10. 10 bedeutet, dass das Gefühl heute deutlich spürbar war (zum Beispiel ich war sehr traurig), eine 1 dagegen, dass es sich nicht gezeigt hat. Notiere jeden Abend deinen Zustand auf der Skala oder den Skalen und schreibe dir zudem auf, was dir an dem Tag geholfen hat. Damit bekommst du einerseits einen Eindruck, wie sich deine Gefühlslage mit der Zeit verändert und andererseits, wovon diese abhängig ist.
- **Briefe schreiben**: Versetze dich in die Lage von dir in zehn Jahren. Bist du heute 40 Jahre alt, stelle dir dich demzufolge mit 50 Jahren vor. Schreibe aus der Perspektive dieses älteren Ichs einen Brief an dein heutiges Ich. Was würde dieses erfahrenere Ich dir alles sagen, welche Ratschläge oder Weisheiten hält es für dich bereit?

Soweit zu diesen Übungen und Impulsen. Welche sind für dich passend? Wichtig ist es dabei, dass du dich nicht überforderst. Probiere aus, was dir hilft oder was nicht und variiere die Übungen. Weil es so wesentlich ist, nochmals zur Erinnerung für diesen Abschnitt: Trauer kennt keine Zeit, sie ist weder falsch noch zu kurz oder zu lange und auch nicht zu früh oder zu spät. Lasse die Trauer zu, erlaube dir traurig zu sein.

Liebe

Manchmal sind Gefühle verwirrend und wir wissen nicht, wie wir mit ihnen umgehen sollen. Beispielsweise sind wir einerseits wütend auf den Ex-Partner und im nächsten Augenblick wünschen wir uns, ihn im Arm halten zu können und haben große emotionale oder körperliche Sehnsucht nach ihm. Liebe oder Wut, was denn nun?

Es ist üblich, dass sich widersprüchliche Gefühle zeigen – teils mit Wechsel im Sekundentakt. Beide haben ihre Berechtigung: *Ich liebe und hasse dich* oder *Ich verachte und vermisse dich*! Erlaube dir, dass diese Gefühle alle da sein dürfen. Lass alles zu, was sich zeigt und versuche es nicht zu hinterfragen, zu bewerten oder zu verändern.

Selbst, wenn sich dein Ex-Partner während Zeit der Trennung oder während der Beziehung nicht besonders vorbildlich verhalten haben sollte, meist gibt es dennoch einen Anteil in uns, der den ehemaligen Partner vermisst, begehrt und noch liebt. Liebe ist kein Schalter, den wir ausschalten können. Das Gleiche gilt zu Beginn einer Partnerschaft, denn die Liebe in uns wächst ebenfalls mit der Zeit. Je mehr du dir eingestehst, dass du deinen Ex-Partner noch liebst (wenn das so sein sollte) und diese Liebe zulässt und nicht wegschiebst, desto freier wirst du. Falls du kurz später wieder wütend auf ihn bist oder ihn verachtest, lasse diese Gefühle zu.

Es kann dich niemand daran hindern, deinen Ex-Partner weiterhin zu lieben. Wie Paulo Coelho in seinem Roman *Untreu* auf den Punkt bringt: *Meine Liebe gehört mir, und ich bin frei, sie wem auch immer zu schenken, auch wenn sie nicht erwidert wird.* Selbst, wenn diese Liebe nicht erwidert wird, ist es wichtig, deine eigene nicht zu unterdrücken. Irgendwann – damit befassen wir uns weiter hinten im Buch – kannst du diese Liebe wieder zu dir zurücknehmen und gegebenenfalls jemand anderem geben. Die Entscheidung darüber liegt in deiner Hand. Das Gute daran ist: Du hast als Einziger einen Einfluss darauf, die Macht liegt bei dir.

Deine Fähigkeit zu lieben, ist mit dem Beziehungsende ebenfalls nicht zerstört. *Nur* die Liebe zu oder von dieser Person hat sich verändert.

Schon gewusst? Ein anderer Blick auf »Ich liebe dich«
Jetzt wird es nochmals ernst: Wir haben in unserer Gesellschaft in meinen Augen häufig einen verschobenen Blick auf die Aussage »Ich liebe dich.« Meinen wir damit, dass wir den anderen lieben? Oder ist es nicht meistens so, dass wir die Dinge lieben, die wir von dem anderen bekommen und die er in uns auslöst? Wir sagen ja auch, »Ich liebe Schokolade.« Doch wir lieben nicht die Schokolade, sondern das, was sie mit uns macht, was sie uns ermöglicht. Oder noch deutlicher: »Ich

liebe Hähnchen.« Wenn wir das Hähnchen lieben würden, würden wir es am Leben lassen. Wir lieben folglich den Geschmack, welches das Hähnchen uns ermöglicht. Ich glaube, dass ein großer Anteil des »Ich liebe dich« eigentlich »Ich liebe das, was du in mir auslöst» heißen müsste und wir in weniger Situationen unseren Partner frei von unseren Bedürfnissen lieben. Beispielsweise, wenn wir unseren Partner dafür lieben, weil er eine bestimmte Sache macht, wie er es macht – wir jedoch nichts damit zu tun haben.

Ohnmacht

Wir Menschen möchten die Kontrolle haben, nahezu in jedem Lebensbereich, wie beispielsweise über das, was wir essen, wann wir schlafen, mit wem wir schlafen, wo wir wohnen oder mit wem wir in den Urlaub fahren. Es gibt Menschen, denen ist Kontrolle wichtiger als anderen, doch uns alle vereint der Wunsch, anderen Menschen oder den Umständen nicht ohnmächtig ausgeliefert zu sein. Verlassen zu werden ist dabei wohl eines der unangenehmsten Zustände der Machtlosigkeit. Wenn wir diese Ohnmacht erleben und nicht mehr aushalten können, versucht unser Verstand alles Mögliche, um wieder mächtig zu werden. Er analysiert die Trennungsgründe, wägt Ex-Zurückgewinnen-Strategien ab, liest stundenlange Forenbeiträge, sucht Antworten … All das kann unterstützend sein, doch langfristig wird es niemals die einzige Lösung darstellen können.

Hilfreich ist es, sich diese Machtlosigkeit einzugestehen. Das heißt aufzuhören, mit dem Verstand nach Lösungen zu suchen, um wieder Macht zu erlangen. Es braucht dieses Eingeständnis, den Ex-Partner nicht verändern und seine Entscheidung nicht beeinflussen zu können. Wenn du diesen Weg gegangen bist, kommst du ins Gefühl: Du wirst wütend, dass du ausgeliefert bist, du wirst traurig, dass du deinen Partner verloren hast oder du schämst dich, dass du es vermeintlich verbockt hast und genau da liegt das Ziel: Zu diesen Gefühlen zu kommen und sie durch dich hindurchfließen zu lassen. Die Machtlosigkeit werden wir demzufolge nicht besiegen. Sie wird von selbst gehen, wenn wir uns ihr und den damit verbundenen Gefühlen ausreichend hingegeben haben.

Schon gewusst? Ein anderer Blick auf Enttäuschung

Eine Trennung ist unweigerlich mit Enttäuschung verbunden. Ich möchte dir eine andere Perspektive dazu anbieten. Wenn ich eine Partnerschaft eingehe, dann kenne ich manche Dinge, die mich erwarten. Andere kann ich nur erahnen oder mir wünschen. Zum Beispiel kenne ich Folgendes von meiner Partnerin: Sie ist 1,75 groß, hat hellbraune Haare, verbringt ihren Urlaub am liebsten in Sri Lanka, plant gerne alles und geht jeden Donnerstag zum Tangotanzen.

Für alles, was ich noch nicht kenne, muss ich eine Vorstellung platzieren, damit es für mich attraktiv bleibt und ich mich auf die Partnerschaft einlasse. Somit habe ich möglicherweise die Vorstellung, dass sie treu ist und mich nie verlässt, dass sie sich immer für mich interessieren wird und dass sie eine gute Mutter sein wird. Ich habe die Hoffnung und den Wunsch, dass es so kommt. Die Sicherheit habe ich zu dem Zeitpunkt jedoch nicht. Wenn es in der Realität dann anders kommt als in meiner Vorstellung oder Hoffnung, dann enttäusche ich mich. Nicht der andere enttäuscht mich. Meine eigene Täuschung, dass meine Vorstellung so eintreten wird, wurde aufgehoben. Daher auch das Wort Ent-Täuschung. Die Verantwortung für das Risiko der Enttäuschung liegt stets bei dem, der vertraut! Möglicherweise haben wir uns unbewusst genau diese Enttäuschung ausgesucht, damit wir daran wachsen können, oder um zu lernen, anders mit Erwartungen umzugehen.

Erwartungen und Enttäuschungen hängen unmittelbar zusammen, das eine besteht nicht ohne das andere. Ebenso verhält es sich nach einer Trennung. Die Täuschung wurde aufgehoben, dass mein Partner nie gehen wird. Je starrer und exakter deine Erwartungen an ihn waren, desto häufiger wirst du dich enttäuschen. Je offener und freier du allem in deinem Leben entgegentrittst, desto seltener wirst du dich enttäuschen.

Zu diesem Thema kann ich dir einen kleinen Ratgeber mit Augenzwinkern empfehlen: »Mit Erfolg … Nie mehr enttäuscht sein« aus der Buchserie der »4-Sekunden-Universität«.

Scham

Wenn wir uns schämen, möchten wir am liebsten im Erdboden versinken und uns nicht mehr blicken lassen – auch vor uns selbst. Scham entsteht durch Bewertung, die von uns selbst, von anderen Menschen oder gesellschaftlichen und religiösen Vorstellungen kommen kann.

Hintergrundwissen zu Scham

Nachdem wir verlassen wurden, zeigt sich bei vielen Menschen Scham. Dies hat viel mit Selbstverurteilung zu tun. Wenn wir uns in Bezug auf das Verlassenwerden schämen, sind typische Gedanken dabei: *Wenn ich das nicht falsch gemacht hätte* oder *Wenn ich das oder das bloß nicht gesagt hätte.* Wir schlussfolgern häufig daraus, dass wir nicht gut genug waren, der andere sich deswegen von uns trennte und wir damit die Schuld am Ende der Partnerschaft tragen. Für diese vermeintliche Schwäche oder unsere Taten schämen wir uns und möchten uns am liebsten verkriechen.

Es kann auch eine Sorge in uns sein, was andere Menschen über uns denken, wenn sie vom Beziehungsende hören: *Denken die dann, ich war ein schlechter Partner und wurde deswegen verlassen?* Oder: *Was wird mein Ex-Partner seinen Freunden über mich erzählen? Privates, Intimes, Peinliches?* Auch hierbei geht es darum, dass wir unsere Schattenseite verbergen möchten. Ob diese nur in unserem Verstand oder tatsächlich existiert, spielt für die Scham eine untergeordnete Rolle.

Der *Gefühlskompass* von Vivian Dittmar befasst sich ebenfalls mit Scham:

- **Wir benötigen Scham,** um unsere Grenzen und Schwächen zu erkennen und anzunehmen, sozial angemessenes Verhalten zu entwickeln, Selbstliebe zu entwickeln und Demut zu lernen.
- **Scham entsteht** durch die Interpretation: *Ich bin falsch.*
- **Zu viel Scham** macht perfektionistisch, unsicher, zweifelnd.
- **Zu wenig Scham** macht egozentrisch, selbstherrlich, unfähig, sich zu entschuldigen.

Scham hilft uns demnach bei der Selbstreflexion und der Frage »Was für ein Mensch möchte ich sein?« Die Gefahr liegt in der Selbstzerfleischung und Abwertung, dass wir anders sein wollen, als wir sind.

Der Umgang mit Scham

Was kannst du machen, wenn sich dein Gewissen meldet und du dich vor Schamesröte am liebsten verstecken würdest?

- **Annehmen**: Im ersten Schritt geht es darum, dass du die Scham akzeptierst und nicht versucht diesem Gefühl zu entkommen, ob durch Nachdenken oder Ablenken.
- **Fühlen**: Wende dich der Scham zu, fühle sie in voller Tiefe: Wo sitzt sie in deinem Körper, wie sieht sie aus, wie fühlt sie sich an, hat sie einen Namen, eine Form, eine Farbe? Nehme sie wahr, spüre sie, lasse sie durch dich fließen.
- **Akzeptieren**: Du bist ein Mensch, der wie alle anderen Stärken und Schwächen hat. Die Frage ist: Kannst du dich liebevoll annehmen, mit dem was passiert ist, wie du warst, bist und dich verhalten hast? Unabhängig davon, wer die *Schuld* an der Trennung trägt. Wenn du die Verantwortung für dein Verhalten übernehmen kannst und dich dafür nicht abwertest, hat die Scham weniger Macht über dich.
- **Vergleichen**: Stell dir vor, eine gute Freundin wäre in deiner Situation, ihr Partner hätte sie verlassen und sie würde dir von ihrer Scham erzählen. Wie würdest du ihr begegnen, was würdest du ihr sagen? Würdest du einen Grund sehen, sich zu schämen?

Angst

Nachdem wir verlassen wurden, zeigen sich verschiedene Ängste. Dieses Thema ist uns bereits im Kapitel der Trennungsphasen begegnet. Angst hat stets mit Veränderungen zu tun. Sie hat einen Zukunftsbezug und wir können daher nicht Angst vor der Vergangenheit haben. Aus diesem Grund steht sie in direktem Zusammenhang mit Vertrauen – in uns und unseren Bewältigungsstrategien. Je mehr wir darauf vertrauen, desto weniger gibt es einen Grund zur Sorge. Beispielsweise geht es um das Vertrauen, jederzeit eine Arbeitsstelle zu finden oder mit allen Emotionen – wie schlimm sie auch sein mögen – zurechtzukommen.

Hintergrundwissen zur Angst

Das Gefühl der Angst kommt im *Gefühlskompass* ebenfalls vor und Vivian Dittmar liefert uns folgende Gedanken dazu:

- **Wir benötigen Angst,** um Gefahren auszuweichen, Abenteuer zu erleben, Auswege und Lösungen zu finden, über uns selbst hinauszuwachsen und uns auf das Ungewisse einzulassen.
- **Angst entsteht** durch die Interpretation: *Das ist furchtbar.* Ich kann etwas nicht hinnehmen, weiß jedoch nicht, wie ich es verändern kann. Angst ist ein Signal für Unbekanntes und Gefährliches.
- **Zu viel Angst** macht gefangen, gelähmt, gestresst, schreckhaft.
- **Zu wenig Angst** macht verwundbar, rücksichtslos.

Wenn wir unsere Ängste überwinden, können wir von Kreativität und Persönlichkeitswachstum profitieren. Wenn uns das nicht gelingt, lähmen wir uns. Im Folgenden blicken wir auf diese drei Schwerpunkte: Angst vor negativen Gefühlen, Angst vor Einsamkeit und Alleinsein sowie Angst vor Unbekanntem und Neuem.

Angst vor negativen Gefühlen

Ängste können uns nach einer Trennung manchmal nahezu auffressen. Insbesondere dann, wenn es um etwas derart Unkontrollierbares und Sprunghaftes wie unsere Gefühle geht. Die in diesem Zusammenhang meist genannten Ängste in meiner Praxis sind die folgenden:

- **Nicht mehr aus dem Tief zu kommen**: Solange wir uns in der ersten und zweiten Trennungsphase befinden, zeigt sich diese Angst besonders. Ich kann dir versichern, dass es sich zum Positiven verändern wird, garantiert. Insbesondere, da du dich aktiv mit der Trennung befasst.
- **Nie mehr verlieben zu können**: Dieser Gedanke zeigt sich ebenfalls häufig nach dem Verlust eines Partners und wird in dem Maß in den

Hintergrund treten, wie du eine Trennungsphasen nach der anderen hinter dir lässt.

- **Verrückt zu werden**: Diese Angst ist mir in meiner Arbeit mit Klienten zum ersten Mal begegnet und wurde häufig genannt. Insbesondere bei Menschen, die vor der Trennung einen eingeschränkten Zugang zu ihren Gefühlen haben. Denn plötzlich zeigen sich viele Emotionen, die vorher nicht spürbar waren und überfordern uns. Somit kann die Sorge entstehen, bald durchzudrehen. Diese Angst ist verständlich, aber unbegründet.

- **Stigmatisiert zu werden**: Es ist die Angst davor, was andere Menschen zur Trennung sagen, die Angst vor mitleidigen Blicken anderer oder die Angst, in Zukunft sozial stigmatisiert zu werden, wie beispielsweise als verlassene Ehefrau angesehen zu werden. Letztendlich zeigen diese Ängste auf, dass wir noch an den Themen Selbstliebe und Vertrauen arbeiten dürfen. Diese Ängste haben nur Macht, solange wir uns selbst nicht genug sind. Vor allem nach einer Trennung ist unser Selbstvertrauen meist deutlich angekratzt und somit scheint diese Aufgabe anfangs schier unlösbar. Es benötigt viel Zeit und Arbeit, doch wir können lernen, uns selbst mehr zu anzunehmen. Wie das möglich ist, erfährst du im siebten Kapitel *Lieben*.

Angst vor Einsamkeit und Alleinsein

Nach einer Trennung steigt in uns häufig das Gefühl der Einsamkeit und des Alleinseins auf. Dabei besteht ein wichtiger Unterschied zwischen dem *Alleinsein* und dem Gefühl der *Einsamkeit*. Beide haben zunächst wenig miteinander zu tun, obwohl beide im alltäglichen Sprachgebrauch häufig synonym verwendet werden. Alleinsein bedeutet, dass man allein ist, man leidet jedoch nicht darunter. Anders ist es mit dem Gefühl der Einsamkeit, welches uns leiden lässt. Es ist dabei nicht an die An- und Abwesenheit von anderen Menschen gebunden. Wer sich einsam fühlt, der fühlt sich nicht beachtet, gebraucht oder anerkannt. Du kannst beispielsweise auf einer großen Geburtstagsfeier sein und dich doch unglaublich einsam fühlen. Die Auswirkung des Gefühls der Einsamkeit machen verschiedene Studien deutlich: Wer einsam ist, ist anfälliger für Depressionen, für Infektionen, er lebt ungesünder oder leidet häufiger unter Übergewicht. Es ist ein Gefühl, welches wir nicht unterschätzen sollten.

In dem Roman *Die Hexe von Portobello* befasst sich der Autor Paulo Coelho ebenfalls mit Einsamkeit. Einer der Charaktere sagt dazu: »Ich habe erkannt, dass das Gefühl von Einsamkeit stärker wird, wenn wir versuchen, es zu bekämpfen – dass es aber schwächer wird, wenn wir es einfach nicht beachten.« Da unser Herz aufgrund der Trennung bereits genügend schmerzt, fürchten wir uns in dieser Zeit besonders vor weiterer Zurückweisung und vermeiden daher häufig auf andere zuzugehen – womit wir den Zustand verstärken. Wie einsam wir uns fühlen, hängt vor allem davon ab, wie emotional und sozial wir uns mit anderen Menschen verbunden fühlen und darauf haben wir einen Einfluss.

Wenn wir hingegen Angst vor Einsamkeit haben, ist es meist ein Hinweis darauf, dass wir uns in der aktuellen Situation selbst nicht gut genug sind, wir unseren Wert nicht sehen können und uns fragen, was wir machen sollen. Diese Leere ist häufig nur schwer auszuhalten und wenn wir sie nicht mit etwas anderem füllen, leiden wir. Das ist auch verständlich, nachdem wir viele Monate oder Jahre unser Leben mit einem Partner geteilt haben.

Im Folgenden habe ich einige Impulse für dich zusammengetragen, wie du mit der Angst des Alleinseins oder dem Gefühl der Einsamkeit umgehen kannst. Dabei unterscheide ich zwischen zwei Blickwinkeln: Dinge, die du für dich im Inneren angehen kannst, sowie Dinge, bei denen du das Außen miteinbeziehen kannst. Beginnen wir mit Letzterem:

- **Ressourcen**: Wenn du den Gedanken wie *Ich fühle mich allein* hast, dann kann dich möglicherweise diese Vorstellung erleichtern: Wer steht bildlich gesprochen alles hinter dir? Deine Familie, Freunde, Kollegen …? Oder deine Erfahrungen, Ressourcen und innere Stärke? Schließe dazu deine Augen und stelle dir vor, dass all diese Personen und Merkmale in diesem Moment hinter dir stehen. Drehe dich um und sieh dir an, welche Begleiter und Ressourcen du hast. Sie geben dir Halt und Unterstützung.

- **Bedeutung**: Wir haben in der Zeit häufig den Eindruck, dass wir für niemanden eine Bedeutung haben. Doch das ist meist eine verzerrte Wahrnehmung. Für welche der Menschen, die dich kennen, bist du wichtig? Für deine beste Freundin, deinen besten Freund, deine Eltern, deine Kinder, die Bedienung im Café, den Kollegen … Vielleicht möchtest du dir aufschreiben, für wen du alles bedeutsam bist und suchst in einsamen Momenten Kontakt zu ihnen.

- **Hilfsbereitschaft**: Wenn wir uns einsam fühlen, haben wir häufig den Eindruck, wertlos und unnütz zu sein. Was kannst du tun? Wie wir uns später im Kapitel *Handeln* noch im Detail anschauen werden, ist Hilfsbereitschaft eine gute Möglichkeit. Helfe einem alten Mann über die Straße, lächle einen anderen Menschen an, unterstütze deinen Eltern bei technischen Schwierigkeiten oder übernehme ein Ehrenamt. Diese zwischenmenschlichen Verbindungen vertreiben die Einsamkeit auf eine gewinnbringende Art und Weise.

- **Aktivität**: Rufe Menschen an, die du länger nicht mehr gesehen oder gesprochen hast und schaue, was sich dadurch ergibt. Vielleicht möchtest du dir einen Tag in der Woche aussuchen, an welchem du etwas machst, das du noch nie vorher gemacht hast.

Wenn wir lernen, allein sein zu können, ohne uns einsam zu fühlen, haben wir wohl den wichtigsten Schlüssel aus der Einsamkeit gefunden. Äußere Dinge sind selbstverständlich hilfreich, doch uns allein darauf zu verlassen, macht uns abhängig. Sich gut mit sich beschäftigen zu können, bedeutet jedoch nicht, alle sozialen Kontakte aufzugeben. Vielmehr hast du dann die Freiheit, beides zu können, ohne in ein emotionales Loch zu fallen. Im Folgenden einige Gedanken für das Innen:

- **Perspektivwechsel**: Bist du tatsächlich allein? Wir sind nie allein, denn wir haben jederzeit uns selbst, nach dem Motto: *Wenn du Freundschaft mit dir selbst schließt, wirst du nie allein sein.* Selbst, wenn wir es häufig verlernt haben, mit uns selbst eine gute Zeit zu verbringen, heißt es nicht, dass es nicht geht. Das können wir jederzeit wieder erlernen.

- **Kennenlernen**: Lerne dich selbst besser kennen. Was kannst du dir selbst Gutes tun? Woran kannst du dich selbst erfreuen? Nach dem Ende einer Partnerschaft, bei welcher es um die Verbundenheit zu einem anderen Menschen geht, um Kompromisse und das Aufeinander eingehen, geht es jetzt wieder mehr um dich: Wie kannst du mit dir umgehen, dass du dich mit dir verbunden fühlst?

Weitere wichtige Bausteine gegen das Gefühl der Einsamkeit finden wir in der Selbstannahme und Selbstliebe. Diesen Aspekten wenden wir uns in Kapitel 7 *Lieben* und 10 *Lernen* zu.

Angst vor Unbekanntem und Neuem

Wir Menschen sind Gewohnheitstiere. Sicherheit ist eines unserer Grundbedürfnisse. Routine macht unser Leben leichter und Kontrolle gibt uns Sicherheit. Doch jetzt befinden wir uns plötzlich in einer Situation, in der wir gezwungenermaßen vor Veränderungen stehen. Wir schwimmen orientierungslos im kalten Wasser. Einer der größten Grundpfeiler, die Partnerschaft, ist nicht mehr vorhanden und zieht in vielen Lebensbereichen Veränderungen nach sich. Das kann Angst machen sowie Unsicherheit und Zweifel auslösen.

Wir Menschen bevorzugen normalerweise Veränderungen, zu welchen wir uns freiwillig entscheiden können. Dann haben wir mehr in der Hand: Der Umfang der Veränderung, die Geschwindigkeit oder die Unterstützung durch andere Menschen.

Eine Trennung oder Scheidung kann viele Veränderungen bedeuten – ob in Gegenwart oder Zukunft:

- **Emotionale Ebene**: Wir sind allein und ein vertrauter Mensch fehlt für Gespräche, Sicherheit, Anerkennung, Austausch, Unterstützung und Verbundenheit.

- **Körperliche Ebene**: Die körperliche Nähe ist ebenfalls nicht mehr vorhanden, ob Zärtlichkeit oder Sexualität.
- **Sachliche Ebene**: Alle Sachthemen müssen neu geregelt werden, ob die gemeinsame Wohnung, Versicherungen oder ein Haustier.
- **Finanzielle Ebene**: Wenn dein Ex-Partner beispielsweise mehr zum gemeinsamen Einkommen beigetragen hat oder du dich um die Kinder gekümmert hast und momentan kein Einkommen generierst, führt das zu finanziellen Veränderungen.
- **Gesellschaftliche Ebene**: Wir sind nicht mehr der Partner von … Wir verlieren möglicherweise an Status und Ansehen. Auch Freunde, liebgewonnene Kollegen oder Familienangehörige des Ex-Partners verschwinden aus unserem Leben.
- **Familiäre Ebene**: Wenn gemeinsame Kinder vorhanden sind, wird das langfristige Konsequenzen nach sich führen. Beispielsweise die Angst vor dem Verlust des Sorgerechts und um die seelische Entwicklung der Kinder.

Ich kann mir vorstellen, dass dich das Lesen dieser Aspekte eher traurig stimmt. Die Konfrontation damit soll dich unterstützen, diese Ängste konkret werden zu lassen. Denn erst dann können wir uns ihnen bewusst stellen und sie verwandeln. Das kann dir in diesem Zustand helfen:

- **Wahrnehmen**: Wenn wir in dem Modus der Angst stecken, sehen wir vieles negativer, als es in Wahrheit ist oder kommen wird, wie durch eine dunkel gefärbte Brille. Zudem verschließen wir unseren Blick vor allen neuen und aufregenden Dingen, die auf uns zukommen und uns Freude statt Angst bereiten werden. Mache dir auch bewusst, dass deine Wahrnehmung gerade einer Negativfärbung unterliegt. Denn du verlierst ebenfalls Dinge, die in der Partnerschaft nicht gut für dich waren, sowie Zukunftsängste, welche du in deiner vorherigen Beziehung hattest.
- **Planen**: Schreibe dir alle deine Ängste im Detail auf. Überlege dir anschließend jeweils den Worst-Case, wenn diese Befürchtung tat-

sächlich eintreffen sollte. Die Wahrscheinlichkeit ist nicht hoch, doch mach sie dir dennoch bewusst. Finde im dritten Schritt für jede dieser Ängste einige Lösungsoptionen, die du selbst beeinflussen kannst, um den Worst-Case bestmöglich zu verhindern beziehungsweise, um einen Umgang damit zu finden, wenn er eintreten sollte.

- **Fühlen**: Das Gefühl zu fühlen ist bei der Angst ebenfalls einer der Hauptschlüssel. Lasse sie durch dich fließen. Beobachte dich dabei und versuche nichts zu verändern. Wie fühlt es sich an? Welchen Impuls kannst du in dir beobachten? Wie lange hältst du die Angst aus? Was spürst du in deinem Körper und wird die Angst größer oder kleiner, wenn du sie wahrhaftig fühlst?
- Eine geringe **Selbstliebe** ist eine typische Begleiterscheinung nach einer Trennung sowie ein Verstärker der Angst. Fehlendes **Vertrauen** in dich und die Welt begünstigen ebenfalls unsere Ängste. Weiterführende Gedanken dazu im siebten Kapitel *Lieben.*

Nun haben wir eine Reise durch die Gefühlswelt nach einer Trennung gemacht. Welche Übung möchtest du ausprobieren? Welchen Gedanken möchtest du dir merken? Bevor wir uns im nächsten Kapitel mit dem Handeln befassen, also Dingen, welche du aktiv angehen kannst, wenden wir uns noch einem wesentlichen Thema zu: Wer die Verantwortung für das trägt, was wir fühlen.

Selbstverantwortung für Gefühle

Jetzt wird es ernst. Denn in diesem Abschnitt dreht sich alles um die Frage, wer für unsere Gefühle verantwortlich ist. In vielen Lebensbereichen geschehen Dinge, die uns frustrieren, über die wir uns aufregen, bei denen wir uns ungerecht behandelt oder nicht beachtet fühlen. Der Arbeitskollege macht wieder krank, die Nachbarn drehen abends die Musik erneut auf oder unser Partner hat die Beziehung beendet. Es ist normal, dass wir auf bestimmte Situationen mit Wut, Trauer, Enttäuschung oder Frustration reagieren. Ist das zwangsläufig so, oder bestehen andere Reaktionsmöglichkeiten?

Selbstverantwortung wird im privaten Umfeld häufig nicht gelebt. Die leichtere und meist automatische Reaktion ist, »das Außen«, folglich andere Menschen oder externe Umstände dafür verantwortlich zu machen, für das, was wir fühlen und wie es uns geht. Wie auch Leo Tolstoi einmal sagte: *Alle wollen die Welt verändern, aber keiner sich selbst.* Meist läuft es so: Wenn wir im Außen etwas erleben, das uns nicht gefällt, reagieren wir darauf. Wir schlussfolgern daraus automatisch, dass das Außen die Ursache für mein Gefühl und meinen Gemütszustand ist. Wenn ich also das Außen verändere, geht es mir wieder gut. Das ist die übliche Reaktion – so lernen wir es und so verhalten sich nahezu alle. Im Folgenden ein Beispiel zur Verdeutlichung des Zusammenspiels von Eigenverantwortung und Gefühlen.

Julia hat heute drei Verabredungen und sie kommt zu jeder dieser zu spät. Die erste Verabredung ist mit Katharina, einer guten Freundin. Sie treffen sich zum Frühstück im neuen Café in der Stadt. Was passiert?

- **Der Auslöser**: Julia kommt zehn Minuten zu spät (wieder einmal).
- **Das Gefühl von Katharina**: Sie ist traurig.
- **Die Reaktion von Katharina**: Sie zieht sich emotional in ihr Schneckenhaus zurück. Das gesamte Frühstück ist von ihrer Stimmung überschattet und sie taut an diesem Morgen nicht mehr auf.

Soweit ein kurzer Einblick in die erste Verabredung. Wie geht der Tag für Julia weiter? Mittags hat sie ein Business-Meeting mit Armin, ihrem Teamkollegen:

- **Der gleiche Auslöser**: Julia kommt zu diesem Treffen ebenfalls zehn Minuten zu spät.
- **Das Gefühl von Armin**: Er ist wütend.
- **Die Reaktion von ihm**: Er herrscht sie an und hält es für eine Missachtung, dass sie zu spät kommt.

Schauen wir uns die dritte Situation an. Zum Abendessen hat sich Julia mit ihrem Partner David verabredet. Wie reagiert er?

- **Wieder der gleiche Auslöser**: Julia kommt wieder zu spät – darin ist sie tatsächlich zuverlässig.
- **Das Gefühl von David**: Er ist und bleibt entspannt.
- **Die Reaktion von ihm**: Er freut sich, kurz Zeit für sich zu haben und begegnet Julia – als sie zehn Minuten später auftaucht – ohne Verstimmung. Die beiden verbringen einen schönen Abend.

Du siehst an der Geschichte, dass es dreimal den gleichen Auslöser gab – das Zuspätkommen – und drei völlig unterschiedliche Reaktionen und Gefühle! Jetzt stellt sich die Frage: Wer »macht« denn die Gefühle der drei? Kann Julia die Trauer in Katharina, die Wut in Armin und die Freude in David »einpflanzen«? Das ist unmöglich! Julia macht nicht die Gefühle der drei anderen. Katharina, Armin und David entscheiden selbst, zunächst unbewusst und automatisch, wie sie auf diesen Auslöser, das Zuspätkommen, reagieren. In der Konsequenz heißt es, dass jeder Mensch seine Gefühle selbst macht und verantwortlich für das ist, was er fühlt. Nicht das Außen macht unsere Gefühle, sondern wir selbst. Wenn das Außen sie machen würde, müssten alle drei gleich reagieren und fühlen. Zudem ist das Gefühl ja in uns, in unserem Körper und unserer Seele. Es entsteht in uns. Folglich können wir es nur selbst »machen«.

Das Außen ist »nur« der Auslöser. Der Auslöser oder Sender legt etwas an einer imaginären Grenze ab. Eine solche Grenze liegt stets zwischen Menschen, die miteinander kommunizieren. An dieser unsichtbaren Grenze legt der Sender etwas ab, wie beispielsweise eine Aussage oder Handlung:

- Etwas sagen – oder nicht.
- Etwas machen – oder nicht.
- Auf etwas reagieren – oder nicht.
- Gefühle zeigen – oder nicht.
- Gedanken aussprechen – oder nicht.

In einem Seminar habe ich dieses Modell den Teilnehmern ebenfalls vorgestellt. Als Symbol für das, was wir in der Mitte (also an der Grenze) ablegen, hatte ich keinen Gegenstand dabei. Ich suchte spontan nach einem im Raum und der erste, der mir in die Hände kam, war eine Milchtüte. Seitdem heißt das Modell das *Milchtüten-Modell*. Der Sender platziert etwas (zum Beispiel eine Aussage, Handlung oder Geste) in die Milchtüte und legt diese an der Grenze zwischen sich und der anderen Person ab. Was er in die Milchtüte steckt, liegt in seiner Verantwortung. Sehen wir uns dazu verschiedene Reaktionsmöglichkeiten an:

Legt der Sender etwas an der Grenze ab, was der Empfänger selbst als positiv bewertet, kann dieser unterschiedlich reagieren:

- Er kann freudig oder dankbar reagieren. Das wird ihm bei einem positiven Auslöser selbstverständlich leichter gelingen.
- Oder er könnte theoretisch auch beleidigt oder traurig reagieren.

Was der Empfänger von der Grenze aufnimmt und wie er dementsprechend reagiert, kann der Sender nicht bestimmen, diese Macht hat er nicht! Legt der Sender etwas ab, was der Empfänger nicht mag, ist dieser ebenfalls frei in seiner Reaktion:

- Er könnte beispielsweise verletzt, traurig oder wütend reagieren.
- Oder er könnte gelassen und entspannt reagieren; ebenso neutral.

Was der Empfänger von der Grenze aufnimmt, ist auch in diesem Fall seine – bewusste oder unbewusste – Entscheidung und Verantwortung. Der Sender kann dem Empfänger keine Gefühle und Reaktionen aufzwingen.

Unsere Reaktion auf bestimmte Situationen vollzieht sich meist in Millisekunden, ziemlich unbewusst, und wir glauben, dass wir nichts dagegen tun können, nach dem Motto *Es passiert mit mir.* Wir glauben, dass wir folglich so reagieren müssen, weil der Sender etwas Schönes oder Schlechtes gesagt oder gemacht hat. In diesen Momenten fühlen wir uns nicht frei – frei zu entscheiden, wie wir reagieren möchten.

Wäre es nicht schön, wenn wir in solchen Situationen mehr Entscheidungsfreiheit hätten? Das lässt sich üben. Ziel ist, die Verantwortung für das zu übernehmen, was in uns passiert. Wenn die Verantwortung jemand anderes trägt, dann sind wir ausgeliefert, ohne Einfluss darauf. Aber so ist es nicht, denn das Gute ist, dass es Veränderungsmöglichkeiten gibt: Die Lösung liegt in uns!

Dieses Modell bringt häufig unsere bisherige Sicht und Wertung durcheinander, wer unsere Gefühle bestimmt. Weg von der Schuldzuweisung an den langsamen Kassierer, die verspätete U-Bahn oder deinen Ex-Partner. Das kann mit der U-Bahn selbstverständlich leichter gelingen als nach einem Beziehungsende. Die Systematik bleibt jedoch dieselbe. Der U-Bahn ist es übrigens relativ egal, ob du sauer auf sie bist oder nicht. Doch wir tragen nicht nur für unsere Reaktionen auf traurige oder verletzende Botschaften die Verantwortung. Wir reagieren selbst auf Positives unterschiedlich. Stell dir vor, du machst mehreren Menschen das gleiche Kompliment: *Du bist hübsch!* Wie reagieren sie?

- **Susi freut sich wie ein kleines Kind.** Nachdem es ihr in den letzten Monaten psychisch nicht gut ging, geht das Kompliment runter wie Öl. Strahlend bedankt sie sich.

- **Andreas, 15 Jahre alt, läuft rot an.** Er will nicht hübsch sein. Keinesfalls! Sondern stark und männlich. Er wechselt gleich das Thema.

- **Uschi wird traurig und wütend.** Sie möchte nicht auf ihren Körper und ihre Rundungen reduziert werden. *Niemand interessiert sich für mein Inneres und mich als Mensch.*

Auch bei diesem Beispiel wird deutlich, dass die Reaktion bei den Empfängern unterschiedlich ausfällt, bei gleicher Botschaft des Senders. Die volle Verantwortung für unsere Gefühle zu übernehmen, erfordert viel Reflexionsfähigkeit und Schulung, insbesondere bei einem »negativen« Inhalt in der Milchtüte, wie es eine Trennung darstellt.

Wenn ich von diesem Modell erzähle, ob auf Vorträgen oder in meiner Praxis, höre ich viele interessante Fragen. Im Folgenden einige Gedanken zu den vier häufigsten dieser Fragen:

Frage 1) Gilt das Modell in allen Lebenssituationen?
In meinen Augen gilt es, wenn sich zwei erwachsene Menschen freiwillig begegnen. Es gilt nicht bei psychischer und körperlicher Misshandlung oder Folter. Ich kann niemandem einen Finger abhacken und dann sagen: »Der Schmerz ist in deinem Körper, demnach ist es deine Verantwortung, wie es dir jetzt geht.« Bei psychischem Missbrauch ist es genauso. Zudem gilt das Modell nicht zwischen Erwachsenen und Kindern. Ich kann ein dreijähriges Kind nicht nachts allein zu Hause lassen und wenn ich zurückkomme, dem Kind die Verantwortung für seine Ängste übergeben.

Wie ist es bei einer Trennung, gilt das Modell ebenfalls? Im Normalfall ja. Es sind unsere Gefühle, selbst bei einer solchen Veränderung. Denn jeder Mensch ist frei darin, eine Beziehung einzugehen oder diese zu beenden. Zum Verlieben braucht es zwei Entscheidungen, bei der Trennung jedoch nur eine. Selbst, wenn es wehtut und schwerfällt, gilt es das zu akzeptieren. Was bei Trennungen häufig jedoch ungut abläuft ist das *Wie*. Eben das, was der Partner an der Grenze ablegt. Beispielsweise die Beziehung per SMS, spontan aus einer Emotion heraus oder die fünfzehnjährige Ehe ohne Vorwarnung zu beenden. Auch hier kannst du entscheiden, was du von der Grenze aufnimmst – selbst, wenn es in solchen Fällen unglaublich schwer ist.

Frage 2) Trägt der Sender keine Verantwortung?
Selbstverständlich ja! Es gibt für ein wertschätzendes Miteinander förderliche und hinderliche Verhaltensweisen und Aussagen. Der Sender sollte sich an die förderlichen halten und für sich überprüfen, bevor er etwas in der Mitte an der Grenze ablegt. Dies wird ihm aber leider nicht jederzeit gelingen. Mal möchte er es nicht, mal kann er es nicht, mal bewerten Sender und Empfänger die gleiche Situation unterschiedlich. Somit liegen manchmal – zumindest aus unserer Perspektive – unschöne Dinge an der Grenze. Als Empfänger können wir nicht beeinflussen, was da liegt, wohl aber unsere Reaktion darauf. Diese Freiheit besitzen wir.

Wenn der Sender unmögliche Dinge an der Grenze ablegt, müssen wir das selbstverständlich nicht immer und ewig dulden. Denn es gibt

Eigenarten, die sich negativ auf die Umgebung auswirken. Wenn uns beispielsweise etwas verletzt, dann ist es hilfreich und wichtig, dies dem Gegenüber mitzuteilen. Zum Beispiel, indem wir

- unsere Bedürfnisse und Wünsche ausdrücken,
- Grenzen setzen oder
- Konsequenzen ziehen.

Es geht nicht darum, in eine Opferrolle zu gelangen oder darin verhaftet zu bleiben. Vielmehr geht es darum, selbst die Verantwortung dafür zu übernehmen, was du fühlst und, falls dein Gegenüber sich unmöglich verhält, selbstverantwortlich dafür zu sorgen, dass sich die Dinge verändern.

Vielleicht denkst du im Moment an das Beziehungsende und wer für deine Gefühle verantwortlich ist. Oder du reflektierst andere Situationen aus deinem Leben. Einerseits, wie du selbst reagiert und wem du die Verantwortung für deine Gefühle gegeben hast. Andererseits, wie andere Menschen unterschiedlich auf dich reagieren und dich verantwortlich machten. Dieser Perspektivenwechsel ist wichtig. Es geht nicht nur darum, die Verantwortung für die eigenen Gefühle zu übernehmen, sondern zugleich darum, die Verantwortung für die Gefühle anderer Menschen bei diesen zu lassen. Das kann in vielen Situationen entlasten.

Frage 3) Warum reagieren wir alle unterschiedlich?

Diese Frage haben wir bereits weiter oben in diesem Kapitel behandelt. Ich möchte sie an dieser Stelle dennoch erneut aufnehmen und vertiefen. Vielleicht erinnerst du dich an den Inhalt unseres Rucksacks, gefüllt mit Erfahrungen aus unserem gesamten Leben. Dieser Rucksackinhalt lässt uns emotional unterschiedlich auf gleiche oder ähnliche Auslöser reagieren. Blicken wir noch einmal auf das Beispiel mit dem Zuspätkommen von Julia und die Reaktionen von Katharina, Armin und David:

- **Katharina reagierte traurig:** Sie fühlte sich nicht wertgeschätzt von ihrer Freundin. Sie war die Älteste von fünf Kindern. Laufend wurde sie im Haushalt und bei der Erziehung der jüngeren Geschwister mit einbezogen und hatte selten das Gefühl, dass Mama und Papa sie wirklich wahrnahmen und ihre Bedürfnisse sahen. Somit wurde für sie die Wertschätzung ihrer Bedürfnisse von den Menschen um sie herum etwas Wichtiges. Wenn sie jetzt als Erwachsene erlebt, dass dieses Bedürfnis nicht erfüllt wird, wird die alte Wunde berührt und Trauer überkommt sie. Ihr eigener Wert ist in diesem Fall abhängig von Julia. Sie kann ihn sich in diesem Fall noch nicht selbst geben.

- **Armin reagierte wütend:** Er ist bei seiner alleinerziehenden Mutter mit seinen zwei Geschwistern aufgewachsen. Soweit er sich erinnern kann – er hat viel verdrängt aus seiner Kindheit –, kam seine Mutter jedes Mal zu spät oder vergaß ihn beim Abholen vom Kindergarten oder der Schule und selbst bei der für ihn so wichtigen Theateraufführung. Er hatte die Hauptrolle bekommen und war unglaublich stolz darauf und dann kam seine Mutter erst kurz vor Ende der Vorstellung. Das war für Armin schlimm. Wenn sich heute jemand verspätet oder Armin sich nicht ausreichend wertgeschätzt fühlt, kommt der unverarbeitete Schmerz hoch und er kann nicht anders, als wütend zu werden. Wenn Armin erkennen würde, dass es Julia und alle anderen Menschen leicht haben, diesen wunden Punkt zu drücken, und er die Verbindung mit seinen Kindheitserfahrungen verstehen würde, bestünde die Chance einer Veränderung.

- **David reagierte gelassen:** Er hatte, bis auf kleine Ausnahmen, positive Erfahrungen mit seinen Eltern. Sie waren für ihn da, wenn er sie brauchte. Wenn – wie in dem Beispiel – Julia zu spät kommt, wird keine alte Wunde berührt und er bleibt gelassen im Hier und Jetzt. Er kann den Auslöser (die Verspätung) entspannt an der Grenze liegen lassen und bezieht das Zuspätkommen nicht auf sich. Er kennt seinen eigenen Wert und sucht ihn nicht im Außen.

Neben der eigenen Lebensgeschichte gibt es weitere Einflussfaktoren, warum wir auf gleiche Auslöser unterschiedlich reagieren: unsere Tagesform, unser Temperament und die psychische Reife, unsere aktuelle Stimmungslage und Lebenszufriedenheit oder auch die Erlebnisse und Erfahrungen, die wir mit einer bestimmten Person sammelten.

Frage 4) Heißt das, dass ich meine Gefühle unterdrücken soll?

Die Verantwortung für die eigenen Gefühle zu übernehmen, bedeutet nicht, sie zu unterdrücken. Das wäre langfristig gesehen hinderlich für die psychische Gesundheit. Wir dürfen und sollen selbstverständlich beispielsweise wütend oder traurig sein. Gefühle wollen leben. Das ist, wie oben beschrieben, deren Grundbedürfnis.

Selbstverantwortung für Gefühle übernehmen

Was du tun kannst, um nach einer Trennung und in anderen Lebensbereichen zu mehr Verantwortung für deine Gefühle zu kommen:

- **Wissen und Bewusstheit**: Die Theorie des Milchtüten-Modells zu kennen, ist der erste Schritt: Ich mache meine Gefühle selbst, sie entstehen in mir, daher kann auch nur ich deren Urheber sein. Beispielsweise den Gedanken *Sie hat mich verletzt* umwandeln in *Ich habe mich durch ihr Verhalten verletzen lassen.* Oder *Er hat mich verarscht* verwandeln in *Ich habe mich verarschen lassen.*

- **Verantwortungsübernahme**: Die Verantwortung liegt demnach bei uns selbst. Wir müssen eine Veränderung nicht bei anderen Menschen einfordern, sondern können die Lösung in uns selbst finden.

- **Übung**: Anschließend geht es ans Üben. Jeden Tag bestehen unzählige Möglichkeiten dazu: das schlechte Wetter, der Mercedes-Fahrer, der dir die Vorfahrt nimmt, der Nachbar, der den Plastikmüll in die Papiertonne wirft und die Königsdisziplin – das ungewollte Ende einer Partnerschaft. Das ist ein lebenslanges Lernen und lässt sich nicht wie eine Glühbirne an- oder ausschalten. Ich selbst übe das jeden Tag. Manchmal fällt es mir leicht, manchmal nicht. Manchmal ist es mir bewusst und ich denke daran, manchmal passiert es automatisch, dass ich die Ursache im Außen sehe. Doch mit jeder Situation, in der ich mir darüber bewusst werde, wird es leichter.

- **Heilung**: Wir reagieren, wie beschrieben, aufgrund unserer Lebensgeschichte unterschiedlich auf bestimmte Begebenheiten. Diese zu kennen, erleichtert den Heilungsprozess. Denn wenn ich weiß, welcher wunde Punkt in einer Situation berührt wurde, wird es mir leichter fallen, die Lösung in mir selbst zu finden und mich mit der Verletzung, anstatt dem Auslöser zu befassen.

Zusammengefasst findet sich das Thema dieses Abschnitts in dem Zitat von Aaron Antonovsky wieder: *Nicht die Umstände bestimmen des Menschen Glück, sondern seine Fähigkeit zur Bewältigung der Umstände.*

Was nimmst du aus diesem Kapitel für dich mit? Welcher Gedanke, Impuls oder welche Übung war am wichtigsten für dich? Was nimmst du dir vor? Gibt es eine Aufgabe, die du gleich jetzt oder später durchführen möchtest?

5) Handeln: Wie dich Sport, Ernährung oder Meditation unterstützen

Das Wetter auf hoher See wird langsam beständiger, du hast wichtige Erfahrungen gesammelt und gewinnst mehr Vertrauen, sicher durchs Meer zu fahren. Doch was häufig passiert: Wir sind passiv und der Tag verrinnt nur so. Darum ist es an der Zeit, aktiv zu werden und sich immer wieder mit dem Außen zu befassen, wie Treibholz und anderes Material zu sammeln und daraus ein kleines Boot zu bauen. Anfangs wird es noch wackelig sein, doch du hast es selbst in der Hand, denn mit deiner Ausdauer und deinem Einsatz kann es stabiler und größer werden. Mit dieser neuen Basis hast du andere Möglichkeiten, wieder zurück ins Leben zu finden.

Bisher haben wir uns auf den Umgang mit unseren Gedanken und Gefühlen fokussiert. Daneben können wir viele weitere Dinge tun, um wieder zu uns, zur inneren Ruhe und Zufriedenheit zu finden, sowie selbst aktiv zu werden. Das kann mitunter mühsam sein, denn manchmal fühlen wir uns nach einer Trennung dermaßen energielos, dass wir am liebsten auf dem Sofa liegen bleiben. Das kann auch mal guttun. Letztendlich kannst du nur selbst herausfinden, wie es dir besser geht.

Das ist in der nächsten Zeit deine Aufgabe: Dich besser kennenzulernen und anschließend selbstverantwortlich zu entscheiden, was du machen möchtest. Ich möchte dich in diesem Kapitel nicht zu irgendetwas überreden, sondern Möglichkeiten, Ideen und Hintergründe aufzeigen. Wir blicken in diesem Abschnitt auf Folgendes:

- Für den Körper: Sport, Schlaf und Ernährung
- Für den Geist: Natur, Erholung und Achtsamkeit
- Für den Antrieb: Ziele, Hobbys und Ehrenamt

Das Schöne am Handeln ist, dass wir unser *Wollen* direkt beeinflussen können. Mit unserem Grübeln und unseren Gefühlen können wir den

Schalter nicht jederzeit so direkt und effektiv umlegen, wie bei unserem *Wollen.* Demnach stellt sich die Frage: »Will ich, oder will ich nicht?« Beim Handeln gilt eben nicht: »Ich kann nicht.«

Für den Körper: Sport, Schlaf und Ernährung

Wir sind die Bewohner unseres Körpers, er beherbergt uns und wir tragen die Verantwortung für ihn. Der Körper meldet uns besonders während der Trennungszeit häufig, dass wir mit den Umständen zu kämpfen haben. Wir haben beispielsweise keinen Hunger, leiden unter Durchfall oder können nicht oder schlecht schlafen. Auch unser Herz, Magen oder Hals reagieren oft deutlich. Unsere Sprache verdeutlicht das. Du kennst bestimmt Sprichwörter wie *Einen Kloß im Hals haben, Das war wie Schlag in die Magengrube* oder *Das fühlt sich an wie ein Stich ins Herz,* oder?

Stellen wir uns den Menschen wie ein Orchester vor. Die Musiker sind unsere *Psyche,* die Instrumente sind unser *Körper* und der Komponist oder der Dirigent ist der Teil, den wir bereits öfter im Buch als den *Beobachter* kennengelernt haben. Wenn ein Musiker einen schlechten Tag erwischt oder zwei Instrumente verstimmt sind, ist das verkraftbar. Erst, wenn das gesamte Zusammenspiel nicht im Einklang ist, stört es. Nach einer Trennung sind viele Bereiche unserer Psyche und des Körpers im Ausnahmezustand, es sind folglich viele Musiker und Instrumente betroffen.

Für eine Heilung unserer Schmerzen ist es wichtig, dass wir uns um unseren Körper kümmern und ihn nicht unnötig zusätzlich belasten. Jeder Körper ist individuell, sodass nicht jeder Umgang für jeden der passende ist. Dennoch versuche ich dir im Folgenden einige Impulse für einen guten und zielführenden Umgang für deinen Körper mitzugeben.

Wie wichtig der Schlaf, die Ernährung und Bewegung ist, verdeutlicht auch die Wichtigkeit in der therapeutischen Arbeit. Wenn ein Klient nach einer Trennung eine Therapie beginnt, ist einer der ersten Fragen: »Wie ist Ihr Appetit? Wie schlafen Sie? Machen Sie Sport?« Das wird nicht ohne Grund direkt zu Beginn abgefragt, weil es ein wichtiger

Indikator des aktuellen Zustandes ist und ein falscher Umgang damit ein relevanter Hinderungsgrund der Heilung sein kann.

Bevor wir uns der Bewegung und Ernährung zuwenden, möchte ich dir noch drei kleine Impulse geben, welche schnell und einfach in den Alltag integriert werden können:

- **Lächeln**: Es gibt verschiedene Studien, die darauf hinweisen, dass Lächeln unsere Stimmung verbessern kann. Selbst, wenn es in dem Moment keinen Grund zum Lachen gibt. Die Forscher vermuten, dass dieser Effekt mit der Mimik zu tun hat. Wenn wir unseren Mundwinkel hochziehen wird unser Glücksareal im Gehirn stimuliert. Probiere es mal aus, ziehe die Mundwinkel hoch, lächele und freue dich.

- **Duschen**: Wenn es dir nicht gut geht, springe unter die Dusche. Zwischenrein auch mal kalt oder im Wechsel von heiß und kalt. Stelle dir dabei vor, dass das Wasser all den Schmerz von dir abspült und dich emotional reinigt, wie eine Sandschicht nach einem Strandbesuch.

- **Körperhaltung**: Wenn du deine Körperhaltung veränderst, verändert sich damit etwas in deinem Inneren. Hierzu zählen beispielsweise eine gebückte Haltung oder der Blick auf den Boden. Selbstverständlich geht es uns damit schlechter. Das heißt, aufrecht sitzen oder gehen, den Blick zum Himmel richten und mit beiden Beinen fest auf dem Boden verankert stehen. Das bewirkt mehr als wir denken.

Bewegung

Warum spielt der eigene Körper bei der Verarbeitung von Gefühlen eine wichtige Rolle? Zum einen haben körperliche Betätigungen positive Auswirkungen auf unsere Stimmung und zum anderen besteht ein wichtiger Zusammenhang zwischen unseren Emotionen und Muskeln.

Blicken wir zunächst auf den klassischen Sport und Bewegungen: Studien zeigen (noch) keine eindeutigen Ergebnisse, was Sport mit unseren Botenstoffen macht und welcher zu dem Wohlgefühl während und nach der sportlichen Betätigung führt. Lange Zeit wurden Endorphine für die Glücksgefühle beim Sport verantwortlich gemacht. Doch mittlerweile werden andere hormonelle Ursachen vermutet. Unumstritten scheint hingegen das Folgende zu sein: Wenn wir Sport treiben, erhöht sich die Menge von Serotonin und anderen Botenstoffen wie Dopamin, Adrenalin und Noradrenalin. Diese Botenstoffe sind unter anderem für Antrieb, Aufmerksamkeit und Konzentration, Schmerzempfinden, Schlaf- und Wachrhythmus sowie den Gemütszustand und das Glücksempfinden verantwortlich. Das Zusammenspiel der Botenstoffe führt dazu, dass wir kleine oder große Stimmungshochs erleben. Zudem wirkt Sport antidepressiv und angstlösend. Kennst du diese förderliche Wirkung von Sport auch?

Wenn es dir trotz dieses Wissens schwerfällt, regelmäßig Sport zu treiben, anbei einige Gedanken für dich zur Unterstützung:

- **Fokussierung**: Häufig hängen wir mit schlechtem Gewissen auf der Couch und erlauben uns diesen Zustand nicht. In der Konsequenz bewerten wir uns negativ und es geht uns noch schlechter als vorher. Dagegen kann eine Abmachung mit dir selbst helfen: *Jetzt treibe ich 30 Minuten Sport und danach darf ich ohne schlechtes Gewissen genüsslich auf dem Sofa liegen.*

- **Herausforderung**: Setze dir herausfordernde Ziele, die jedoch erreichbar sind, wie beispielsweise jeden Tag 10 Minuten körperliche Betätigung zuhause und mindestens einmal pro Woche einen Sportabend. Plane diesen Termin in deinem Kalender ein. Ein fester Termin beispielsweise jeden Mittwochabend um 19 Uhr bewährt sich mehr, als ein undefinierter Zeitraum. Unterwasserskat oder Schach zählen dabei übrigens nicht als Sport :) Mit dieser täglichen und wöchentlichen Aufgabe schlägst du zwei Fliegen mit einer Klappe: Du bewegst dich und gleichzeitig hast du ein Ziel und eine Motivation, welche dir täglich ein kleines Erfolgserlebnis verschafft.

- **Wahrnehmung**: Lerne deinen Körper kennen und höre ihm zu. Welche Art der Bewegung braucht er heute? Eine ruhige oder eine bis zur Erschöpfungsgrenze? Allein oder mit anderen? Wenn du den

Impulsen deines Körpers folgst, wie würde er sich bewegen, was würde er machen wollen?

Wenn du keine Idee hast, was das Passende für dich ist, probiere dich aus. Finde für dich heraus, welche Sportart, Uhrzeit und Dauer die beste für dich ist. In meinen Augen gibt es nicht die richtige oder falsche Sportart. Der eine benötigt eine 1:1-Herausforderung (Tischtennis oder Squash), jemand anderes bevorzugt die Kombination aus Bewegung und Ruhe (Yoga oder Qigong), für manche ist Action (Kampfsportarten oder Snowboard) wichtig oder sportliche Betätigung in einer Gruppe (Fußball oder Volleyball). Hast du schon eine Idee, was für dich passt?

Neben einer ausreichenden Bewegung gibt es weitere Themen, auf welche wir nun im Detail eingehen werden: auf Faszien, die Ernährung, das Schlafen sowie das Sonnenlicht. Um etwas tiefer in diese Themen einzutauchen, habe ich mich mit Dr. Torsten Pfitzer, Heilpraktiker und Gesundheitscoach aus München, unterhalten. Die folgenden Abschnitte und Übungen sind Ergebnisse unserer Gespräche.

Faszien

Kommen wir zu den Emotionen und Muskeln. Alle unsere erlebten Emotionen sind im Körper abgespeichert, genauer gesagt in den Muskeln und Faszien. Letzteres sind verschiedene Arten von Bindegewebe, welches unter anderem unsere Muskeln wie eine Hülle umschließt. Somit trägt jeder Mensch quasi alle nicht ausgedrückten und nicht bewusst wahrgenommenen Emotionen als energetische Blockaden in seinem Körper. Beispielsweise die Wut auf Mama, die wir als kleines Kind nicht ausdrücken konnten, weil wir sonst bestraft worden wären. Manche befinden sich vorwiegend in den Beinen, manche im Bauch oder Rücken, meist jedoch an vielen Stellen im Körper. In manchen Therapieformen wie der Myoreflextherapie oder dem Rebalancing, kann es vorkommen, dass Patienten allein durch die manuelle Behandlung des Muskel-Faszien-Gewebes traurig werden. Es können Tränen fließen, ohne dass Betroffene sagen können warum. Sozusagen wurde die abgespeicherte, im Körper gefangene Emotion getriggert und hat darüber die Chance, sich gemeinsam mit der Körperspannung zu lösen und auszudrücken.

Trennung bedeutet immer auch Stress für den Organismus. Dabei werden Stresshormone ausgeschüttet, die unsere Muskeln und Faszien zusammenziehen lassen. Damit Emotionen nicht im Körper erstarren, ist es demnach wichtig und hilfreich, in Bewegung zu kommen und die Anspannung aufzulösen. Wenn wir in unserem nachvollziehbaren Schmerz ausschließlich auf dem Sofa oder im Bett liegen, hat unser Körper keine Chance, die alten und aktuellen Emotionen auszudrücken und nachhaltig zu lösen.

Diese kleine Übung kann dir dabei helfen:

- **Hinlegen**: Leg dich mit dem Rücken auf den Boden, strecke die Beine lang und lege die Arme locker neben deinen Körper.
- **Bewegen**: Bewege zunächst langsam dein Becken horizontal hin und her. Dadurch entsteht eine Welle durch deinen Körper, die – wenn es dir gelingt – bis zum Kopf hoch geht und den Kopf mitbewegt. Das funktioniert umso besser, je lockerer du wirst.
- **Wahrnehmen**: Spürst du die Welle, so kannst du Stück für Stück etwas schneller wackeln.
- **Ausschütteln**: Schüttle dich ruhig gut eine Minute sanft durch. Du wirst spüren, wie entspannt du danach bist.

Vielleicht erinnerst du dich noch an den im vierten Kapitel *Fühlen* vorgestellten *Crazy-Dance*. Das ist eine ebenfalls hilfreiche Möglichkeit, Anspannungen in Muskeln und Faszien zu lösen.

Essen und Trinken

Neben ausreichender Bewegung spielt die Ernährung eine wichtige Rolle. Im größten Liebeskummer haben wir häufig keinen Appetit und bekommen nicht mal einen kleinen Bissen herunter. Andere wiederum ertränken ihren Kummer in Cola, Schokolade und Chips. Beide Reaktionen sind verständlich und in derartigen Situationen häufig. Wenn das nur einige Tage so ist, wird unser Körper damit zurechtkommen. Nicht jedoch auf Dauer.

Auch wenn es kaum gelingt, dein Körper braucht Energie! Es ist oft einfacher, häufiger kleine Portionen zu essen, als eine große Mahlzeit.

Auf dem Weg die Trennung zu verarbeiten, wird dir eine gesunde Ernährung helfen. Vielleicht machst du es dir zur Aufgabe, dich jetzt besonders gut um deinen Körper zu kümmern und Gesundes zu essen. Dann kombinierst du eine Herausforderung und ein Ziel.

Aus einem gesunden Magen-Darm-Trakt werden übrigens wichtige Hormone wie zum Beispiel das Beruhigungs- und Glückshormon Serotonin freigesetzt. Somit kannst du über die Wahl einer gesunden Ernährung direkt Einfluss auf deine Stimmungslage und deine Anspannung nehmen. Hingegen bedeuten ungesunde Lebensmittel Stress für unseren gesamten Organismus – mit direkten Folgen auf unseren emotionalen Zustand.

Häufig sprechen uns in der Trennungszeit die eher ungesunden Lebensmittel wie Süßigkeiten, Cola oder Pizza an. Der darin enthaltene Zucker kann kurzfristig wie eine Droge zu angenehmen Gefühlen führen, die unsere traurigen Gefühle kompensieren. Daher greifen wir in Zeiten von Stimmungstiefs vermehrt zu gezuckerten Lebensmitteln. Langfristig führt dies jedoch zum Gegenteil von dem, was wir uns eigentlich wünschen: Wir werden trübseliger und schlechter gelaunt und unter bestimmten Voraussetzungen können sich bei zu viel Zuckerkonsum Depressionen entwickeln. Anika Knüppel vom *Institute of Epidemiology and Public Health* am *University College London* hat dazu eine Studie durchgeführt. Sie fand heraus, dass das Risiko an Depressionen und Angstzuständen zu erkranken durch einen zu hohen Zuckerkonsum erhöht ist.

Gesund ist in der Regel:

- Viel unterschiedliches Gemüse in allen Farben.

- Obstsorten, die arm an Fruchtzucker und reich an Antioxidantien sind, zum Beispiel Waldbeeren.
- Biologische Nahrungsmittel.
- Viel stilles Wasser, da Kohlensäure den Körper übersäuert.
- Keine stark verarbeiteten Produkte mit geringer Nährstoffdichte und dafür etlichen Zusatzstoffen, wie Fertigprodukte oder Fastfood.
- Weniger Kohlenhydrate als meist üblich.
- Wenig tierische Produkte.
- Wenig Zucker und wenig Alkohol.

Wir wissen alle, wie wichtig eine ausgewogene und gesunde Ernährung ist. Letztendlich geht es um eine gute Balance. Das heißt einerseits, auf gesundes Essen zu achten und andererseits, dass du deine Ausnahmen wie Currywurst mit Pommes oder dein Sahne-Karamell-Eis dann tatsächlich genießt – ohne schlechtes Gewissen. Diese Gedanken sollen dir demnach keine zusätzliche Last sein, vielmehr sollen sie dich informieren und im besten Fall inspirieren.

Schlafen

Wenn wir schlafen, ist alles gut: Keine Schmerzen, keine Gedanken, keine Gefühle. Beim Aufwachen realisieren wir wieder, was passiert ist und wollen am liebsten zurück ins Land der Träume und dem Schmerz entkommen. Doch das geht meist nicht mehr. Diesen Wunsch nach Schlaf haben wir nicht nur morgens, sondern ebenfalls abends. Viele Menschen können nicht einschlafen, andere nicht durchschlafen, wieder andere nicht ausschlafen und manche finden in den ersten Tagen nahezu keinen Schlaf. Leider können wir den Schlaf nicht erzwingen und jede bewusste Anstrengung, ins Land der Träume zu gelangen, bewirkt genau das Gegenteil.

Schlaf ist für uns Menschen etwas Überlebenswichtiges. Wir können länger ohne Nahrung überleben, als ohne Schlaf. 70 Prozent der körperlichen und 100 Prozent der psychisch-mentalen Regeneration hängen vom Schlaf ab. Die Qualität unseres Schlafes wirkt sich daher direkt auf unsere Zufriedenheit und Ausgeglichenheit am folgenden Tag aus. Bei Schlafmangel sind wir erschöpft, gereizt, haben Konzentrationsschwierigkeiten und ein eingeschränktes Urteilsvermögen. Zudem wirkt sich zu wenig Schlaf auf unser Immunsystem, den Hormonhaushalt oder die Regulierung unserer Körpertemperatur aus. Auch unser Gehirn leidet darunter: Es ist schlechter durchblutet und beeinträchtigt die Neubildung von Nervenzellen. Schlafentzug wird auch als Folterinstrument eingesetzt und deshalb zurecht als Menschenrechtsverletzung eingestuft.

Du siehst, eine ausreichende und gute Nachtruhe ist wichtig. Wenn du unter Schlafmangel leidest, mach dir als erstes bewusst, dass ein Teil deiner psychisch-emotionalen Verfassung damit zu tun hat. Auch ohne die Trennungsauswirkungen wärst du sensibler und unausgeglichener. Das ist einer der Kernbotschaften, die ich dir aus diesem Abschnitt mitgeben möchte.

Was kannst du konkret für eine bessere Schlafqualität tun, bevor du ins Bett gehst?

- **Informationsreize**: Es ist ratsam, zwei Stunden vor dem Schlafen auf weitere Informationsreize zu verzichten. Hierzu gehört insbesondere die Smartphone-Nutzung, die zusätzlich durch ihren hohen Blaulichtanteil die Produktion des Schlafhormons Melatonin verzögert oder vollständig unterdrückt. Besser ist es, beispielsweise zu Lesen, zu meditieren, bei Kerzenschein ruhige Musik zu hören oder einen kleinen Abend-Spaziergang zu machen.

- **Strom- und Strahlungsquellen**: Vermeide Stromquellen in der Nähe deines Bettes, wie einen Fernseher oder eine Ladestation. Lege zudem dein Smartphone und anderen Geräte am besten vollständig ausgeschaltet in einen anderen Raum. Damit weiß auch dein Verstand, dass er nicht mal schnell mitten in der Nacht aufs Handy schauen kann. Schalte am besten auch den WLAN-Router aus. In seinen Einstellungen kann man definieren, dass er sich nachts automatisch abstellt.

- **Körpertemperatur**: Eine niedrige Umgebungstemperatur ist sowohl für das Ein- und auch Durchschlafen eine der wichtigsten Voraussetzungen. Öffne vor dem Schlafengehen daher am besten noch einmal für 10-15 Minuten das Fenster. Das sorgt gleichzeitig für mehr Sauerstoff in deinem Schlafzimmer.

- **Bewegung**: Wenn du dich am Tag einmal richtig ausgepowert hast, ob im Sport, zuhause oder mit dem *Crazy-Dance*, kann dir das zu einem besseren Schlaf verhelfen. Es ist hierbei wichtig, dass du dies nicht direkt vor dem Schlafen machst, sondern dass genügend Zeit dazwischen liegt. Denn ein hoher Cortisolspiegel verhindert ein gutes Ein- und Durchschlafen. Wenn du dich am Abend noch leicht körperlich bewegen möchtest, sind ruhigere Yogaformen oder ein kleiner Spaziergang gute Möglichkeiten.

- **Ernährung**: Es gibt Lebensmittel, welche das Ein- und Durchschlafen fördern und welche, die es behindern. Bewährt haben sich Nahrungsmittel, die viel Magnesium, Serotonin, Melatonin oder dessen Vorstufe das Tryptophan enthalten. Beispiele sind Sesamsamen, Walnüsse, Naturreis, Eier oder reiner Kakao. Auch bestimmte Tees haben eine schlaffördernde Wirkung, wie Kamille, Lavendelblüte, Melisse und Baldrian. Dass stimulierende Stoffe wie Koffein, Thein und Alkohol insbesondere das Einschlafen erschweren, ist dir sicherlich bekannt. Störend ist auch ein zu spätes oder zu fettiges und damit schwer verdauliches Abendessen. Du kennst es sicherlich, dass du nicht gut schläfst, wenn du dich mit vollem Magen ins Bett gelegt hast. Am besten isst du 3 Stunden bevor du dich schlafen legst nichts mehr, auch keine kleinen Snacks. Insbesondere zuckerhaltige Lebensmittel – folglich auch Kohlenhydrate – am Abend erschweren den Schlaf und die Erholung.

Neben vorbereitenden Maßnahmen möchte ich dir eine Übung vorstellen, die du machen kannst, wenn du bereits im Bett liegst und nicht (wieder) einschlafen kannst. Es geht um die Beobachterrolle aus dem dritten Kapitel *Denken*: Werde wieder zum Beobachter, wechsle deine Rolle und werde von dem Menschen, der nicht einschlafen kann zum Wahrnehmenden, der jemanden beobachtet, der nicht einschlafen kann. Lege dich dazu am besten auf den Rücken, mit einer Hand auf dem Herz und der anderen auf dem Bauch. Nimm anschließend wahr, wie sich der Bauch ein wenig hoch und runter bewegt, oder wie sich der Atem anfühlt – ob leicht oder schwer. Spüre, wie die Luft in die Nase oder den Mund ein- und kurz später wärmer wieder herausströmt. Verändere nichts, nimm ausschließlich wahr, was mit dem Atem und Körper passiert. Zwischendrin werden immer wieder Gedanken kommen, das ist normal. Beobachte diese ebenfalls. Vielleicht zeigen sich auch Gefühle. Wenn dem so ist, dann bleibe in der Beobachterrolle und betrachte, was dieser Mensch – der ja auch du bist – gerade fühlt.

Die Sprachwissenschaftlerin Prof. Michaela Sambanis forscht an der *Freien Universität Berlin* unter anderem zu den sich im Kreis drehenden Gedanken in der Nacht. Sie empfiehlt das sogenannte Power-Posing: »Man stellt sich in den Raum und nimmt eine kraftvolle Pose ein - also die Brust raus und die Arme zum Beispiel in die Höhe strecken.« Fußballfans kennen diese Haltung von Cristiano Ronaldo, der sich vor Freistößen ähnlich vor den ruhenden Ball stellt. Prof. Sambanis empfiehlt diese Pose 2 Minuten beizubehalten, sich anschließend in Ruhe in einen Sessel oder Stuhl zu setzen und erst, wenn die Müdigkeit sich wieder zeigt, zurück ins Bett zu legen. Nach ihrer Erfahrung wirkt sich das auf die innere Haltung aus, man erlebt wieder mehr Kompetenz, um mit Problemen fertig zu werden. Klingt ein wenig abgefahren, doch eine Erfahrung ist es sicherlich wert.

Eine weitere hilfreiche Methode, um zu einer besseren und tieferen Schlafqualität zu gelangen, wirst du durch Meditation finden. Diese wirkt sich nicht nur auf unseren Körper positiv aus, sondern auch auf unseren Geist und unsere Seele. Dazu kommen wir im folgenden Abschnitt.

Sonnenlicht

Alle im Abschnitt Schlaf genannten Körperfunktionen und Stimmungen sind von einem ausgeglichenen Tag-Nacht-Rhythmus abhängig. Denn unser gesamter Organismus unterliegt den verschiedenen Taktgebern wie etwa Tag-Nacht, den Jahreszeiten oder den Mondphasen und seine Funktionen sind daran angepasst. Das heißt nachts, wenn es dunkel ist, sollten wir schlafen und nicht tagsüber bei Sonnenschein. Verkrieche dich folglich nicht den gesamten Tag über unter deiner Bettdecke, sondern gehe zumindest einmal am Tag raus ans Tageslicht. Die Lichtenergie und das Vitamin D, welches durch die UV-B Strahlen der Sonne über unsere Haut gebildet wird, wirken stimmungsaufhellend und unterstützen dich somit ebenfalls, tagsüber wieder in deine Kraft zu kommen und nachts eine bessere Schlafqualität zu erzielen. Mit einem Spaziergang kannst du gleich den Punkt Bewegung mit abhaken und durch die frische Luft wirst du auch besser schlafen.

Für den Geist: Natur, Erholung und Achtsamkeit

In diesem Abschnitt wenden wir uns zwei hilfreichen Aspekten auf dem Weg zur Heilung zu: Der Natur und der Ruhe in uns selbst.

Natur und Garten

»Die Natur ist die beste Apotheke.« Dieses Zitat von Sebastian Kneipp passt wunderbar zu diesem Abschnitt. Du kennst sicherlich die beruhigende Wirkung der Natur, insbesondere im Wald die wohltuende Ruhe, die frische kühle Luft oder der angenehme Duft von Holz oder Moos. Diese positiven und heilsamen Effekte wurden auch in Studien nachgewiesen: Insbesondere ein Waldspaziergang hat eine heilsame Wirkung, doch auch Berge oder das Meer tragen zur Gesundung bei. Einen deutlichen Effekt hat die Zeit im Grünen, wenn wir diese in der Nähe von Wasser verbringen. Du musst dabei keine Stunden in der Natur sein. Forscher der *University of Essex* fanden heraus, dass bereits nach fünf Minuten ein positiver Effekt eintritt. Wenn dich das noch nicht überzeugt hat, findest du hier einige weitere Fakten. Die Zeit im Grünen …

- senkt den Stress,
- hebt das Selbstbewusstsein,
- stärkt das Immunsystem,
- lässt den Blutdruck sinken,
- lässt das Herz langsamer und ruhiger schlagen,

- entspannt die Muskeln,
- verringert die Angespanntheit und Erschöpfung,
- lässt positive Gefühle größer und wichtiger erscheinen als solche, die uns zermürben.

Das hört sich vielversprechend an, oder? Also, Smartphone zuhause lassen und ab in die Natur. Du kannst den Waldspaziergang auch mit Sport kombinieren, indem du zunächst joggst und anschließend in Ruhe gehst und die Natur wahrnimmst. Genieße die Schreie des Eichelhähers, den Wind in den Bäumen oder den Duft der Tannen. Wenn du lieber selbst aktiv bist, kannst du das mit der Natur verbinden und gärtnern. Wenn du keinen eigenen Garten hast, vielleicht kannst du etwas auf deinem Balkon anpflanzen oder du suchst dir ein Gemeinschaftsgartenprojekt. Diese gibt es immer häufiger in Städten.

Für sportliche Betätigungen eignet sich die Natur allein aufgrund der höheren Sauerstoffkonzentration in der Luft besser als zuhause oder das Fitnessstudio. Verschiedene Studien weisen darauf hin, dass durch die frische Luft und den erhöhten Sauerstoffgehalt mehr Serotonin, eines der Glückshormone, ausgeschüttet wird. Das heißt: Viel an die frische Luft gehen und die sportlichen Aktivitäten möglichst nach draußen verlagern.

Eine andere Haltung bekommen wir zudem, wenn wir unseren Blick erheben, ob in der Natur oder beim Weg zur Arbeit entlang einer lauten Straße. Die meiste Zeit, wenn wir gehen, blicken wir auf den Boden – wahrscheinlich noch häufiger, wenn wir niedergeschlagen sind. Blicke einmal für einige Sekunden an den Himmel und zum Horizont. Das öffnet etwas in uns und eine positive Veränderung geschieht.

Ruhe und Achtsamkeit

Neben der heilsamen Zeit in der Natur sind Augenblicke des Innehaltens und der Ruhe wichtig. Unser Verstand und unsere Gefühle – bzw. die Gefühlsabwehr – sind häufig in Dauereinsatz. Daher ist es wichtig, immer wieder einen Gang herunterzuschalten, sich selbst wahrzunehmen, zu spüren und zu mehr und mehr innerer Ruhe zu gelangen. Das ist nicht leicht, weil unsere Gefühlswelt in Aufruhr ist. Daher können durch dieses Innehalten zu Beginn Gefühle hochkommen. Wie im Kapitel *Fühlen* ausführlich beschrieben, ist das ein wichtiger Schritt im Heilungsprozess.

Nach meiner Erfahrung gibt es nicht den einen allgemeingültigen Weg, um zur Ruhe und Ausgeglichenheit zu kommen. Deine Aufgabe ist es, herauszufinden, welche Art und Weise für dich hilfreich ist. Leicht umzusetzen sind kleine Achtsamkeitsübungen:

- **Wenn du Zähne putzt**: Schmecke und rieche die Zahnpasta, fühle, wie die Borsten das Zahnfleisch berühren, nimm wahr, wie sich deine Hand rhythmisch hin und her bewegt …

- **Wenn du kochst**: Spüre, wie sich der Holzgriff des Messers in deiner Hand anfühlt, nimm das leichte Brennen im Auge wahr, wenn du eine Zwiebel schneidest, höre das Brutzeln des sich erhitzenden Öls, rieche den Zwiebelgeruch beim Anbraten …

- **Wenn du unter der Dusche stehst**: Rieche das Shampoo, fühle das Wasser, welches über dein Gesicht fließt oder wenn du es kälter stellst, spüre die Haut, die du einseifst …

- **Wenn du joggst**: Nimm wahr, wie deine Füße auf dem Boden aufkommen, spüre die Bewegung in deiner Kniekehle, höre das Vogelgezwitscher, spüre den Wind …

Diese kurzen Augenblicke der bewussten Wahrnehmung machen freudig. Es bedarf Übung, aber trotzdem werden die kleinen Erfolge schnell sichtbar.

Neben diesen Achtsamkeitsübungen ist Meditation eine gute Möglichkeit, in die Gegenwart zu kommen. Um dazu geeignete Übungen zu finden, habe ich mich mit Kathryn K. Woodward, der Autorin von *Meditation für Anfänger*, ausgetauscht. Sie empfiehlt für die Zeit nach der Trennung die folgenden Techniken, die leicht umzusetzen sind und keine Meditationserfahrung voraussetzen:

- **Atem-Meditation**: Atmen bedeutet Leben, denn es ist das Erste, was wir nach unserer Geburt machen. Unser Atmen spiegelt uns direkt unseren seelischen Zustand. Wenn wir angespannt sind, hören wir beispielsweise auf zu atmen, atmen nicht mehr richtig aus oder nur flach. Eine Atemmeditation ist daher hilfreich. Nicht umsonst steht bei nahezu allen Meditationspraktiken der Atem an erster Stelle und hat eine lange Tradition. Laut dieser verbindet sich hierbei die Energie des Universums mit der inneren Energie des Menschen. Das Atmen wird als befreiend angesehen. Beim Ausatmen können wir Verspannungen und Ängste loslassen. Einer der einfachen und grundlegenden Techniken, die für Anfänger gut geeignet ist, ist das Zählen der eigenen Atemzüge. Dabei setzt oder legst du dich bequem hin, schließt deine Augen, nimmst deinen Atem wahr und zählst. In dem Fall vollbringt der Atem die Heilarbeit. Das Zählen bringt unsere ruhelosen Gedanken zum Schweigen.

- **Geh-Meditation:** Diese bewährte und einfach Technik kannst du problemlos in den Alltag integrieren. Die Aufgabe liegt darin, ungefähr ein Drittel der normalen Geh-Geschwindigkeit zu laufen. Nimm in dieser Zeit deinen Körper bewusst wahr. Spüre deine Füße, den Boden und deine Wirbelsäule und nimm deinen Atem wahr. Sobald du feststellst, dass andere Gedanken aufkommen, lenke dein Bewusstsein wieder auf den Körper. 10 bis 20 Minuten haben sich für diese Meditationstechnik bewährt. Thích Nhất Hạnh, ein buddhistischer Mönch und Autor rät darüber hinaus: »Du kannst Gehmeditation bei jeder anderen Gelegenheit üben, auch zwischen Geschäftsterminen oder wenn du vom Auto in den Supermarkt gehst. Lass dir Zeit beim Gehen!«

- **Energie-Meditation**: Diese Übung dient dazu, neue Energie zu tanken, denn diese fehlt uns häufig nach einer Trennung. Schließe deine Augen und atme mehrere Male tief ein. Stelle dir beim Atmen vor, dass mit jedem Luftzug ein neuer Energieschwall in deinen Körper gelangt. Jedes Mal, wenn du einatmest erhält jedes Körperteil von dir neue Energie.

- **Erd-Meditation**: Diese Übung ist dazu da, um sich von schlechten Gedanken zu lösen und zu entspannen. Stelle dir dazu vor, dass du von feuchter Erde umgeben bist. Nimm den schweren Geruch wahr. Fühle die Erde auf deiner Haut. Atme tief ein und wieder aus. Mit jedem Atemzug nimmst du die Erde in dir auf, mit dem Ausatmen gibst du sie wieder ab. Wiederhole das für einige Minuten. Spürst du, wie du dich nach dieser Übung freier und unbeschwerter fühlst und Ballast losgelassen hast?

- **Lichtkugel-Meditation**: Diese Übung ist dazu gedacht, um die Blockaden im eigenen Körper zu lockern und ebenfalls neue Energie zu tanken. Lege dich dazu bequem auf den Boden und winkle deine Beine leicht an. Die Fußsohlen sollten hierbei flach auf der Erde liegen. Schließe danach deine Augen und stelle dir vor, dass warmes Licht vor dir schwebt. In deinen Gedanken bündelt sich nun das Licht und du lässt es durch deinen kompletten Körper von oben nach unten fließen. Wichtig ist es, dass du dabei ruhig ein- und ausatmest. Wiederhole das für einige Minuten.

- **Angeleitete Meditation**: Im Internet gibt es eine unglaublich große Auswahl an geführten Meditationen und Achtsamkeitsübungen. Durch diese Anleitung kann es leichter fallen mit den Gedanken nicht abzuschweifen. Eine davon gefällt mir besonders gut, du kannst sie dir hier anhören: wielandstolzenburg.de/trennung-meditation

Wie du siehst, haben alle Übungen mit Wahrnehmung und Präsenz im Hier und Jetzt zu tun. Das führt neben einer tieferen Zufriedenheit auch zu mehr inneren Ruhe. Spricht dich eine der oben genannten Techniken an?

Von mir selbst kann ich sagen: In den Zeiten, in denen ich meditiere, bin ich gelassener und habe mehr Lebensfreude. Für mich war das Herausfinden des richtigen Meditationszeitpunktes dabei die wichtigste Erkenntnis. Ich habe es eine Zeit lange morgens versucht, doch das war nicht meine Zeit. Ich wollte in den Tag starten und konnte mich nicht darauf einlassen. Seit ich es abends vor dem Einschlafen mache, fällt es mir wesentlich leichter.

Schon gewusst? Motivierende Videos auf YouTube
Es gibt auf YouTube tolle motivierende Videos. Teils geht es direkt um Trennungen, teils um andere Lebensmomente, in denen wir in einem emotionalen Tief stecken. Suche dazu am besten nach englischsprachigen Titeln wie »Motivational Video« oder »Motivational Breakup-Videos«.

Für den Antrieb: Ziele, Hobbys und Ehrenamt

Nach einer Trennung fehlt ein wichtiger und stabilisierender Faktor in unserem Leben: Der Partner in der Gegenwart sowie alles, was wir mit ihm in der Zukunft vorgestellt oder bereits geplant hatten. Diese Sicherheit ist nun weg. Darüber hinaus haben wir plötzlich viel Zeit, was zu Beginn überfordernd sein kann. Für alles, was nicht mehr ist, ob in der Realität oder der Vorstellung, benötigen wir Ersatz. In diesem Abschnitt stelle ich dir drei Möglichkeiten vor: Projekte und Ziele, Verhindertes und Unmögliches sowie Ehrenamt und Gemeinschaft.

Projekte und Ziele

Ziele und Projekte unterstützen uns dabei, dem Tag eine Aufgabe und dem Leben einen Sinn zu geben, sie lenken uns ab, sie geben uns einen Wert und sie treiben uns an. Einige Ideen, auch inspiriert durch meine Klienten, möchte ich dir mitgeben:

- **Für Zuhause**: Miste 30 Prozent deiner materiellen Dinge in deiner Wohnung aus und spende die überflüssigen Sachen. Das äußere Loslassen befreit auch im Innen und das Verschenken macht zufrieden. Oder lerne den farbigen Zauberwürfel *Rubik-Cube* zu lösen, bei welchem man alle Flächen mit der gleichen Farbe verschieben muss. Das erfordert eine hohe Konzentration und Disziplin. Anleitungen dazu findest du auf YouTube. Oder erlerne ein Musikinstrument.

- **Für draußen**: Melde dich zu einem Halbmarathon oder der Transalp an (das motiviert und zwingt dich, dranzubleiben), oder einem Sprachkurs (das fördert die zwischenmenschlichen Beziehungen, ermöglicht dir lange an einem Ziel dranzubleiben und direkt Fortschritte zu erleben) oder trete einem Verein bei.

- **Für die Arbeit**: Finde beispielsweise mit deinem Vorgesetzten ein neues Projekt, übernimm die Betreuung für einen neuen Kollegen oder bilde dich in einem bestimmten Sachgebiet weiter.

Diese Projekte müssen nicht etwas Außergewöhnliches sein oder gleich die gesamte Welt retten. Wichtig ist, dass es dir Spaß macht und du über einen längeren Zeitraum dranbleiben kannst. Hast du schon eine Idee, was es für dich sein kann?

Verhindertes und Unmögliches

Partnerschaften bedeuten Kompromisse und das Aufgeben eigener Vorlieben und Prioritäten. In jeder Beziehung gibt es Dinge, welche mit dem Partner nicht möglich waren und die wir daher aufgegeben haben oder nicht angegangen sind: Weil er keine Lust auf Wandern hatte, weil er zu geizig fürs Kino war oder weil er wegen einer Katzenallergie bestimmte Freunde nicht besuchen konnte. Vielleicht war die Pflege bestimmter Freundschaften oder das Nachgehen deiner Hobbys ebenfalls nicht mehr möglich.

Jetzt geht es darum, dass du diese Dinge identifiziert und bewusst angehst. Durch deine neue Freiheit ist das nun alles möglich. Was sind das für Dinge, welche a) nicht möglich waren und du b) schon lange machen wolltest? Schreibe sie dir am besten auf und priorisiere sie nach der Wichtigkeit. Was davon kannst du …

- **heute machen**? Zum Beispiel Pizzaessen gehen, weil dein Ex-Partner eine Allergie gegen Gluten hatte?
- **in dieser Woche angehen**? Zum Beispiel deinen alten Freundeskreis im Sportverein kontaktieren, welchen dein Ex-Partner nicht mochte oder welche ihn nicht leiden konnten.
- **nächste Woche machen**? Zum Beispiel den Tanz- oder Karatekurs beginnen, auf welchen dein Ex-Partner nie Lust hatte.
- **für das kommende Jahr planen**? Die Besichtigung der Tempelanlage *Angkor Wat* in Kambodscha. Aufgrund der Flugangst deines Ex-Partners war bisher nur die Ostsee oder Südtirol möglich.

Damit beginnst du wieder *dein* Leben zu gestalten, wirst selbstbestimmter, kreierst dir freudvolle Momente und erkennst, dass du dein Leben selbst in die Hand nehmen kannst.

Wenn du lernst, deine Bedürfnisse wahrzunehmen und Dinge anzugehen, die dir Freude bereiten, profitierst du auch in einer zukünftigen Partnerschaft. Das wird dir in Zukunft ebenfalls leichter fallen.

Ehrenamt und Gemeinschaft

Deine neugewonnene Zeit und Freiheit lassen sich auch wunderbar mit anderen Menschen teilen oder können diesen zugutekommen. Einer Gruppe beizutreten, welche die gleichen Interessen und Ziele hat, schafft Verbundenheit, ermöglicht eine Struktur und Stabilität. Beispielsweise dem Beitritt zur freiwilligen Feuerwehr oder dem Deutschen Roten Kreuz, der Unterstützung eines Projekts für Flüchtlinge, Obdachlose oder Waisenkinder, dem Durchführen einer wöchentlichen Lesestunde im Altenheim oder die Begleitung eines Menschen in einem Hospiz, die Unterstützung einer Organisation für Umweltschutz, für Tiere oder Menschenrechte. Es gibt unzählige Möglichkeiten, bei welchen wir dazu beitragen können, die Welt ein kleines Stückchen besser zu machen. Wir werden zudem noch belohnt. Wir sehen, dass wir für andere etwas bewegen können, dass wir für andere wichtig sind, wir erhalten Rückmeldungen und Wertschätzung und können zudem dem Gefühl *Ich bin für niemanden wichtig* etwas konkret Erlebbares entgegensetzen. Eine Win-Win-Situation, oder? Die Welt freut sich sicherlich auf dich und dein Engagement.

Was nimmst du aus diesem Kapitel für dich mit? Welcher Gedanke, Impuls oder welche Übung war am wichtigsten für dich? Was nimmst du dir vor? Gibt es eine Aufgabe, die du gleich jetzt oder später durchführen möchtest?

6) Empfangen: Wie andere Menschen dich am besten begleiten

Im Wasser und auf deinem Boot kann es mitunter sehr einsam sein. Manchmal tut uns das Alleinsein gut, manchmal sehnen wir uns nach Austausch mit anderen. Beides hat seinen Wert und wir sollten uns für beides Zeit nehmen. Gerade in schmerzhaften und einsamen Momenten können zwischenmenschliche Beziehungen heilsam sein. Wir Menschen sind soziale Wesen. Auch, wenn in unserer Gesellschaft der Drang nach Individualismus und Selbstständigkeit allgegenwärtig ist, benötigen wir Nähe, Gemeinschaft und Geborgenheit – insbesondere auf hoher unbeständiger See. Immer mal wieder Mitsegler an Bord zu haben, kann nicht schaden.

Die Qualität und Quantität des körperlichen und emotionalen Kontakts zu anderen Menschen haben einen bedeutenden Anteil an unserer Gesundheit und unserem Befinden. Das zeigt sich bereits nach der Geburt, dass es überlebenswichtig sein kann. Beispielsweise starben in den USA in den 1980er-Jahren in einer Krankenhausstation für Frühchen erstaunlich viele Säuglinge. Den Krankenschwestern wurde der Körperkontakt zu den Frühchen untersagt, aus Schutz vor deren labiler Verfassung. Heimlich widersetzte sich eine Schwester dieser Vorgabe und berührte manche der Säuglinge immer wieder. Zum Erstaunen aller, entwickelten sich diese Babys wesentlich besser als die Babys, mit welchen sie keinen Körperkontakt hatte. Auch schwerkranke Menschen genesen besser und schneller, wenn sie in einer emotional nährenden Gemeinschaft oder einer glücklichen Beziehung leben.

Das mit der glücklichen Beziehung ist gerade wohl so eine Sache ... Da du im Moment nicht die Nähe und Verbundenheit eines Partners hast und im Gegenteil auch noch mit dem Verlust umzugehen hast, sind andere Menschen wichtig. Genau darum geht es in diesem Kapitel: Um nährende Kontakte zu Freunden und Angehörigen, zu einer möglichen Unterstützung durch Beratung oder Therapie und um den Kontakt zu anderen Verlassenen.

Unterstützung: Von Freunden oder der Familie

Was hast du gemacht nachdem dein Ex-Partner die Beziehung beendet hat? Wahrscheinlich hast du – ob direkt oder nach dem ersten Schock – enge Freunde oder jemanden aus deiner Familie kontaktiert. Wir können die unliebsame Nachricht mit dieser Person teilen, erhalten im besten Fall passende Unterstützung und liebevolle Worte. Freunde sind eine der wichtigsten Stützpfeiler nach der Trennung.

Reden bedeutet Verarbeitung. Indem du dich mit allem, was in dir ist, jemand anderem zeigst, geschehen viele kleine und doch so wichtige Heilungsschritte. Unsere Seele möchte sich wahrhaftig ausdrücken, möchte sich ehrlich zeigen. Jedes Gespräch ist ein Ausdruck von dem, was gerade in dir ist. Je ehrlicher du dich deinen Mitmenschen gegenüber öffnest, umso lösender und heilsamer wird der Austausch sein.

Erwachsen sein bedeutet, nicht alles allein und selbstständig lösen zu können und zu müssen – auch, wenn das in unserer heutigen Gesellschaft häufig anders gesehen wir. Die Anteilnahme von anderen Menschen bedeutet Heilung – wenn es Mitgefühl und nicht Mitleid ist. Beim Mitgefühl erleben wir echte menschliche Verbindung und erfahren Wohlwollen von unserem Gegenüber. Mitleid hingegen trennt. Die andere Person, in diesem Fall wir, wird dann eher in der Opferrolle gelassen, wie zum Beispiel mit *Du Arme, das muss schlimm sein für dich.*

Häufig sind wir es nicht mehr gewohnt, unsere Schmerzen und Ängste anderen Menschen zu zeigen. Wenn du zu den Menschen gehörst, welche sich schwer vor anderen öffnen können, mache es in deinem Tempo und beobachte selbst, ob diese Erfahrung hilfreich für dich ist. Hierbei muss es nicht ausschließlich um Gespräche gehen, auch eine echte Umarmung oder ein Halten beim Weinen sind Seelenbalsam. Für meine Klienten war es meist der wichtigste und heilsamste Aspekt, dass sie sich ausdrücken konnten und jemand voll präsent dabei war, Zeuge war und dieses Sich-zeigen und Öffnen ermöglichte und begleitete.

Im Folgenden habe ich Übungen und Impulse im Umgang mit deinen Freunden, Familienangehörigen und Bekannten zusammengetragen.

Fester Gesprächstermin mit Freunden

Vereinbare mit deiner besten Freundin, deinem besten Freund oder einer anderen nahestehenden Person einen festen Termin zum Telefonieren oder Treffen. Einmal am Tag, alle drei Tage, wie es für euch beide am besten passt. Dabei geht es in erster Linie nicht darum, etwas Festes zu etablieren. Vielmehr hat diese Kontinuität einen großen Einfluss auf unser Unterbewusstsein. Wenn dieses die Sicherheit hat, dass ein verbindlicher Austausch stattfinden wird, sinkt der Druck, sich sofort nach außen wenden zu müssen. Es weiß dann, dass am Abend oder dem folgenden Tag die Möglichkeit dazu bestehen wird. Das kann viel innere Entspannung bringen.

Die *Wer-bin-ich*-Übung mit Freunden

Unser Selbstwert befindet sich nach einer Trennung eher am unteren Ende unserer Selbstwert-Skala. Ich möchte dir eine kleine Übung vorstellen, damit sich das Stück für Stück verändern kann. Welche drei Menschen sind für dich im Moment die wichtigsten? Möchtest du diesen jeweils die folgenden drei Fragen stellen?

- *Wer bin ich ohne meinen Ex-Partner?*
- *Was ist das Besondere an mir?*
- *Welche drei Eigenschaften schätzt du am meisten an mir?*

Du kannst ihnen die Fragen im persönlichen Gespräch stellen oder ihnen schreiben und um eine persönliche oder schriftliche Antwort bitten. Bewahre dir diese Antworten auf. Sie werden dir helfen, dich an den Menschen zu erinnern, welcher du ohne deinen Ex-Partner bist. Den du aktuell selbst nur schwer sehen und spüren kannst. Der Mensch, der auch schon vor der Partnerschaft war und der in Zukunft auch sein wird: Du!

Die Verantwortung an Freunde übergeben

Eine häufig genannte Antwort, warum Menschen nach einer Trennung zu mir in die Praxis kamen, war die Aussage: »Ich möchte mit jemand Neutralem, Dritten sprechen, der sich fachlich mit Trennungen auskennt und mich dabei begleitet; darüber hinaus habe ich Angst, dass ich meine Freunde schon mit diesem Thema nerve.« Das ist ein verständlicher und doch auch trauriger Gedanke, oder? Häufig vermuten wir, dass wir unseren Freunden auf die Nerven gehen, wenn wir wieder schreiben oder anrufen. Doch stimmt unsere Wahrnehmung? Das gilt es zu überprüfen.

Hole folglich deine Freunde mit ins Boot und teile die Verantwortung auf. Einerseits hast du sicherlich ein Gespür, wenn es deine Freunde nervt. Bitte andererseits deine Freunde um eine Rückmeldung, wenn es für sie zu viel wird. Damit musst du dich nicht mehr um deren Wohlbefinden kümmern und Vermutungen anstellen. Gleichzeitig bringst du sie in deren Selbstverantwortung *Stopp* zu sagen. Zudem könntet ihr vereinbaren, dass sie dir zurückmelden, wenn du stets die gleichen Dinge erzählst und dich humorvoll daran erinnern, etwas Neues zu erzählen, zu fragen …

Der Umgang mit Ratschlägen von Freunden

Wenn wir im Trennungsschmerz stecken, sind unsere Freunde die ersten und wichtigsten Ansprechpartner. Wenn wir ihnen von der Trennung und unserem Schmerz erzählen, sind diese für uns da – doch leider nicht immer so, wie es für uns gut wäre. Warum ist das so?

- **Sie gehen von sich aus**: Wir Menschen sehen die Welt stets durch unsere eigene Brille, unsere eigene Lebensgeschichte. Wenn wir nicht bewusst reflektieren, gehen wir automatisch davon aus, dass alle Menschen die gleiche Brille tragen und daher die gleiche Sicht auf die Dinge haben. In einer Trennungssituation vermuten sie daher häufig, dass wir dasselbe brauchen, was sie in einer solchen Situation benötigen würden. Doch das ist nicht zwingend das Richtige und Heilsame für uns.

- **Sie sind nicht objektiv**: Unsere Freunde sind jederzeit auf unserer Seite, das ist auch gut so. Insbesondere zu Beginn ist das richtig und wichtig. Doch wenn wir unseren Anteil an der Trennung – vielleicht drei Monate nach dem Beziehungsende – verstehen möchten, kommen wir mit Freunden manchmal nicht weiter. Denn: sie sind auf unserer Seite. Wenn du dir eine objektivere Sicht und Einschätzung von jemanden wünschst, der dich auch zu den

Aspekten führt, die du selbst nicht sehen kannst, ist vielleicht ein Trennungscoach oder -therapeut hilfreicher. Darauf gehen wir am Ende des Kapitels ein.

- **Sie versuchen, uns den Schmerz zu nehmen**: Wie in den Trennungsphasen im ersten Kapitel *Lernen* beschrieben, sind Menschen mit deiner Trennungssituation häufig selbst überfordert. Sie wissen nicht, was sie tun sollen und was nicht. Normalerweise verfolgen sie daher das Ziel, dir deine Trauer und deinen Schmerz zu nehmen indem sie beispielsweise sagen: »Der Ex war doch ohnehin blöd, du hast jemand Besseren verdient!«, »Kopf hoch, das wird schon wieder« oder »Jetzt stell dich nicht so an, das Leben geht doch weiter!« Meist sind das nicht die Sätze, die wir in diesem Moment hören möchten oder die uns im Heilungsprozess weiterbringen.

Ist diese Art des Trosts des letzten Punktes hilfreich für dich? Für die meisten Klienten und Freunde, mit denen ich darüber gesprochen habe, ist es nicht das, was tatsächlich hilft. Das Gefühl, die Trauer, die Wut möchten da sein. Wenn jemand kommt, der uns dies durch gutgemeintes Zureden wegnehmen möchte, fühlen wir uns meist nicht verstanden. Denn sie sprechen mehr den Verstand als unsere Gefühle an. Doch letztere benötigen nach einer Trennung unsere Aufmerksamkeit. Das ist von unserem Gegenüber nicht böse gemeint, es ist häufig Überforderung oder Unwissenheit.

Damit du die Unterstützung deiner Freunde bekommst, die dir tatsächlich hilft, erstellen wir im nächsten Schritt eine kleine Bedienungsanleitung, quasi ein Handbuch über dich.

Die Bedienungsanleitung für Freunde

Klingt das verrückt für dich, für Freunde oder Angehörige ein kleines Handbuch zu erstellen? Wenn deine Freunde ohnehin für dich da sind, wie du es dir wünschst, dann überspringe diesen Abschnitt. Warum sich für manche eine kleine Bedienungsanleitung bewährt hat? Nur wir selbst wissen, was für uns in der Zeit am besten ist. Manche bevorzugen gutes Zureden, andere Zuhören, andere liegen am liebsten schweigend im Arm von jemand Vertrautem. Weißt du, was das Beste für dich ist, was du von deinen Freunden bekommen kannst?

Los geht`s mit einem kleinen Einleitungstext für Menschen, welchen du dieses Handbuch geben oder vorlesen möchtest – mit einem Augenzwinkern versteht sich.

Hallo, danke, dass ich dir diese »Bedienungsanleitung« geben darf. Ich weiß manchmal selbst nicht, was mir gerade guttut und was nicht, und für nahestehende Menschen ist das meist noch schwerer zu erraten. In einem Trennungsratgeber, welchen ich gerade lese, gibt es aus diesem Grund dieses kleine Handbuch für Freunde und Angehörige. Ich habe weiter unten das angekreuzt, was für mich hilfreich ist und was nicht – vielleicht hilft es dir im Umgang mit mir. Der Autor möchte, dass du Folgendes weißt: Menschen, die unter Liebeskummer leiden, benötigen viel Mitgefühl. Dieser Trost und Rückhalt ist eine wichtige Unterstützung auf dem Weg zur Heilung. Zudem bedarf es viel Geduld. Denn die Verarbeitung der Trennung wird länger brauchen, als du und andere Außenstehende oft für angemessen halten. Den Trauernden, also mich, zu drängeln und zu belehren, dass es jetzt doch mal reicht, bewirkt meist das Gegenteil. Sie setzen sich dann selbst weiter unter Druck, jetzt endlich alles überwunden zu haben und bleiben dann unnötig im Trennungsschmerz stecken. Ins Fühlen zu kommen ist der wichtigste Aspekt der Heilung.

Zudem ist der eigene Antrieb von Verlassenen häufig nicht ausgeprägt. Somit ist es hilfreich, diese hin- und wieder vom Sofa zu ziehen und mit ihnen etwas zu unternehmen.

Ich danke dir für deine Begleitung! Und nun meine Bedienungsanleitung für dich.

- **Zuhören**: Mir hilft es, wenn du mir vor allem zuhörst, präsent und einfach da bist. *O Ja O Nein*
- **Ratschläge**: Mir hilft es, wenn du mir konkrete Tipps und Ratschläge gibst, was ich am besten machen soll oder was dir geholfen hat. *O Ja O Nein*

- **Körperkontakt**: Mir hilft es, wenn ich mal in den Arm genommen werde. *O Ja O Nein*

- **Gefühle**: Mir hilft es, wenn du meine Tränen und Gefühle da sein lässt und nicht mit bestimmten Aussagen oder Lösungen versuchst, diese zu stoppen. Es tut mir vielmehr gut, wenn du mich unterstützt, meine Gefühle auszudrücken. *O Ja O Nein*

- **Feedback**: Mir hilft es, wenn du mir zurückmeldest, wenn ich mich ständig wiederhole. Ich merke das selbst meist nicht. Dieser liebevolle Spiegel, kann mich daran erinnern, dass ich meine Gedanken besser zügeln und wieder mehr ins Fühlen kommen sollte. *O Ja O Nein*

- **Aktivitäten**: Mir hilft es, wenn du mich hin und wieder zu etwas motivierst, ob gemeinsames Joggen oder Tanzen, einen Ausflug zu machen oder einen Spieleabend mit Freunden zu veranstalten. *O Ja O Nein*

- **Weitere Bedürfnisse**: Hier findest du weitere hilfreiche oder hinderliche Dinge für mich:

  ____

  ____

  ____

Diese Bedienungsanleitung kannst du auch auf meiner Webseite herunterladen: wielandstolzenburg.de/trennung-handbuch

Der Umgang mit den eigenen Eltern

Nicht nur Freude, sondern auch unsere Eltern können eine wichtige Stütze sein. Sie waren unsere *erste große Liebe* und sind für unser gesamtes Leben von Bedeutung. Unabhängig davon, ob diese noch leben oder nicht, egal ob wir heute einen guten Kontakt zu ihnen haben oder nicht. Was wir mit ihnen erlebt haben, hat auch einen Einfluss auf den Umgang mit einer Trennung: Welchen Selbstwert, welche Ressourcen und Fähigkeiten haben wir durch sie entwickeln können und welche wunden Punkte tragen wir in uns. In meinem Buch *Beziehungsleben* geht es viel um den Kontakt zwischen uns als Kind und unseren Eltern und wie diese auf unsere Beziehungsgestaltung als erwachsene Menschen Einfluss genommen haben. Vieles davon ist uns häufig nicht bewusst – und doch wirkt der sogenannte *Beziehungsunterricht* in uns. Mit diesem Beziehungsratgeber begleite ich die Leser dabei, die eigenen Beziehungsmuster kennenzulernen und deren Einfluss auf das Verhalten in Partnerschaften.

Was haben deine Eltern mit deiner jetzigen Situation zu tun? Bereits als Kind sind wir impulsiv zu Mama oder Papa gerannt und habe uns verheult in deren Arme gestürzt, wenn wir selbst stürzten. Wir haben Trost, Geborgenheit und Halt bekommen. Wie ist die Vorstellung für dich, das heute von deinen Eltern zu erhalten? Meist denken wir, dass wir mittlerweile selbst erwachsen sind und damit nicht unsere Eltern belasten sollten. Dass wir selbst groß sind, das stimmt. Ob es tatsächlich eine Belastung für die Eltern ist, wage ich zu bezweifeln. Vielmehr habe ich die Erfahrung mit Klienten gemacht, dass das die wenigsten Eltern so empfinden. Die große Mehrheit freut sich, wenn sie auch für ihre erwachsenen Kinder da sein können und diese sich ihnen anvertrauen. Auch, wenn wir heute selbst erwachsen sind, spielt das Alter unseres Körpers nicht immer die entscheidende Rolle, Denn sobald es um seelische Verletzungen geht, wird in dem Moment der kindliche Anteil in jedem Menschen angesprochen und berührt. Das *innere Kind*. Vielleicht kennst du dieses Modell aus der humanistischen Therapie oder aus den Ratgebern von Stefanie Stahl. Für das innere Kind kann insbesondere die liebevolle und wertschätzende Zuwendung durch Mama und/oder Papa sehr heilsam sein. Wenn deine Eltern dir zuhören, dich bestärken, dir Trost spenden oder dich in den Arm nehmen, profitieren beide davon: dein inneres Kind und du als Erwachsener. Zudem können durch den Austausch und die Begegnung auch auf anderen Ebenen eine neue Offenheit und ein neuer Austausch entstehen. So habe ich es zumindest bei vielen der Menschen erlebt, welche ich begleitet habe. Häufig profitiert die Eltern-Kind-Beziehung langfristig durch das Zeigen des eigenen Trennungsschmerzes.

Es kann viel Überwindung kosten, sich mit seinem Schmerz den eigenen Eltern anzuvertrauen. Oft wissen wir nicht, wie wir das angehen sollen. Wenn dir »nur« die richtigen Worte fehlen, vielleicht können dir diese Fragen helfen: »Mama (oder Papa), du weißt ja, dass sich mein Partner von mir getrennt hat. Es ist keine leichte Zeit für mich. Wurdest du einmal verlassen und hattest Liebeskummer? Wie hast du diese Trennung verarbeitet, was hat dir geholfen?« Damit kannst du den Gesprächsfokus erst einmal auf die Seite deiner Eltern lenken und anschließend überprüfen, in wie weit du dich weiter mitteilen und selbst öffnen möchtest. Wie bei unseren Freunden, sind unsere Eltern häufig ebenfalls überfordert mit der Situation und wissen daher nicht, was sie sagen oder machen sollen. Somit hören wir auch von ihnen häufig die typischen Phrasen wie »das wird schon wieder«. Auch hier kannst du die Bedienungsanleitung von oben verwenden, um das zu erhalten, was dir guttut.

Wenn zwischen dir und deinen Eltern Funkstille herrscht oder dir deine Erfahrungen als Kind und Jugendlicher mit ihnen noch tief in den Knochen stecken, kann die Kontaktaufnahme zu Mutter oder Vater möglicherweise auch hinderlich sein und im schlimmsten Fall eine Re-Traumatisierung hervorrufen, wenn du in deiner Kindheit traumatisiert wurdest. Dann könnte es sein, dass alte Wunden aufbrechen. Gib dir die Zeit, selbst herauszufinden, ob es gut für dich ist, deine Eltern miteinzubeziehen und wenn ja, in wie weit. Vielleicht passt es auch jetzt noch nicht, dafür in einigen Monaten.

Hast du Geschwister? Wenn ja, kann auch der Kontakt zu Bruder oder Schwester eine gute Möglichkeit sein, in Austausch zu kommen und Heilung zu erfahren. Wenn du selbst Kinder hast, findest du im neunten Kapitel *Austauschen* einen Exkurs zum Umgang mit den eigenen Kindern bei deiner Trennung.

Der Umgang ohne Freundschaften

Wenn du dich zu den Menschen zählst, die aktuell keine (engen) Freundschaften haben, wird dir dieses Kapitel wohl mehr Kummer als Motivation gebracht haben. »Mit wem soll ich mich austauschen?« Oder »Hätte ich doch meinen Freundeskreis gepflegt« sind dann wohl eher Gedanken, die dich beschäftigt haben. Vielleicht sind es auch Vorwürfe, die du gegen dich richtest. Aber bringen dich diese Selbstvorwürfe weiter? Ändert sich dadurch etwas, für den Moment oder in Zukunft? Wohl nicht. Wenn du das damals bereits gewusst hättest, hättest du dich höchstwahrscheinlich anders verhalten und Freundschaften gepflegt oder aufgebaut. Doch damals hattest du deine heutige Perspektive nicht. Darum verbessern diese Selbstvorwürfe nicht dein heutiges Leben, sie verschlimmern es eher. Daher lohnt sich der Blick nach vorne. Was kannst du jetzt konkret machen und was möchtest du daraus für die Zukunft lernen?

Ja, was kannst du jetzt machen? Wer in deinem Leben steht dir am nächsten? Deine Schwester, ein Freund aus der Grundschule oder eine Kollegin? Möchtest du mit diesen Menschen Kontakt aufnehmen? Wenn es dir unangenehm ist, dich jetzt zu melden, drücke dein eigenes Unbehagen aus. Erzähle ihnen von deiner aktuellen Situation und wie du dich selbst über dich ärgerst, weil du alles außerhalb der Partnerschaft vernachlässigt hast. Das kann die Kontaktaufnahme erleichtern.

Weiter unten in diesem Kapitel findest du Hinweise, wie du mit anderen Verlassenen in Kontakt kommen kannst, das ist gleichzeitig eine gute Möglichkeit, neue Freundschaften zu knüpfen.

Begleitung: Beratung oder Therapie

Manchmal ist es neben dem Austausch mit Freunde und der Familie zielführend, sich professionelle Unterstützung zu suchen. Das kann in Form einer Begleitung bei psychologischen Beratungsstellen, eines Coachings oder einer Einzeltherapie geschehen. Es gibt immer mehr Therapeuten, die sich auf Trennungen spezialisieren beziehungsweise sich mit diesem Thema auskennen. Sie können eine wertvolle Stütze in der schweren Zeit sein. Ob für eine Sitzung oder über einen längerfristigen Zeitraum, das wirst du selbst feststellen. So kannst du von einer Trennungsberatung oder Therapie profitieren:

- Seelenbalsam in einer schweren Zeit.
- Unterstützung im Umgang mit deinen Gefühlen und Gedanken.

- Individuelle Begleitung und Unterstützung mit den für dich passenden Tipps, Übungen und Gedankenanstößen.
- Eine neutrale und externe Person, vor welcher du keine Sorgen haben musst, sie zum wiederholten Mal mit *der gleichen Geschichte* oder *deinem Jammern* zu nerven.
- Aufarbeitung der biografischen Anteile aus deinem Leben, welche mit der Trennung und deinem jetzigen Gefühlszustand zu tun haben.
- Erkennen, was zu Trennung geführt hat und wie du an dieser wachsen kannst.

Leider fällt es uns – insbesondere in Deutschland, Österreich und der Schweiz – oft schwer, diesen Schritt zu gehen. In den USA etwa ist eine Therapie mittlerweile etwas Normales, womit Menschen offen umgehen. Hier haben wir jedoch häufig Bedenken wie *Ich bin doch nicht krank* oder *Was sollen meine Kollegen/Freunde/Eltern/Kinder von mir denken …* Zu einem Therapeuten zu gehen zeugt in meinen Augen von Stärke und nicht von Schwäche. Mit Zahnschmerzen würden wir ebenfalls einen Spezialisten aufsuchen. Bei psychischen Veränderungen ist es manchmal wie beim Kitzeln: Das kann man auch nicht selbst machen.

Ein schönes Zitat zu diesem Thema kommt von Irvin Yalom, einem US-amerikanischen Psychotherapeuten und Autor: »Die meisten Menschen, die eine Psychotherapie machen, leiden unter denselben Dingen, unter denen alle Menschen leiden. Die Universalität des menschlichen Leidens, hat immer wieder zu der Beobachtung geführt, dass wir eigentlich alle Patienten sind.« Seine Bücher sind übrigens lesenswert.

Austausch: Mit anderen Betroffenen

Gleich und gleich gesellt sich gerne. Gilt dieses Sprichwort auch für Menschen, die verlassen wurden? Ich kenne keine Studienergebnisse darüber, doch in meiner Praxis wurde deutlich, dass der Austausch für viele etwas Wertvolles ist. Zwei Impulse möchte ich dir zu diesem Thema mitgeben: Der Austausch mit anderen Verlassenen in einer Trennungsgruppe oder mit Bekannten, die ebenfalls verlassen wurden.

Austausch in realen oder digitalen Trennungsgruppen
In größeren Städten gibt es Trennungsgruppen. Diese werden von Therapeuten oder sozialen Einrichtungen angeboten. Von Klienten habe ich die heilsame Wirkung dieses geführten Austausches gehört und teilweise sind sogar tiefe Freundschaften daraus entstanden.

Neben diesem Austausch im realen Leben gibt es im Internet unzählige Foren oder Gruppen in sozialen Netzwerken rund um Trennungen und Scheidungen. Dort kannst du einerseits Erfahrungsberichte von anderen lesen, erfährst von deren Weg aus dem Liebeskummer, was ihnen geholfen hat und was nicht. Anderseits kannst du dort selbst aktiv mitmachen, Fragen stellen, dich austauschen und somit etwas geben und etwas erhalten. Eine aufbauende und heilsame Erfahrung für viele Menschen.

Austausch mit Freunden, die ebenfalls verlassen wurden
Als ich mit Mitte zwanzig selbst eine Trennung durchlebte, befand sich gleichzeitig ein Bekannter in der gleichen Situation. Unsere Partnerinnen hatten sich getrennt und wir waren überfordert mit all dem, was auf uns zukam, vor allem mit dem Gefühlschaos. Wir telefonierten in der Hochphase nahezu täglich und fühlten uns verstanden. Ohne Hemmungen konnten wir voreinander heulen, fluchen, leiden und lachen. Zudem sprachen wir über Dinge, die uns im Umgang mit unserem Schmerz geholfen haben, sowie über unsere neusten Theorien, warum wir verlassen wurden und ob dies nun gut war oder nicht. Dieser Austausch war für uns beide wichtig, hilfreich und gab uns Halt. Wir planten aufgrund der nun freigewordenen Zeit im Sommer einen gemeinsamen Urlaub. Aus der Bekanntschaft ist eine enge Freundschaft entstanden, die heute noch besteht.

Aus dieser persönlichen Erfahrung heraus, kann ich dich ermutigen: Suche Kontakt zu anderen Menschen, die ebenfalls in einer Trennung stecken. Ob Freunde, die gerade das gleiche durchmachen oder Freunde von Freunden.

Verlieben: Wenn ein neuer Mensch ins Leben kommt

Wir stecken in einem tiefen Loch und wünschen uns nichts mehr, als schnellstmöglich diesen Zustand zu verlassen. Da läge es doch nah, uns einfach neu zu verlieben und somit dem Schmerz zu entkommen. Voraussetzung dazu ist natürlich, dass wir überhaupt bereit dazu sind und uns verlieben möchten. Ich nehme es gleich vorne weg: Dem Trennungsschmerz zu entkommen, indem wir uns neu verlieben, wird nicht meine Empfehlung in diesem Abschnitt sein. Wir blicken auf beide Seiten, sowohl auf die Vorteile als auch Nachteile einer neuen Liebschaft beziehungsweise Partnerschaft.

Momente des Flirtens genießen

Wieder mit jemandem zu flirten, kann eine entlastende und schöne Ablenkung sein und uns Lebensfreude und Leichtigkeit bringen – und sei es auch nur für die Dauer von 10 Minuten. Unser Schmerz kann in dieser Zeit etwas in den Hintergrund rücken und unser Selbstwert wird stabilisiert. Zu erleben, dass wir wieder Ausstrahlung und Attraktivität besitzen gibt Auftrieb für die Zukunft und zeigt uns, dass wir uns auf dem guten Weg befinden und Veränderungen möglich sind.

Solche Kontakte und Flirts können uns stärken. Solange diese nicht die einzige Ressource für deine emotionale Stabilität darstellen, genieße sie.

Folgen einer vorschnellen Partnerschaft

Kennst du auch Menschen, die in ihrem Leben nie allein waren? Vielleicht schon von der Jugend an, ging es von zuhause direkt in eine gemeinsame Wohnung mit dem Partner. Nach einer Trennung sind sie unglaublich schnell wieder in einer neuen Beziehung oder sie sind bereits in der neuen Beziehung, bevor die vorherige Partnerschaft tatsächlich vorbei ist. Dahinter steht häufig die Unfähigkeit allein zu sein oder der Glaube, es nicht zu können. Für diese Menschen wäre es ein wichtiger Persönlichkeitsentwicklungsschritt, sich mit diesem Thema auseinanderzusetzen, um nicht abhängig von einer Partnerschaft zu sein, sondern auch allein leben zu können.

Wenn wir nicht allein sein können oder wir mit dem Schmerz überfordert sind, können wir die Lösung im Außen suchen. Doch das ist nur ein Teil, denn dort werden wir nie die gesamte und vor allem nicht die nachhaltige Lösung und Heilung finden. Lebenskrisen fordern uns dazu auf, uns unserem Inneren zuzuwenden und persönlich daran zu wachsen. Wenn wir ihnen vollständig ausweichen, wird uns diese Wachstumsaufgabe an anderer Stelle wieder begegnen.

Wenn wir innerhalb kürzester Zeit eine neue, feste Partnerschaft eingehen, hat das einige Konsequenzen:

- Wir verdecken den Schmerz wie unter einem Schleier und spüren ihn durch die Verliebtheit oder Nähe zu dem neuen Partner weniger oder gar nicht mehr.
- Wir nehmen uns Möglichkeiten, uns in Ruhe mit uns zu befassen, uns zu reflektieren, zu lernen und zu wachsen.
- Wir werden den neuen Partner nicht richtig *prüfen* können, weil er mehr die Funktion der Schmerzlinderung übernimmt. Vielleicht passt er nicht zu uns, doch wir bekommen es nicht wirklich mit.

Dieser Schleier über dem Schmerz hilft und wirkt und jedem Menschen steht es frei, sich für oder gegen diese Möglichkeit zu entscheiden. Ich möchte dir an dieser Stelle nur den Impuls geben, dich erst um dich und deine aktuellen Trennungsthemen zu kümmern, bevor du eine neue, feste Partnerschaft eingehst. Im Kapitel 10 *Lernen* blicken wir ausführlich auf die Wachstumsaufgaben nach einer Trennung.

Was nimmst du aus diesem Kapitel für dich mit? Welcher Gedanke, Impuls oder welche Übung war am wichtigsten für dich? Was nimmst du dir vor? Gibt es eine Aufgabe, die du gleich jetzt oder später durchführen möchtest?

7) Lieben: Wie du zum Verzeihen und zur Selbstliebe kommst

Die Zeit im und auf dem Meer kann unangenehm und schmerzhaft sein. In diesem Zustand passiert es leicht, dass wir in Selbstmitleid versinken und uns fragen, warum wir das Ganze erleben müssen, Jemand anderes hat uns doch in diese Situation gebracht. Doch nicht nur die äußere Kälte macht uns zu schaffen, sondern auch die aus unserem Inneren, wenn wir uns für unser Verhalten selbst Vorwürfe machen oder uns ablehnen, weil wir nicht aus dem Schmerz kommen. Unser Verstand kennt vermeintlich die Gründe: »Wenn wir doch nur gut gewesen wären, dann wäre das alles nicht geschehen,« sagt er häufig.

Das Lesen aller folgenden Kapitel empfehle ich dir vor allem, wenn du den ersten Trennungsschock überwunden hast. Du profitierst weitaus mehr von den Inhalten, wenn du wieder gefestigter im Leben stehst.

In diesem Kapitel befassen wir uns mit Schuld und Vorwürfen uns selbst und unserem Ex-Partner gegenüber mit dem Ziel, uns und die Umstände anzunehmen, wie sie sind. Das ist einer der Schlüssel bei der Trennungsverarbeitung: Uns mit unseren Licht- und Schattenseiten annehmen zu lernen. Wir sehen es meist als Schwäche an, dass wir uns verletzlich zeigen. Doch ist es nicht eine Stärke, dass wir das Risiko eingegangen sind, unser Herz geöffnet haben und dadurch verletzlich waren? Es würde weniger von einer inneren Stärke zeugen, wenn wir unser Herz verschließen und jederzeit alles kontrollieren wollten. Doch wenn wir es öffnen, kann es auch leichter getroffen werden. Mit einigen Folgen befassen wir uns auf den kommenden Seiten.

Schuldzuweisungen: Von der Opferrolle und Abhängigkeit zurück in die eigene Kraft

Wenn wir verlassen wurden, landen wir häufig und automatisch in einer Opferrolle: *Ich armer Tropf wurde verlassen* oder *Das Leben ist gemein zu mir!* Das sind alles nachvollziehbare Gedanken. In der ersten Zeit nach der Trennung ist es okay, sich in diesem Zustand zu befinden und zu leiden. Blöd ist es nur, wenn wir ewig im Leidmodus verharren. Zumindest blöd für uns, denn unser Ex-Partner hat wahrscheinlich kein Problem damit, falls er überhaupt von unserer Opferrolle weiß.

Die Mechanismen des Opferrolle

Die Opferrolle zu durchschauen kann schwierig sein, wenn wir selbst drinstecken. Zudem wird jedem Versuch von außen, der einem das spiegelt, meist mit Widerstand begegnet. Manche Menschen verharren bereits einen Großteil ihres Lebens in der Opferrolle und man erkennt sie häufig an einem wehleidigen Ausdruck: *Die Umstände oder andere Menschen sind verantwortlich dafür, dass es mir schlecht geht.* Dieser Glaube ist tief verwurzelt. Ihnen fällt es schwer, zu erkennen, dass sie selbst zu ihrer Lebenssituation beitragen. Meist liegt die Ursache einer rigiden Opferrolle in der eigenen Lebensgeschichte, sodass diese Menschen es häufig nicht anders kennen. Diese Haltung war früher einmal wichtig und richtig, doch ist sie das heute noch? Was ist der Gewinn und Preis dieser Schuldzuweisungen?

- **Der Gewinn der Verantwortungsabgabe**: Man hat einen Verantwortlichen für das eigene Leben. Es liegt somit an anderen Menschen oder Situationen, wie es einem geht. Man kann und muss demnach nichts machen, außer auf Veränderung im Außen zu warten und sich zu beschweren. Man muss sich und sein Verhalten nicht hinterfragen und kann es sich in der Opferposition »gemütlich« einrichten. Wenn Menschen sich als Opfer sehen, dann besitzen sie eine große Macht. Die Opferhaltung kann eine Form der Abwertung oder Aggression gegenüber jemand anderem sein, da man diesen Menschen damit kontrollieren und bestrafen kann. Zusätzlich schont diese Haltung unseren Selbstwert. Wenn der Ex-Partner verantwortlich ist, sind wir fein raus. Indem wir ihn kritisieren, können wir uns selbst erhöhen und besser fühlen. Wenn wir mit dieser inneren unbewussten Haltung bereits lange durch das Leben gehen, ist sie wie eine emotionale Heimat. Sie ist vertraut, gibt Sicherheit und Schutz.
- **Der Preis der Verantwortungsabgabe**: Wenn wir anderen die Verantwortung geben, warten wir möglicherweise ein Leben lang

darauf, dass endlich jemand kommt, der dafür sorgt, dass es uns besser geht. In unserem Fall der Ex-Partner. Doch diese Hoffnung ist meist vergebens. Unser persönliches Wachstum wird dadurch verhindert ebenso wie das emotionale Loslassen von unserem Ex-Partner. Häufig zahlen auch die Menschen um uns herum einen Preis, indem sie beispielsweise beschuldigt werden oder ihnen ein schlechtes Gewissen gemacht wird.

Wir selbst können entscheiden, wie lange wir uns in dieser Rolle befinden möchten. Wie steht es um dich? Befindest du dich aktuell in der Opferrolle, übernimmst du Verantwortung oder stehst du irgendwo zwischen beiden Polen? Auch, wenn es sich so anfühlt, als ob der Ex-Partner verantwortlich dafür ist, wie es uns geht: Das ist nicht so. Er hat ursächlich etwas in Veränderung gebracht, was uns nicht gefällt und was wir gerne anders hätten. Er hat sich vielleicht auch unmöglich verhalten. Wie wir damit jedoch umgehen, liegt bei uns. Erinnerst du dich an das Beispiel mit Julia, die jederzeit zu spät gekommen ist und der Selbstverantwortung für unsere Gefühle?

Welchen Preis zahlen wir zusätzlich zu den oben genannten Aspekten, wenn wir nach der zweiten Trennungsphase nicht Stück für Stück in die Selbstverantwortung kommen?

- Die Opferrolle und starre Schuldzuweisungen hindern uns an der wichtigen Trauerarbeit und verhindern die emotionale Trennung.

- Die Opferrolle hält uns in einer passiven, schwachen und abhängigen Rolle gefangen und wir bleiben im Leiden und der Vergangenheit hängen. Der Glaube an eine bessere Zukunft bleibt somit wolkenverhangen.

- Mit der Opferhaltung bestrafen wir uns selbst. Auch wenn wir denken, *Wegen dir geht es mir so dreckig, ich hoffe du weißt das!* sind wir es ja, die im Schmerz bleiben und nicht unser Ex-Partner.

- Die Opferhaltung macht nichts ungeschehen und auch nichts besser.

Ein wichtiger Punkt dabei: Es geht nicht darum, die Umstände der Trennung nicht zu betrauern und zu bedauern. Das ist wichtig! Dafür sollten wir uns genügend Zeit nehmen. Doch irgendwann ist es an der Zeit, aus der Abhängigkeit in die eigene Kraft und Verantwortung zu kommen.

Der Weg aus der Opferrolle

Nachdem du nun einige Folgen die Verantwortungsabgabe kennst, wie attraktiv ist dieser Zustand für dich? Damit wir nicht im Selbstmitleid und der Opferrolle gefangen bleiben, benötigen wir andere Blickwinkel:

- **Schuld**: Wir müssen aufhören, alles dem Ex-Partner zuzuschieben. Ja, er hat sich getrennt und sich vielleicht nicht jederzeit vorbildlich verhalten. Doch wie es uns damit geht, liegt mehr an uns, als an ihm. Es sind unsere Gefühle, die schmerzen. Es ist unsere Lebensgeschichte, die sich auftut. Es sind unsere nicht geheilten Wunden, die nun wehtun. Es ist unser Ohnmachtsspeicher, der sich meldet. Das alles gehört zu uns, nicht zu unserem Ex-Partner.

- **Rechthaben**: Wir müssen erkennen, dass wir nichts davon haben, wenn wir uns im Recht fühlen oder im Recht befinden. Auch, wenn sich unser Ex-Partner vollkommen ungerecht und fies verhalten haben sollte, unser Rechthaben bringt uns nicht aus der Opferrolle. Auch, wenn wir (vermeintlich) Recht haben, bleiben wir stehen und nicht unser Ex-Partner.

- **Verantwortungsübernahme**: Wir müssen in die Verantwortung kommen, für das was passiert ist. Nicht für den *Akt* der Trennung, jedoch für unseren Anteil an der Entwicklung der Partnerschaft.

- **Verschiebung**: Manchmal gibt es andere Lebensbereiche, in welchen wir bereits vor der Trennung unglücklich waren, wie zum Beispiel der Unzufriedenheit im Job. Jetzt ist es leicht, den gesammelten Frust und die aufgestauten Gefühle an unseren Ex-Partner zu richten. Denn damit haben wir einen Verantwortlichen – und vermeintlich eine Erklärung für unseren unangenehmen Zustand – uns selbst oder anderen Menschen gegenüber. Diese Verschiebung geschieht meist unbewusst. Damit schützen wir uns anzuerkennen, dass wir selbst zu unserer unbefriedigenden Lebenssituation beigetragen haben, schon weit vor der Trennung. Wenn du dir das ins Bewusstsein rufst, kann sich daran etwas ändern. Du kannst in die Selbstverantwortung kommen und dich damit selbst befreien.

- **Differenzierung**: Hilfreich kann es sein, wenn wir die inneren Anteile in uns unterscheiden und benennen: *Ah, da gibt es einen Teil in uns, der die Schuld an den Partner abgibt und einen anderen, der Verantwortung übernimmt.* Mit dieser Differenzierung im Hinterkopf, kannst du dich schneller durchschauen, wenn du in die Opferrolle rutschst und kommst leichter wieder heraus.

Auch, wenn diese Aspekte herausfordern sind, es ist der einzige sinnvolle Weg. Es geht darum, im positiven Sinne Verantwortung zurückzugewinnen, um unseren Ex-Partner loslassen und ihm und uns selbst verzeihen zu können. Für all das, was wir nicht gut finden und fanden.

Dem Ex-Partner vergeben

Je mehr wir Verantwortung übernehmen, desto weniger ist unser Ex-Partner schuld. Als Konsequenz geschieht etwas Heilsames und Hilfreiches: Wir können ihm mehr und mehr vergeben. Ohne Zusatzaufwand. Das passiert auch nicht mit einem Mal, wie schon Martin Luther King sagte: *Vergebung ist keine einmalige Sache, Vergebung ist ein Lebensstil.* Schuld ist neben Liebe und Hass eine der drei Bindungskräfte. Solange noch Schuldvorwürfe vorhanden sind, sind wir noch emotional an den Ex-Partner gebunden. Sobald wir ihm mehr und mehr vergeben können, desto leichter wird unser eigenes Leben. Wir warten nicht mehr darauf, dass er zu uns kommt und uns »rettet«, weil wir verstanden haben, dass wir das nur selbst machen können.

Eine weitere Perspektive auf Vergebung findest du im letzten Kapitel *Freuen* im Abschnitt *Dankbarkeit.*

Selbstvorwürfe: Von Vorwürfen zum Verzeihen dir selbst gegenüber

Nach einer Trennung müssen wir nicht nur mit dem Verlust kämpfen, sondern meist auch mit einem gnadenlosen Kritiker: Uns selbst. Diese innere Stimme kann uns das Leben manchmal zur Hölle machen. Wir begegnen uns selbst mit Ablehnung und Abwertung. Wir wären gerne anders, hätten uns gerne anders verhalten, denken an unsere Fehler und Schwächen. Jeder Kritiker von uns hat ein anderes Spezialgebiet. Das machen wir in einer Situation, in welcher wir ohnehin einen beschädigten Selbstwert haben und meist wie hilflose Kinder sind. Wenn wir nicht psychisch, sondern körperlich verletzt worden wären, würden wir dann das Gleiche machen? Würden wir beispielsweise eine vorhandene Schnittwunde mit einem Messer noch weiter vertiefen? Sicher nicht.

Was wir in dieser Zeit bräuchten ist Liebe und Annahme, Rücksicht und Mitgefühl. Doch das können wir uns selbst nur schwer geben, sondern hatten das lieber von unserem Ex-Partner. Wie wir mit diesen selbstzerstörerischen Gedanken umgehen können, damit beschäftigen wir uns in diesem Abschnitt.

Auf den ersten Blick erscheint es vielleicht widersprüchlich, dass wir – wie im vorherigen Kapitel beschrieben – nach einer Trennung Vorwürfe an unseren Ex-Partner richten und in einer Opferrolle stecken sowie gleichzeitig uns selbst etwas vorwerfen. Doch dieses Wechselbad zwischen Fremd- und Selbstvorwürfen ist durchaus üblich.

Der Umgang mit der Schuld

Wir fühlen uns schuldig. Wir haben versagt oder etwas falsch gemacht. Es fühlt sich ein wenig so an, als ob wir uns selbst missbraucht haben. Das zeigt sich bei jedem Menschen unterschiedlich, auch in der Intensität. Am liebsten würden wir alles rückgängig machen. Leider lässt sich die Schuld nicht wie ein Schalter an- oder abschalten. Mit diesem flauen Gefühl im Magen wachen wir morgens auf und schlafen abends auch wieder ein.

Dabei gilt es, eine Unterscheidung zu machen: Bei einer *realen Schuld* kann ich etwas machen, ich kann den Schaden ersetzen wie etwa die Tasse, welche ich fallen gelassen habe. Bei *Schuldgefühlen* sieht es schon anders aus, denn ich habe andere nicht beschädigt. Es sind meist falsch verstandene Verantwortlichkeiten und wir fühlen uns für etwas verantwortlich, was nicht sein müsste. Häufig sind wir dabei die einzigen Menschen, die uns für das ankreiden, wofür wir uns schuldig fühlen. Versuche dir einmal die folgenden Fragen in Ruhe selbst zu beantworten: »War mein Verhalten Absicht? Hätte ich es damals schon anders machen können? Was spricht dafür, dass ich es damals nur so konnte?« Verändert sich dadurch etwas in dir? Einige Sätze, mit denen ich mit meinen Klienten gearbeitet habe, möchte ich dir mitgeben. Diese kannst du dir selbst sagen, gerne auch in abgewandelter Form:

- *Ich trage keine Schuld, ich bin höchstens daran beteiligt.*

- *Ich habe mich damals so verhalten, weil ich es in dem Moment so gebraucht oder gefühlt habe. Dazu stehe ich heute.*

- *Wenn ich es damals bereits anders gekonnt hätte, hätte ich es auch anders gemacht. Das war damals die beste Version von mir. Ich konnte mich damals nur so verhalten, mir standen keinen anderen Mittel zur Verfügung. Heute würde ich es möglicherweise anders machen.*

- *Ich habe nicht versagt, ich habe etwas gelernt. Denn ich habe mein Bestes gegeben, auch wenn nicht alles geklappt hat. In Zukunft weiß ich es besser.*

- *Es gab Gründe, warum ich mich so verhalten habe. Wahrscheinlich kenne ich sie selbst nicht alle, doch das bedeutet nicht, dass es sie nicht gibt.*

Ein weiterer kleiner Ausschnitt aus meinem Buch *Männer verstehen für Dummies:* Im Vergleich zu Frauen, die nach einer Trennung häufiger die Schuld bei sich suchen und Selbstzweifel haben, ist dieses Verhalten bei Männern im Durchschnitt geringer ausgeprägt. Sie durchleuchten seltener alle Konflikte, Streits oder Aussagen und überlegen sich seltener, was sie falsch gemacht haben oder anders machen hätten können. Häufig weisen sie Mitverantwortung für das Beziehungsende von sich.

Das kann als Konsequenz haben, dass sie sich im Vergleich zu vielen Frauen einerseits seltener schuldig fühlen und andererseits, dass sie sich persönlich weniger weiterentwickeln, da es ja dann keinen Grund dafür gibt.

Möglichkeit dir selbst zu verzeihen

Solange Schuld vorhanden ist, wir uns selbst Dinge vorwerfen und uns diese nicht verzeihen können, kann keine wahre Heilung geschehen. Damit du nicht darin stecken bleibst, habe ich die Aspekte zusammengetragen, welche sich in meiner Praxis bewährt haben. Wie kann es uns demnach gelingen, mit diesen Gefühlen der Schuld zu leben?

- **Ehrlichkeit**: Wenn du dein Schuldgefühl verwandeln möchtest, kommst du nicht darum herum, in den Spiegel zu blicken – ehrlich und direkt. Es geht um die Erkenntnis und das Eingeständnis, dass wir manche Dinge ignorierten und verdrängten und wir wie jeder Mensch Fehler und Schwächen haben. Das gilt es anzunehmen.

- **Annahme**: Es geht darum, den Anteil von uns, für welchen wir uns schuldig fühlen, in unser Selbstbild zu integrieren. Beispielsweise, dass ich fremdgegangen bin und sich mein Partner daraufhin getrennt hat. Oder, dass ich auch fies, unehrlich oder verletzend sein kann. *Ja, das bin ich auch, das gehört auch zu mir!* Diese unbeliebten Anteile in unser Selbstbild zu integrieren kostet Energie und Zeit, doch es lohnt sich. Solange du ausschließlich die Sonnenseiten zu dir nimmst und alles andere ablehnst und wegschiebst, besteht viel Raum für Schuld. Schuldgefühle gehen nicht weg, vielmehr verwandeln sie sich, wenn wir sie annehmen.

- **Verborgenes**: Wenn wir Schuldvorwürfe gegen unseren Ex-Partner richten, liegen häufig Wut oder Groll darunter. Solange du diese Gefühle unter Verschluss hältst und nicht ausdrückst, werden sich deine Vorwürfe nicht verändern und du kannst deinen Ex-Partner nicht loslassen. Es geht demnach darum, dass du deine Wut oder deinen Groll ausdrückst, indem du einen Brief schreibst oder ein Wut-Gedicht verfasst.

- **Bewertung**: Wenn sich unser Partner von uns trennt, haben wir häufig folgenden Glaubenssatz: *Ohne mich geht es ihm gut. Im Umkehrschluss heißt das ja dann, dass es ihm wegen mir schlecht ging.* Diese Schlussfolgerung stimmt jedoch nicht. Dem Partner ging es nicht wegen dir schlecht, sondern wegen seinen Lebensthemen, die du oder andere Menschen und Situationen in ihm berührt haben. Denn wie du, trägt auch er die Verantwortung für seine Gefühle, seine Reaktion und sein Leben.

- **Mitgefühl**: Wie würdest du einem Kind begegnen, welches einen schweren Schicksalsschlag erlitten hat und traurig oder hilflos ist? Du würdest ihm wahrscheinlich wohlwollend, verständnisvoll, offen und liebevoll begegnen, es in den Arm nehmen und für es da sein. Das ist die innere Haltung, welche wir uns selbst gegenüber einnehmen sollten. Anstatt uns mit dem oben beschriebenen inneren Kritiker selbst niederzumachen, benötigen wir diese liebevolle Haltung uns gegenüber.

- **Selbstfürsorge**: Kümmere dich um dich. Wie im vorherigen Aspekt auf das Innere, gilt es auch für das Außen. Sei achtsam zu deinem Körper, esse gesund, bewege dich, gönne dir Auszeiten, ziehe Sachen an, in denen du dich wohlfühlst. Diese Selbstfürsorge zeigt deinem Unterbewusstsein, dass du dich achtest und dir selbst etwas wert bist. Dabei gefällt mir das Motto: *Lass deinen Ex-Partner gehen und nicht dich selbst!*

- **Zukunftsblick**: Das, wofür du dich schuldig fühlst, lässt sich nicht mehr ändern, dafür jedoch dein Verhalten ab heute. Stell dir vor, dass du in drei Jahren zurückblickst und dir die Frage stellst: »Welche Aspekte sind in diesem Zeitraum hinzugekommen, die ich jetzt bereue?« Immer, wenn du in deinen Schuldgefühlen badest und an vergangene Handlungen von dir denkst, erinnere dich an diese Frage. Dann kannst du dich bemühen, dich heute so zu verhalten, dass es dann nichts mehr zu bereuen gibt.

Uns selbst zu vergeben und ein volles *Ja* zu allen unseren Seiten zu sagen, verändert unser Leben. Dann kämpfen wir nicht mehr gegen uns, sondern kümmern uns um das, was in dem Moment wichtig für uns ist. Wir hängen nicht mehr in der Vergangenheit. Mein Lieblingszitat kommt dazu von Jack Kornfield: *Vergeben heißt, die Hoffnung auf eine bessere Vergangenheit endgültig aufzugeben.*

Der Umgang mit Kritik

Ich kenne nahezu keinen Menschen, der gerne Kritik hört. Im Austeilen tun wir uns meist leichter als im Einstecken. Die von unserem Ex-Partner direkt oder indirekt ausgesprochenen Kritikpunkte rund um die Trennung, stecken wie Dornen in unserem Körper. Dadurch fällt uns die Selbstannahme oft noch schwerer. Das Blöde daran ist, dass unser Gehirn bei negativen Einflüssen wie ein Schwamm funktioniert. Es saugt alles einfach auf. Bei positiven Einflüssen verhält es sich hingegen häufig wie eine Teflonpfanne: sie prallen leicht daran ab. Diese Mechanismen wirken umso stärker, je aktueller das Ereignis ist. Bei länger zurückliegenden Ereignissen verblassen hingegen die negativen Aspekte zunehmend.

Im Folgenden einige Gedanken zu Kritik. Als Grundregel gilt: Wer andere kritisiert, sagt dadurch vor allem, dass er mit sich selbst unzufrieden ist. Wenn er in dem Moment mit sich selbst im Reinen wäre, würde er dir anders begegnen können. Was kannst du konkret machen?

- **Rückmeldung**: Wenn du von deinem Partner kritisiert wurdest, gilt es seine Aussagen zu überprüfen. Innerlich oder im Gespräch mit ihm kannst du ihm etwa folgendermaßen begegnen: *Danke, dass du mir das rückmeldest. Ich werde mir Zeit nehmen, um meinen Anteil daran zu bedenken.* Anschließend gilt es zu überprüfen, welchen Anteil der Kritik du teilst und welchen nicht. Für die Kritik, die du als berechtig ansiehst, könntest du antworten: *Danke für deine Rückmeldung, das nehme ich zu mir, da kann ich noch etwas lernen.* Nimm dagegen Kritikpunkte, die du anders siehst, nicht auf dich und zu dir: *Du darfst das gerne so sehen, ich sehe es anders.*

- **Differenzierung**: Wir können Kritik als Abwertung unserer gesamten Person sehen oder als hilfreiche und wertvolle Hinweise, Rückmeldungen und Anregungen bezüglich unseres Verhaltens. *Person* versus *Verhalten.* Es ist quasi eine kostenlose Beratung, welche wir erhalten. Wir würden uns im Leben ohne Feedback nicht weiterentwickeln. Am meisten profitieren wir davon, wenn wir diese Hinweise für eine bessere Zukunft nutzen und nicht als Selbstvorwürfe für Vergangenes.

Wenn es Aspekte gibt, für welche du dich bei deinem Ex-Partner entschuldigen möchtest, mache es. Nicht mit der Absicht, dadurch wieder zusammenzukommen, sondern als Verantwortungsübernahme deinerseits. *Es tut mir leid und ich lasse die Schuld bei mir*, wäre eine befreiende Aussage. Dann bist du in der Verantwortungsübernahme, welche dir wie beschrieben, helfen wird, dir selbst zu verzeihen.

Selbstliebe und Selbstwert: Vom Schmerz zum vollen *Ja* dir selbst gegenüber

Wenn wir Stück für Stück aus der Opferrolle kommen, weniger Schuldzuweisungen an unseren Ex-Partner richten und lernen, uns selbst zu verzeihen, machen wir große Schritte in der dritten und vierten Trennungsphase. Und geht es dann jeden Tag etwas besser. Gelingt es uns darüber hinaus noch, uns mehr und mehr selbst zu lieben, werden wir unsere Zufriedenheit nochmals wesentlich steigern.

Unser Selbstwert, folglich den Wert, welchen wir uns selbst geben, ist einer der Schlüssel für ein erfülltes Leben und damit auch wesentlich bei einer Trennung. Nach einem Beziehungsende sind wir in unserem Selbstwert angegriffen und haben schmerzhafte Gefühle und negative Gedanken. Je nach Stabilität dieses Wertes, trifft es uns mehr oder weniger. Dass es uns trifft, ist normal und kein Grund zur Panik. Es ist in vielerlei Hinsicht ein Spiegel, wie gut unser Selbstwert tatsächlich ist. Viele Studien belegen, dass wir bei einem niedrigen Selbstwert empfänglicher sind für Angst und Stress, Ablehnungen als schmerzhafter empfinden und länger zur Verarbeitung brauchen.

Wir alle würden nach einer Trennung weitaus weniger leiden, wenn wir uns präventiv genauso gut um unsere Psyche kümmern würden, wie wir es mit unserem Körper machen. Wir wissen, dass wir Karies bekommen, wenn wir die Zähne nicht putzen, wir wissen, dass Zucker ungesund ist und wir wissen auch, dass Sport wichtig ist. Kurzfristig gesehen wird nichts Schwerwiegendes geschehen, wenn wir die Zähne nicht putzen oder etwas Ungesundes essen. Langfristig sieht das jedoch anders aus. Daher kümmern wir uns darum, der eine mehr, der andere weniger. Doch wie sieht es mit der emotionalen und psychischen Hygiene aus? Was hast du als Kind darüber gelernt, ob zuhause oder in der Schule? Wahrscheinlich kaum etwas, oder? Hätten wir für unsere psychische Gesundheit ebenso Vorbilder gehabt, Strategien und Routinen entwickeln können und gelernt, mit seelischen Krisen umzugehen, wären wir für alle kleinen und großen Herausforderungen im Leben wesentlich besser gewappnet. Eine Trennung bliebe dennoch eine Herausforderung, jedoch hätten wir andere Kompetenzen und Ressourcen und würde ihr auf einem anderen Level begegnen können. Als Gesellschaft, als Eltern und im Bildungssystem haben wir in meinen Augen diesbezüglich noch viel zu lernen und implementieren.

So sollten wir nach einer Zurückweisung unseren Selbstwert unterstützen. Wie im vorherigen Abschnitt beschrieben ist es essenziell, uns mit Mitgefühl zu begegnen. So, wie wir mit einem guten Freund umgehen würden, der verlassen worden ist. Was uns auf diesem Weg dabei helfen kann, darum geht es in den nächsten Abschnitten.

Die Entstehung unseres Selbstwerts

Wir alle kommen mit einem gesunden Selbstwert auf die Welt – auch, wenn wir uns zu diesem Zeitpunkt noch nicht darüber bewusst sind. Wenn wir keinen Selbstwert hätten, würden wir nicht von allen um uns verlangen, dass sie alles sofort stehen und liegen lassen, sobald wir etwas brauchen: Essen, Wärme, Ruhe oder Liebe – wir sind der Mittelpunkt des Universums. Kein Baby hat Selbstzweifel oder denkt, dass es nicht genug ist.

Doch was passiert dann? Es sind unsere Erfahrungen, die diese einstmals unveränderliche Selbstverständlichkeit ins Wanken bringt. Der Kontakt mit unseren Eltern ist dabei ausschlaggebend. Als Baby hängt unser Überleben von ihnen ab. Aus diesem Grund können wir die Fehler nicht bei ihnen suchen, sondern ausschließlich bei uns selbst – automatisch. Wir stellen die Eltern auf einen Sockel, denn sie sind unsere gesamte Welt und wie sie es machen, wird das einzig Richtige sein. Der Fehler liegt demzufolge bei uns.

Neben diesem *Sockel-Blick* auf die Eltern, geht es insbesondere darum, wie diese mit uns umgehen. Somit glauben wir alles, was sie zu oder über uns sagen, das Gute wie das Schlechte. Studien weisen darauf hin, dass unser Gehirn tatsächlich alles als wahr ansieht, was wir bis zu unserem siebten Lebensjahr hören: *Wenn du jetzt nicht ruhig bist … Das hast du echt gut gemacht. Wegen dir kommen wir jetzt zu spät. Ich mag dich, so wie du bist.* Doch nicht nur Urteile prägen uns. Mimik, Gestik und Verhalten beeinflussen unseren Selbstwert ebenfalls. Wenn Mama plötzlich arbeiten geht, glauben wir vielleicht, dass sie uns nicht mehr lieb hat oder, wenn sich unsere Eltern streiten, glauben wir vielleicht, dass wir schuld daran sind.

An dieser Stelle gehe ich auf die Entstehung des Selbstwertes im Kontakt zu unseren Eltern ein. Der Selbstwert hat auch andere Quellen, wie die Selbstwirksamkeit, indem wir zum Beispiel kleine Erfolge erleben, wie das erste Mal selbst Fahrrad zu fahren.

Als Kind reagieren wir auf das, was unsere Eltern uns bieten. Erst später erkennen wir, dass sie genauso Fehler gemacht haben und vieles, was unseren heutigen Selbstwert ausmacht nicht in unserem kindlichen Verantwortungsbereich lag. Doch wenn wir das verstehen, sind Selbstbilder bereits zu einer tiefen und stabilen Überzeugung geworden, häufig läuft es wie ein unbewusstes Programm in uns ab. Es fühlt sich so normal an, dass wir nicht mehr erkennen, dass es nicht die tiefe Wahrheit über uns ist. Denn was unsere Eltern und andere Menschen über oder zu uns gesagt haben, sagt nichts über unseren wahren Wert aus. Selbst, wenn wir das seit früher Kindheit so geglaubt haben. Diese Erfahrungen haben ihre Auswirkungen auf unseren Selbstwert, das ist wahr. Sie begleiten uns das gesamte Leben, bis wir uns bewusst mit ihnen auseinandersetzen oder neue Erfahrungen machen, die diesen entsprechend verändern. Wenn wir uns vorstellen, dass wir andere Eltern gehabt hätten, hätten wir andere Erfahrungen gesammelt, würden andere Glaubenssätze in uns tragen und demnach einen anderen Selbstwert besitzen. Welcher Wert ist denn dann der »richtige«?

Neben den Glaubenssätzen aus unserem Elternhaus spielt unsere Gesellschaft eine weitere Rolle. Noten, Vergleiche, Bewertungen und Aussehen lassen uns bereits in jungen Jahren spüren, dass wir nur gut sind, wenn wir etwas richtig machen, wenn wir gute Klausuren schreiben, wenn wir aufessen, wenn wir lieb und brav sind … Somit ist unser Selbstwert häufig mit unserem Tun und Erfolg verknüpft, anstelle einfach rund und froh da zu sein, weil wir sind, weil wir leben.

Unser Selbstwert im Erwachsenenalter und nach einer Trennung

Beeinflusst durch die oben beschriebenen Faktoren besitzt der eine Erwachsene einen stabileren Selbstwert, als der andere. Jeder Mensch trägt dabei verschiedene Glaubenssätze über sich selbst mit sich – häufig sind uns diese aber nicht bewusst. Beispielsweise folgende: *Ich bekomme nichts auf die Reihe. Was ich anpacke, gelingt mir. Ich bin nicht liebenswert. Ich bin liebenswert. Ich sehe nicht gut aus. Ich sehe gut aus. Ich bin ein Gewinner. Ich bin ein Versager …* Der Selbstwert ist dabei keine feste Größe, sondern verändert sich im Laufe eines Lebens und genauso im Laufe eines Tages. Es gibt Zuflüsse, die unseren Selbstwert steigern und Abflüsse, die ihn minimieren. Entweder sind es externe Zu- und Abflüsse oder welche, die von innen kommen. Meist ist unser Wert jedoch an etwas Externes geknüpft. Wenn dieses plötzlich weg ist, ob der Job, die Wohnung oder der Ex-Partner, ist unser Selbst, unser *Ich* angegriffen. So fühlt es sich zumindest an. Denn unser Selbst ist ja nicht die Wohnung, der Job oder der Partner.

Wenn sich unser Partner von uns trennt, wird unser Selbstwert demnach auf eine harte Probe gestellt und rauscht für gewöhnlich in den Keller. Häufig in ein so tiefes Stockwerk, welches wir noch nicht kennen. Der Mensch, der uns einmal geliebt hat, entzieht uns diese Liebe und lehnt es ab, in Zukunft weiter mit uns in einer Partnerschaft zu sein. Das ist einer der größten und schmerzhaftesten Ablehnungen, die wir als erwachsene Menschen erfahren können.

Das Gefühl, nicht gut genug zu sein, hat wie beschrieben nichts damit zu tun, was wir können, was wir besitzen, was wir leisten oder wie wir aussehen. Das ist leider ein weitverbreiteter Irrglaube. Leistung, Macht, Erfolg oder Aussehen helfen kurzfristig, unseren Selbstwert zu erhöhen.

Doch als stabile und langfristige Basis sind diese ungeeignet. Wenn wir unseren Wert ständig von außen spiegeln lassen, schwankt er dauernd und wir machen Dinge, nur um diesen zu stabilisieren oder zu erhöhen. Dieser Irrglaube wird deutlich, wenn wir uns die Leben manch berühmter Menschen ansehen, ob von Michael Jackson, Robin Williams, Falko oder Amy Winehouse. Alles sind berühmte, reiche und talentierte Menschen, die viel Bewunderung und Aufmerksamkeit erhielten und doch in und mit ihrem Leben zu kämpfen hatten. Ich vermute, dass diese in aller Tiefe nicht sagen konnten: »Ich bin liebenswert und genug, genauso, wie ich bin.« Solange wir das nicht in unserem tiefsten Kern wissen und spüren, sind wir abhängiger von anderen. Ich kenne nur wenige Menschen, die einen unzerstörbaren stabilen Selbstwert haben. Doch diese können uns als eine Orientierung dienen. Ein wenig so, wie die Seefahrer die Sterne als Orientierung nutzten, obwohl sie wussten, dass diese nur schwer zu erreichen sind.

Emotionale Abhängigkeit vom Partner

Meist wollen wir uns nach einer Trennung nicht mit unserer emotionalen Abhängigkeit befassen. Diese kann sich in einer Partnerschaft zeigen, wenn wir auf die Bestätigung, Anerkennung und Liebe unseres Partners angewiesen sind und uns ohne dies unzufrieden, wertlos oder ungeliebt fühlen. Je weniger wir uns selbst lieben, desto abhängiger sind wir von anderen. Am deutlichsten wird das in einer Partnerschaft. Denn dann hat dieser Mensch die Aufgabe, uns unseren Wert – oder Teile davon – zu geben, für unsere Zufriedenheit zu sorgen. Wenn er uns verlässt, fehlt das. Denn er nimmt nicht nur sein Liebe wieder mit, sondern ebenfalls all das, womit er unseren Selbstwerttopf gefüllt hat. Zurück bleibt häufig ein großes Loch. Hier gilt es, sich bewusst darüber zu werden: War, beziehungsweise bin ich emotional abhängig von meinem Ex-Partner? Wenn ja, wie sehr? Was hat er mir gegeben, was ich mir – vermeintlich – selbst nicht geben konnte? Wo war er für meine Zufriedenheit zuständig? Kann ich lernen, mir das selbst zu geben?

Selbstverständlich erhalten wir vom Partner vieles, das ist schön und gut. Es geht nicht darum, nichts mehr erhalten zu dürfen. Vielmehr geht es darum, dass wir die Abhängigkeit unseres Lebensglücks und unserer Lebenszufriedenheit vom anderen nicht übertreiben. Zudem ist es wichtig, dass der Partner nicht das gesamte Fundament davon ist, sondern ein Pfeiler unter vielen.

Vom Fremdwert zum Selbstwert

Wir sollten uns bewusst machen, dass wir alles in uns tragen: Unendliche Liebe, Ressourcen, Fähigkeiten und ein unfassbar großes Potential. Meist sehen wir das aufgrund bestimmter Erfahrungen nicht, beispielsweise vernebeln unsere Glaubenssätze diesen Blick. Insbesondere, wenn sich unser Partner trennt, schlussfolgern wir: *Wenn ich gut genug gewesen wäre, hätte er mich nicht verlassen.*

Erschwerend kommt bei der Selbstliebe häufig hinzu, dass wir diese mit Egoismus, Narzissmus oder Arroganz verwechseln. Doch das ist es nicht! Es geht darum, uns so anzunehmen und zu lieben, wie wir sind, mit allem Licht und Schatten. Jedoch nicht auf Kosten von anderen, indem wir sie ausnutzen oder uns über sie erhöhen.

Unseren bewertenden Blick auf unsere vermeintlichen Mängel sollten wir auflösen, dann verändert sich auch alles im Außen. Wir werden freier und zufriedener. Das ist ein lebenslanger Prozess und lässt sich nicht kurz mit ein paar Übungen grundlegend verwandeln. Doch gibt es einen besseren Tag als heute, um damit zu beginnen?

- **Selbstbewusstsein**: Wenn wir wissen, wer wir sind, stärken wir unseren Selbstwert. Mit dem Wort Selbstbewusstsein meine ich nicht die umgangssprachliche Bedeutung. Das Wort besteht aus Selbst und Bewusstsein. Wir haben das Bewusstsein über uns selbst, wissen wer wir sind und sind uns über unsere Fähigkeiten, Handlungen oder Schwächen bewusst. *Bist du dir deiner selbst bewusst? Weißt du, wer bist du?* Damit meine ich nicht deinen Namen, deinen Beruf oder dein Aussehen. *Wer bist du also?* Darauf gibt es in meinen Augen keine allgemeingültige Antwort, die leicht zu finden ist. Doch allein diese Frage in den Gedanken zu bewegen, verändert dein Bewusstsein. Es ist auf jeden Fall hilfreich, wenn wir erkennen, dass wir mehr sind als unsere Partnerschaft – wesentlich mehr.

- **Selbstwirksamkeit**: Wenn wir unser Leben wieder mehr in die eigene Hand nehmen und nicht auf jemand warten, der uns aus dem Loch zieht, stärken wir unseren Selbstwert. Dazu gilt es die durch die Trennung entstandenen Löcher zu identifizieren und zu füllen. Beispielsweise der fehlende Freundeskreis, der fehlende Lebenssinn oder die fehlende Selbstständigkeit. Zu erleben, dass wir von niemandem abhängig sind, bringt uns zur Selbstverantwortung und fordert uns auf, selbst aktiv zu werden. Oder wir treffen bewusst die Entscheidung, in dem Loch zu bleiben. Dann sind wir ebenfalls frei, weil wir es so entschieden haben und auf niemanden warten müssen.

- **Selbstverantwortung**: Wenn wir die Verantwortung für unser Leben und insbesondere für unsere Gefühle übernehmen, stärken wir unseren Selbstwert. Wir erkennen damit leichter unseren Wert, unsere Fähigkeiten und können Glaubenssätze wie *Ich kann das nicht* oder *Ich schaffe das nicht* verändern, indem wir erleben, dass wir zu weitaus mehr fähig sind, als wir glauben.

- **Selbstliebe**: Wenn wir uns mehr und mehr so annehmen und lieben, wie wir sind, stärken wir unseren Selbstwert. Dazu gehören insbesondere die Anteile an uns, welche wir selbst nicht mögen. Das Gute anzunehmen fällt selbstverständlich leichter. Es geht darum, *Ja* zu uns selbst zu sagen: *Ja, ich mache Fehler. Ja, ich bin ein liebenswerter Mensch. Ja, ich weiß gerade nicht weiter. Ja, das kann ich gut. Ja, ich habe gerade Angst. Ja, so bin ich.* Zu was wäre es für dich gut, *ja* zu sagen? Wenn es uns gelingt, unsere Schattenseiten zu integrieren und lieb zu haben, schmerzt uns Kritik weniger, wir leben authentischer und werden zufriedener. Doch das bedarf Übung. Selbstliebe bedeutet im Umkehrschluss nicht, dass wir genauso bleiben, wie wir sind und ab sofort im Leben einfach stehen bleiben. Die Veränderung geschieht dann, weil wir uns aus Freude heraus weiterentwickeln und nicht, weil wir vor Anteilen in uns wegrennen.

- **Selbstvertrauen**: Wenn wir lernen, uns selbst zu trauen und zu vertrauen, stärken wir unseren Selbstwert. *Vertraust du dir, diese Zeit gut zu überstehen?* Wenn wir kein Vertrauen hätten, dürften wir das Haus nicht mehr verlassen, kein Auto mehr fahren und auch nichts mehr essen. Wir könnten einen Unfall haben oder uns eine Lebensmittelvergiftung holen. Vertrauen hat stets einen Zukunftsbezug, wir können nicht in die Vergangenheit vertrauen. Das bedeutet ich habe dann das Vertrauen, mit allem umgehen zu können, was auch geschehen mag. Beispielsweise mit negativen Gefühlen und seelischen Schmerzen. Wenn ich das Vertrauen in mich habe, besteht kein Grund mehr, mich zu sorgen.

- **Bedürfnisse**: Wenn wir unsere Bedürfnisse kennen und auf diese achten, stärken wir unseren Selbstwert. *Was will ich?* ist dabei eine innere Leitfrage. Indem wir *ja* sagen, wenn wir *ja* meinen und nicht *ja* sagen, wenn wir es nicht so meinen. Denn jedes unehrliche *ja* zu anderen, ist ein *nein* zu uns selbst. Zu einem guten Umgang mit unseren Bedürfnissen gehört es zum einen, uns Zeit für uns zu nehmen, zu meditieren oder unsere Intuition zu schulen. Zum anderen Grenzen zu setzen, ohne andere zu verletzen und unsere Gefühle ausdrücken. Denn sobald wir diese unterdrücken, verletzen wir uns selbst. Zwei hilfreiche Frage dazu: »Was würde ich jetzt machen, wenn ich mich lieben würde?« Oder: »Wer oder was hindert mich daran, so zu sein, wie ich bin?«

- **Körper**: Wenn wir uns gut um unseren Körper kümmern, stärken wir unseren Selbstwert. Das kann bedeuten, uns ausreichend zu bewegen und gesund zu ernähren, aufrecht zu gehen, die Signale unseres Körpers wahrzunehmen, ihm Ruhezeiten zu gönnen und insbesondere ihn so anzunehmen, wie er ist.

- **Stärken erinnern**: Wenn wir uns unserer Stärken bewusst sind, stärken wir unseren Selbstwert. Blicke dazu einmal in deine Vergangenheit. Wann ist dir einmal etwas wirklich gelungen, wann und wie hast du eine große Herausforderung überwunden oder wie hast du schwere Gefühlszustände überstanden? Welche deiner Stärken und Ressourcen haben dir dabei geholfen? Schreibe diese Aspekte auf. Du kannst zudem Freunde und Familienmitglieder darum bitten: *Was schätzt du an mir, was empfindest du als liebenswert und welche Stärken siehst du in mir?* Das kann dich durch die Trennungszeit tragen.

- **Stärken reflektieren**: Wenn wir uns an das Gute erinnern, stärken wir unseren Selbstwert. Schreibe dir jeden Abend drei Dinge auf, die dir gut gelungen sind. Notiere jeden Aspekt auf einem kleinen Zettel. Das muss nichts Großes sein. Es reicht etwa, wie sorgsam du heute deine Zähne geputzt hast oder das freundliche *Hallo* an den Busfahrer. Sammle alle positiven Zettel in einem großen Glas, welches von nun an jeden Tag voller wird. Wenn du einmal in einem Tief hängst, wird dich das Lesen einiger Zettel stärken.

- **Stärken hören**: Wenn wir uns Positives über uns selbst erzählen, stärken wir unseren Selbstwert. Was würdest du jetzt gerne Positives von deinem Ex-Partner, deinen Eltern oder Freunden hören? Versuche einmal, dir diese Sätze selbst zu sagen. Das könnte beispielsweise sein: *Ich bin ein liebenswerter Mensch* oder *Ich mag mich so, wie ich bin.* Es laut auszusprechen hat noch eine tiefere Wirkung, als es zu denken.

- **Stärken wiederholen**: Wenn wir uns selbst häufig an unsere positive Seite erinnern, stärkt das unseren Selbstwert. Hänge dazu kleine Zettel in deiner Wohnung oder im Auto auf, zum Beispiel mit dem Satz *Ich bin gut genug.* Wiederholung ist dabei hilfreich, denn unser Verstand mag alles, was vertraut und bekannt ist. Das bedeutet für ihn Sicherheit. Je öfter du das siehst und liest, desto tiefer dringt es in dein Unterbewusstsein ein.

Ist von diesen Impulsen und Übungen etwas für dich dabei? Den Selbstwert zu stärken, ist wie ein Muskel: Übung macht den Meister. Damit wir diese innere Überzeugung tatsächlich gewinnen, benötigen wir demnach Wiederholung, Wiederholung, Wiederholung. Falls du Lust auf eine weitere Übung hast, um negative Glaubenssätze in positive zu verwandeln, kann ich dir *The Work* von Byron Katie empfehlen. Die Anleitung zu dieser Selbstwertübung findest du auf meiner Webseite: wielandstolzenburg.de/the-work

Soweit meine Gedanken zu den Themen Opferhaltung, Vorwürfe an unseren Ex-Partner sowie Selbstannahme. Was nimmst du aus diesem Kapitel für dich mit? Welcher Gedanke, Impuls oder welche Übung war am wichtigsten für dich? Was nimmst du dir vor? Gibt es eine Aufgabe, die du gleich jetzt oder später durchführen möchtest?

8) Zurückgewinnen: Worin der Sinn und Unsinn der Ex-zurück-Strategien liegt

Insbesondere, wenn wir uns auf dem Wasser einsam fühlen oder uns die stürmische See unter Wasser drückt, denken wir an unseren Ex-Partner. Oft blicken wir sehnsüchtig an den Horizont und wünschen uns, dass er mit einem großen Segelboot oder einer schönen Yacht auftaucht, zu uns auf das kleine Floß springt, uns tief in die Augen blickt und fragt, ob wir wieder ein Paar sein möchten. Perfekter Sonnenuntergang, leidenschaftliche Küsse, gegenseitiges Bedauern, romantische Zukunftsversprechen … Ein paar Sekunden später realisierst du wieder, dass die Realität anders aussieht. Häufig nutzen wir dann die Zeit auf dem endlosen Meer, um uns zu überlegen, wie wir ihn am besten von der Fortsetzung der Beziehung überzeugen können. Gibt es da nicht diese Ex-zurück-Strategie?

In diesem Abschnitt möchte ich diese Strategien kritisch beleuchten und aus einem umfassenderen Blickwinkel betrachten. Falls du nicht (mehr) den Wunsch hast, mit deinem Ex-Partner zusammenzukommen, kannst du dieses Kapitel gerne überspringen.

Wir wünschen uns unseren Partner zurück, möchten ihn an unserer Seite haben, ihn spüren, ihn küssen. Dafür machen Menschen die unglaublichsten Dinge, die sie normalerweise nie machen würden. Sie jammern, sie betteln, sie locken mit Sex, versuchen den anderen eifersüchtig zu machen … Wenn man es nüchtern von außen beobachtet, machen sich manche lächerlich. Niemand würde auf diese Art und Weise versuchen, jemanden zu einer Partnerschaft zu überzeugen, mit dem man noch nie zusammen war.

Gründe, warum wir die Partnerschaft wieder möchten

Welche Bedürfnisse stehen hinter dem Ziel, wieder mit dem Ex-Partner zusammenkommen? Warum bemühen wir uns manchmal dermaßen darum? Es liegt auf der Hand:

- Wir möchten die negativen Gefühle nicht mehr.
- Wir möchten unseren Selbstwert stabilisieren.
- Wir möchten keine Zukunftsängste mehr haben.
- Wir möchten Liebe, Annahme und Bestätigung erhalten.
- Wir möchten wieder Sicherheit und Zukunftspläne haben.
- Wir möchten – wenn wir Eltern sind – aus unseren Kindern keine Scheidungskinder machen.

Es gibt individuell noch viele weitere Gründe und Bedürfnisse. Wenn man all diese bis auf ihren Grund verfolgt, wird man nahezu ausschließlich auf das Entkommen aus dem Schmerzzustand stoßen. Hinzu kommen diverse Bedenken, Sorgen und Ängste im Hinblick auf die Zukunft – die im weitesten Sinne auch mit Schmerz verbunden sind. Dieser Antrieb weg vom Negativen ist gut nachvollziehbar. Doch die erhoffte Schmerzvermeidung ist der schlechteste Grund, den Ex-Partner zurückhaben zu wollen. Wenn das bei dir der Fall ist, wirst du wahrscheinlich feststellen, dass dieses Sich-Eingestehen nicht leichtfällt. Das geschieht daher häufig erst nach Monaten und darf so sein.

Ich möchte dir einige Aspekte nennen, die in meinen Augen dagegensprechen, zum jetzigen Zeitpunkt deine Energie auf die Zurückeroberung deines Ex-Partners zu verwenden. Zumindest solange, bis du die Trennung vollständig überwunden hast. Ob du es ebenfalls so siehst, bleibt selbstverständlich dir überlassen.

- **Wir übergeben die Verantwortung für unsere Zufriedenheit an den Ex-Partner**: Ein Leben ohne diesen Menschen führt zu seelischen Schmerzen und körperlichen Begleiterscheinungen. *Mit Partner gut, ohne Partner schlecht*, wäre die kürzeste Zusammenfassung. Wenn wir dieser Schlussfolgerung glauben, machen wir uns abhängig von unserem Ex-Partner und geben ihm viel Macht. Damit es uns wieder gut geht, müssen wir mit ihm nur wieder zusammenkommen. Wir sind abhängig von der Entscheidung eines Menschen, den wir nicht direkt beeinflussen können – unserem

Ex-Partner. Unsere Zufriedenheit hängt an einem seidenen Faden, den wir nicht spinnen.

- **Wir haben eine verzerrte Wahrnehmung**: Unsere Motivation ist, wie erläutert, meist schmerzgetrieben, selbst wenn wir das meist im akuten Trennungsschmerz nicht so bezeichnen und sehen. Es ist ein wenig wie ein drogenabhängiger Mensch, der ausschließlich *Drogen* im Kopf hat und alles drum herum ausblendet. Unser Ziel ist es, den Ex-Partner zurückzugewinnen. Doch wie ein Drogenabhängiger können auch wir uns in dieser Phase ebenfalls nicht vollständig auf unser Bauchgefühl und unsere Urteilsfähigkeit verlassen. Mit der Folge, dass wir aufgrund dessen Dinge falsch oder verzerrt einschätzen, ein Beispiel: Ich habe in meiner therapeutischen Arbeit viele Menschen begleitet, die zunächst selbst Trennungsabsichten hatten, bevor sich dann ihr Partner *schneller* von ihnen trennte. Die eigenen Trennungsgedanken sind dann plötzlich wie verschwunden und sie sind der vollen Überzeugung, dass der Ex-Partner perfekt war und alles gut gepasst hat. Sie erkennen in diesem Zustand nicht, dass dies nur ein Teil der Wahrheit ist. Alles, was uns Menschen ohne unsere Entscheidung weggenommen wird, scheint attraktiv und wir wollen es haben – wie bei Kindern mit Spielzeugen. Erst wenn wir wieder gefestigter im Leben stehen, können wir erkennen, ob wir den ehemaligen Partner »nur« zur Schmerzvermeidung zurückhaben möchten (Abhängigkeit), oder ob es tatsächlich um mehr geht (Liebe). Diese Abhängigkeit und Liebe verwechseln wir häufig, wenn wir uns in der ersten und zweiten Trennungsphase befinden.

- **Wir halten uns selbst länger im Schmerz gefangen**: Solange wir unsere Zeit und Energie dafür investieren, um wieder mit unserem Ex-Partner zusammenzukommen, werden wir die Trennung nicht akzeptieren können. Klar, das möchten wir in diesem Moment auch nicht. Dennoch ist es hilfreich, sich bewusst zu machen, dass die Hoffnung auf ein glückliches Zusammenkommen zwei Seiten hat. Einerseits kann sie etwas Hilfreiches und Unterstützendes für die ersten Tage und Wochen nach dem Beziehungsende sein. Andererseits hält sie uns jedoch gefangen, weil wir den neuen Beziehungsstatus leugnen, in der Hoffnung, dass es doch nochmal klappt. Somit blockieren wir uns selbst und verhindern einen wichtigen Schritt aus dem Trennungsschmerz. Es ist ein wenig wie ein Spreißel im Fuß, der bei jedem Schritt schmerzt. Doch aus Angst, dass das Herausziehen des Spreißels noch viel mehr wehtut, lassen wir ihn stecken. Selbstverständlich schmerzt das Herausziehen des Spreißels. Doch erst dann kann unser Fuß heilen. Ähnlich ist es mit seelischen Schmerzen und der Entscheidung, die Hoffnung loszulassen.

Soweit drei Gedanken, die gegen ein Zurück in die Partnerschaft sprechen. Am Ende des Abschnittes zeige ich dir weitere Gedanken und Fragestellungen, die dir weitere Perspektiven ermöglichen.

Umgang mit dem Wunsch, den Ex-Partner zurückzugewinnen

Im Folgenden blicken wir auf Verhaltensweisen, die dir eine Orientierung im Umgang mit dir und deinem Ex-Partner geben können. Es geht um diese Themen:

- Den Partner auf Abstand halten
- Den eigenen Verstand durchschauen
- Dem Ex-Partner Versprechen machen
- Den Ex-Partner mit Strategien und Manipulationen zurückgewinnen
- Mit dem Ex-Partner eine On-Off-Beziehung führen
- Mit dem Ex-Partner im Bett landen

Den Partner auf Abstand halten

In den allermeisten Fällen ist es das Beste, nach einer Trennung keinerlei Kontakt zum Ex-Partner zu suchen und unsere Energie und Zeit in die eigene Heilung zu investieren. Denn einen möglichen Beziehungswunsch des Ex-Partners können wir nicht direkt beeinflussen. Den einzigen Menschen, bei dem wir den vollen Einfluss haben, sind wir selbst. Somit ist es am sinnvollsten, wenn wir uns mit uns und unserer Gefühlswelt auseinanderzusetzen und den Aspekten aus den Kapiteln *Annehmen, Fühlen* und *Denken.*

Wenn es uns gelingt, den gesamten Fokus auf uns selbst zu richten und uns gut um uns zu kümmern, profitieren wir langfristig am meisten davon. Wir stehen am Ende des Trennungsprozesses wesentlich freier, unabhängiger und selbstbewusster im Leben. Das hilft uns in beiden Fällen: Wenn wir nicht mehr mit unserem Ex-Partner zusammenkommen, sind wir bereits wichtige Entwicklungsschritte gegangen und stecken nicht im Stadium der Hoffnung fest. Falls wir wieder mit dem Ex-Partner zusammenkommen, sind wir in der Zwischenzeit persönlich gewachsen und nicht die Schmerzvermeidung, sondern im besten Fall die beidseitige Zuneigung und Liebe sind Basis eines Beziehungsneuanfangs.

Den eigenen Verstand durchschauen

Unser Verstand meldet sich auf die oben genannten Aspekte häufig mit vielen Gegenargumenten. Einige Beispiele möchte ich hier nennen. Es sind Impulse und nicht die Wahrheit. Wenn du noch tief im Trennungsschmerz steckst, dann überspringe diesen Abschnitt am besten, weil wir diese Dinge häufig nicht wahrhaben können und eher in den Widerstand gehen. Wenn nicht, dann zeige ich dir einige Antworten, wie du deinem Verstand begegnen kannst. Häufige Gedanken, die eine klare und klärende Antwort benötigen:

- **»Nein, hinter meiner Motivation steht nicht die Schmerzvermeidung, ich liebe diesen Menschen wirklich.«** Wenn du diesen Menschen tatsächlich liebst, möchtest du, dass es ihm gut geht, richtig? Dann respektiere seine Entscheidung, denn er hat sich getrennt, weil es ihm damit besser geht als in der Beziehung. Auch wenn das wehtut. Wenn dir das gelingt, wäre es *bedingungslose* Liebe von deiner Seite. Wenn du es für dich machst, ist es keine Liebe, sondern emotionale Abhängigkeit.

- **»Ich sehe so viel Potential in unserer Partnerschaft und möchte ihn nicht verlieren.«** Es kann gut möglich sein, dass die Beziehung viel Zukunftspotential hat, doch dein Partner hat sich für eine Zukunft ohne dich entschieden. Das gilt es zu akzeptieren.

- **»Ich möchte diesem Menschen beweisen, dass ich ein guter Partner sein kann.«** Hattest du keine Möglichkeiten gehabt, der beste

Partner für deinen Partner zu sein? Warum hast du das nicht bereits gemacht, als ihr noch zusammen wart und bist erst nach dem Verlust dazu bereit?

Ich hoffe, dass du diese Direktheit annehmen kannst und sie dir Klarheit bringt.

Dem Ex-Partner Versprechen machen

Nachdem wir verlassen worden sind, haben wir meist eine Idee, warum der Partner gegangen ist. Möglicherweise hat er uns auch Trennungsgründe genannt. Für gewöhnlich schlussfolgern wir daraus: Wenn wir diese Dinge ab sofort machen oder verbessern (zum Beispiel wieder mehr Nähe zulassen und mehr Interesse zeigen), beziehungsweise weniger machen (zum Beispiel weniger klammern oder kritisieren), dann werden wir wieder attraktiver für unseren Partner. Darum erzählen wir ihm von diesen Erkenntnissen und verspreche ihm, dass wir uns diesbezüglich verändert haben und in Zukunft anders verhalte werden.

Glaubst du, dass diese Versprechen nachhaltig sind? Laut meiner Erfahrung sind sie das nicht. Es gibt sicherlich Verhaltensweisen, die wir in kurzer Zeit und allein aufgrund einer Entscheidung verändern können, wie in der Verliebtheitsphase. Hier sind ebenfalls bestimmte Muster von beiden Partner unsichtbar und wir glauben, dass wir uns tiefgreifend verändert haben. Doch irgendwann kommen bei beiden die tiefen Themen wieder zum Vorschein. So ist es auch mit Verhaltensänderungen nach einer Trennung. Denn die wenigsten tiefen Themen in Beziehungsfragen können wir allein durch eine Entscheidung und pure Willenskraft verändern. Das ist nur der Beginn. Denn häufig liegen bewusste oder unbewusste Gründe und unsere gesamte Lebensgeschichte dahinter. Wenn wir diese kennenlernen und verwandeln möchten, benötigen wir unsere Gefühlswelt und ausreichend Zeit.

Dieser realistische Blick kann uns helfen, uns und unserem Partner nichts vorzumachen. Ich kann mir vorstellen, dass du dir diese Veränderungen tatsächlich wünschst und im Augenblick der festen Überzeugung bist, dass du es zukünftig anders machen wirst. Wir glauben in dem Moment tatsächlich, dass wir diese Versprechen einhalten können. Das kenne ich von mir und von vielen Menschen aus meiner Praxis. Doch mit hoher Wahrscheinlichkeit, besteht die oben beschriebene Differenz zwischen Wunsch und Wirklichkeit.

Das klingt vielleicht frustrierend. Diese Gedanken können dir jedoch dabei helfen, nicht in diese Versprechensfalle zu tappen. Stell dir vor, dass dein Partner dir deine Versprechen abnimmt und ihr aufgrund dessen wieder zusammenkommt. Dann gelingen dir einige Verhaltensveränderungen am Anfang tatsächlich, doch früher oder später kommt die alte Version wieder zum Vorschein. Wie wird dein Partner darauf reagieren? Er wird sich hintergangen vorkommen und die Wahrscheinlichkeit ist hoch, dass er wieder mit Trennungsgedanken spielt.

Zudem wird bei dieser einseitigen Verantwortungsübernahme *Ich verbessere und verändere mich* von deiner Seite aus völlig übersehen, dass dein Ex-Partner ebenfalls seinen Anteil zum Ende der Beziehung beigetragen hat. Doch er müsste nicht an sich arbeiten, seinen Anteil kennenlernen und in Verwandlung bringen, wenn du deine Versprechungen machst. Er wird eher wie von einem Thron aus beobachten, ob es sich tatsächlich verbessert. Denn die Neuaufnahme der Beziehung war ja in diesem Fall vor allem von dir initiiert. Inwieweit es sein eigener Wunsch war, wissen wir nicht. Somit wird seine Motivation, an sich zu arbeiten erfahrungsgemäß niedrig bis nicht vorhanden sein.

<u>Den Ex-Partner mit Strategien und Manipulationen zurückgewinnen</u>

Wie beschrieben, sehen wir es häufig als die beste und einzige Möglichkeit an, unseren Ex-Partner zurückzuerobern, um unserem Schmerz und den negativen Gefühlen zu entkommen. Es gibt unglaublich viele Bücher und Onlinekurse zum Thema *Ex-zurück-gewinnen.* Dabei werden die besten Strategien, Tipps und Tricks vorgestellt, wie das mit bestimmten Verhaltensweisen gelingen kann – teils mit abenteuerlichen Versprechen. Wie in keinem anderen Lebensbereich investieren viele Menschen viel Zeit, Energie und Geld in die Umsetzung dieser Taktiken und Strategien. Zumindest habe ich selten davon gehört, dass sich Menschen nach einer Kündigung des Jobs oder der Wohnung oder dem Ende einer Freundschaft dermaßen ins Zeug legen, den alten Zustand wiederherzustellen. Der Vergleich hinkt, das stimmt – und doch kann er zum Nachdenken anregen.

Der Name *Ex-Partner-zurückgewinnen* ist in meinen Augen die falsche Bezeichnung. Unser Partner ist ja gegangen, weil er diese Partnerschaft nicht mehr führen wollte. Warum sollte er also freiwillig in etwas zurückkehren, was er bewusst verlassen hat? Es würde höchstens um einen Neuanfang gehen, und nicht um ein Zurück in die alte Beziehung, doch dazu später mehr. Darüber hinaus wird bei der Betrachtung der verwendeten Worte rund um die Ex-zurück-Strategien deutlich, dass diese aus der Militärsprache kommt: Kampf, Strategie, Taktik oder Gewinnen. Mit Liebe hat das wenig zu tun, denn diese möchte frei sein und nicht manipuliert oder erkämpft werden.

Niemand hat das Recht, jemand anderem den eigenen Willen aufzuzwingen. Das bringt langfristig ausschließlich Leid – vor allem dir selbst. Auch, wenn das in deiner jetzigen Situation schwer vorstellbar ist. Es gibt glückliche Beziehungen nach dem Erfolg der Ex-zurück-Strategien. Doch häufig sind sie nicht dauerhaft, da der Partner ja *nur* aufgrund der ausgeklügelten Maßnahmen wieder Interesse an dir zeigt und nicht, weil er dich – so wie du bist schätzt und liebt. Er schätzt somit viel mehr die sich strategisch verhaltende Version von dir. Diese wird, wenn ihr wieder zusammen seid, relativ schnell verschwinden.

Mit dem Ex-Partner eine *On-Off-Beziehung* führen

Es gibt nicht wenige Paare, welche nach der Trennung in einen sogenannten On-Off-Beziehungsstatus rutschen. Mal sind sie zusammen, dann wieder getrennt. Häufig kommen sie zusammen, weil der verlassene Partner den anderen überzeugt, ihm nochmals eine Chance zu geben. Meist trennt sich ebenfalls wieder der Partner, von dem die erste Trennung ausging. Dieses *Spiel* kann sich oft wiederholen. Für dich, der verlassen worden ist, hat es zwei Seiten. Wenn ihr wieder zusammenkommt, sind die Schmerzen weg und die Hoffnung da, dass die Beziehung nun dauerhaft Bestand hat. Wenn er sich erneut trennen sollte, landest du wieder im Tal der Tränen und die Trennungsverarbeitung beginnt für dich von vorne.

Wenn das öfter passiert, lernt dein Gehirn, dass dies das beste Heilmittel gegen Liebeskummer ist: Wieder mit ihm zusammenzukommen, um dem Schmerz zu entkommen. Das verhindert jedoch die wirkliche Verarbeitung und führt zu einer noch größeren emotionalen Abhängigkeit. Mach dir das bewusst und prüfe für dich gut, ob und wenn ja wie oft du dieses Wechselspiel mitmachen möchtest.

Mit dem Ex-Partner im Bett landen

Nicht wenige Paare landen zudem nach dem Beziehungsende zusammen im Bett. Beide haben etwas davon. Der Verlassene bekommt Zeit und Nähe mit dem Ex-Partner, sein Schmerz bekommt eine Ruhepause und seine Hoffnung Nahrung. Der andere bekommt unverbindlichen und leicht zu habenden Sex und ebenfalls Nähe und Austausch.

Wie du im Buch wahrscheinlich festgestellt hast, gebe ich mehr Impulse und Ideen, anstatt klare Regeln. Doch an dieser Stelle ist es anders. Kein Sex mit dem Ex, solange dieser sich nicht wieder verbindlich auf die Beziehung eingelassen hat. Obwohl es vermeintlich zwei Gewinner gibt, ist es letztendlich ausschließlich einer: Dein Ex-Partner. Dich wird mit hoher Wahrscheinlichkeit die Sehnsucht nach dem Menschen und der Wunsch nach Nähe dazu veranlassen. Egal, ob du es selbst initiierst oder dein Ex-Partner. Er hat es leicht und trifft auf einen Menschen, der verletzlich ist und momentan nicht gut auf sich aufpassen kann. Selbst, wenn sich seine und deine Gefühle noch so echt anfühlen, empfehle ich dir nicht intim zu werden.

Perspektivwechsel für eine neue Sicht

Ich möchte dir einige Gedanken und Anregungen mitgeben, die dir eine andere Sichtweise auf den Wunsch, wieder mit deinem Partner zusammenzukommen, ermöglichen können:

- **Dein Wunsch**: Möchtest du mit jemandem zusammen sein, der dich nicht mehr an seiner Seite haben möchte? Ist dein Traumpartner tatsächlich jemand, der dich nicht als seinen Partner möchte, der dich nicht liebt? Warum willst du deine Lebenszeit mit jemandem verbringen, der dich nicht will? Würdest du dich gleich verhalten, wenn jemand eine Freundschaft beendet oder beispielsweise dein Musiklehrer nicht mehr mit dir zusammenarbeiten möchte?

- **Deine Bewertung**: Vermutlich idealisierst du deinen Ex-Partner wie viele Verlassene und stellst ihn auf ein Podest. Sobald wir jemand anderen überbewerten, bewerten wir uns dann nicht unter? Es verhält sich wie bei einer Wippe: Indem du ihn oben lässt, bleibst du unten. Denke einmal darüber nach, wie viel Wert du deinem Ex-Partner und wie viel Wert du dir selbst damit gibst?

- **Deine Strategie**: Wenn du von den Ex-Zurück-Strategien überzeugt bist, stelle dir die folgenden Fragen: »Möchte ich von jemandem geliebt werden, der mich nur dann liebt, wenn ich taktiere und kämpfe?« Was ist das für eine Liebe, wenn diese nur so wieder zum Leben erweckt werden kann? Möchtest du nicht geliebt werden, wie du bist, ohne den anderen erst beeinflussen oder überreden zu müssen? Wie authentisch und nachhaltig kann eine Partnerschaft auf dieser Basis sein? Direkt nach der Trennung wird unsere Antwort auf diese Fragen meist anders ausfallen, als zu einem späteren Zeitpunkt. Je mehr der Schmerz uns zum Partner zurückdrängt, desto schwerer finden wir unsere echte und authentische Antwort. Mir fällt dazu das Zitat von Konfuzius ein: »Was du liebst, lass frei. Kommt es zurück, gehört es dir – für immer.«

Nimm dir genügend Zeit und Ruhe, über diese Punkte nachzudenken. Was nimmst du aus diesem Kapitel für dich mit? Welcher Gedanke, Impuls oder welche Übung war am wichtigsten für dich? Was nimmst du dir vor? Gibt es eine Aufgabe, die du gleich jetzt oder später durchführen möchtest?

Schon gewusst? Es bedeutet Arbeit, falls ihr wieder zusammenkommt

Falls ihr wieder zusammenkommt, ist es nicht mit ein paar Gesprächen getan, denn es bedeutet Arbeit. Ansonsten landet ihr schnell wieder im alten Beziehungsmodus. Denn wir selbst sollten die Trennung und was sie bei beide innerlich ausgelöst hat betrachten und aufarbeiten. In diesem Fall wird es viel um das Thema Vertrauen gehen, um die Angst, dass der Partner wieder geht. Zudem wird es um die gemeinsame Aufarbeitung der Trennungsgründe gehen und darum, dass nun beide 50 Prozent zum Gelingen der Beziehung beizutragen haben. Zu diesem Thema könnte man ein ganzes Buch schreiben. Ich möchte dir an dieser Stelle nur den Gedanken mitgeben, dass der Weg zurück in die Partnerschaft ebenfalls viel Einsatz, Zeit und Kommunikation benötigt – und langfristig gesehen nicht zwingend der leichtere Weg ist.

9) Austauschen: Welcher Kontakt mit dem Ex-Partner am sinnvollsten ist

Sobald wir erkannt und eingesehen haben, dass eine Fortsetzung der Partnerschaft nicht möglich ist, gilt es in vielen Fällen, bestimmte Themen mit dem Ex-Partner zu klären. Wir haben mittlerweile unser Boot ausgebaut, vergrößert und ausgestattet und verfügen nun über die neuste Bordelektronik wie Funk und Satellitentelefon. In einem Handbuch lernen wir, wann und für was wir diese Kommunikationstechnologien am besten einsetzen sollten. Denn wir sind noch auf hoher See, somit kann beispielsweise der Preis fürs Telefonieren über Satelliten unfassbar hoch werden …

Nach einer Trennung oder Scheidung stellt sich beiden Beteiligten nicht nur einmal die Frage: »Wie möchten und können wir jetzt und in Zukunft miteinander umgehen?«

Solange du um deinen Ex-Partner kämpfst, hast du das Beziehungsende noch nicht akzeptiert. Falls das bei dir der Fall ist und du das vorherige Kapitel noch nicht gelesen hast, empfehle ich dir das. Hast du das Beziehungsende bereits angenommen, stellen sich andere Fragen: »Möchte ich jetzt, in Zukunft oder nie mehr Kontakt? Möchte der Ex-Partner sich weiterhin mit mir austauschen? Zwingen die Umstände uns dazu, Kontakt zu haben, etwa wegen gemeinsamer Kinder, Besitztümer, beruflicher Themen oder dem gleichen Freundeskreis?« Diese Fragen behandelt dieses Kapitel.

Einen grundlegenden Gedanken über Menschen, die sich trennen, möchte ich dir zu Beginn mitgeben: »Das wahre Gesicht eines Menschen zeigt sich nach der Trennung.« Dieser Satz der Therapeutin Rita Ludwig-Utz bringt es auf den Punkt. Der Umgang mit der Trennung und dir als Verlassenem sagt viel über die wahren menschlichen Qualitäten deines Ex-Partners aus. Wie verhält er sich, nachdem er sich von dir getrennt hat? Ist er fair und ermöglicht einen Austausch und stellt sich deinen Fragen? Oder verschließt er sich, lügt dich an und erzählt womöglich im Freundeskreis persönliche oder verleumderische Dinge über dich? Wie sich dein Ex-Partner verhält, hat hauptsächlich mit ihm, seinen Bewältigungsstrategien und seiner seelischen Reife zu tun. Versuche demnach sein unmögliches Verhalten nicht auf dich zu beziehen.

Wann und wie der Kontakt zum Ex-Partner sinnvoll sein kann

Wir blicken unter anderem auf die folgenden Fragestellungen: »Wie sollen wir mit eigenen Wünschen nach Austausch oder Freundschaft umgehen? Wie auf Kontaktversuche unseres Ex-Partners? Was sollen wir machen, wenn uns Vieles an den Ex-Partner erinnert? Umziehen, verdrängen, konfrontieren ...?« Bei all diesen Fragen gibt es keine allgemeingültige Antwort. Diese hängen vor allem davon ab, wie weit wir im Trennungsprozess vorangekommen sind.

Bevor wir uns das genauer ansehen, nimm dir selbst einen Moment Zeit zu reflektieren: Was geschieht aktuell in dir, wenn du in Kontakt mit Themen rund um deinen Ex-Partner kommst?

- In welchen Situationen, an welchen Orten oder Momenten erinnerst du dich an deinen Ex-Partner?
- Was fühlst du dabei? Wut, Trauer, Enttäuschung, Hoffnung, Freude, Erleichterung oder etwas anderes?
- Welchen Impuls hast du in diesen Momenten? Möchtest du deinen Ex-Partner kontaktieren, anschreien, ihn in den Arm nehmen oder von einer Brücke werfen?
- Was hilft dir in diesen Erinnerungsmomenten, um wieder in deine Mitte zu finden? Freunde anrufen? Tanzen? Schreien? Schreiben? Weinen? Arbeiten?

Hat es sich im Laufe der Zeit verändert, wie dich diese Erinnerungen berühren? Wurde es besser oder schlechter? Ich habe dafür drei Kategorien erstellt, abhängig von der Intensität der emotionalen Schmerzen bei Erinnerungen an den Ex-Partner:

- Kontaktempfehlung, wenn **alle** Erinnerungen Wunden aufreißen.
- Kontaktempfehlung, wenn **wenige** Erinnerungen Wunden aufreißen.
- Kontaktempfehlung, wenn **keine** Erinnerungen Wunden aufreißen.

Was vermutest du, in welcher befindest du dich aktuell? Es ist dabei nicht außergewöhnlich, wenn wir zwischen den drei Phasen wechseln.

Blicken wir zunächst auf den Vergleich einer seelischen und einer körperlichen Wunde. Stell dir vor, du hast einen Fahrradunfall und eine Fleischwunde am rechten Unterschenkel. Sobald jemand sanft diese Stelle berührt, wirst du wahrscheinlich zusammenzucken und den anderen instinktiv wegstoßen. Wenn sich eine Kruste bildet, tut eine Berührung bereits weniger weh und wenn ausschließlich eine Narbe sichtbar ist, wirst du kaum noch Schmerzen wahrnehmen. Wahrscheinlich ist die Stelle an und um die Narbe empfindlicher als die gleiche Stelle am anderen Unterschenkel. Mit seelischen Wunden verhält es sich ähnlich. Daher unterscheidet sich, je nach deiner persönlichen Verfassung, die empfohlene Intensität und die Art des Austauschs mit deinem Ex-Partner.

Kontaktempfehlung, wenn alle Erinnerungen Wunden aufreißen

Du wachst morgens auf und schaltest den Radiosender an und dort läuft – was für ein Zufall – das Lied, bei welchem ihr euch kennengelernt habt. Dir steigen unwillkürlich Tränen in die Augen. Später am Tag erinnert dich der Vietnamese um die Ecke an eure gemeinsamen Restaurantbesuche und dein Magen zieht sich zusammen. Und wie könnte es auch anders sein – abends ruft dich eine alte Schulfreundin an und lädt dich und deinen Partner zum gemeinsamen Grillabend ein – sie wusste noch nichts von eurer Trennung. Es wühlt dich erneut auf. Wenn du in sozialen Netzwerken unterwegs bist, bekommst du dort ständig mit, was dein Ex-Partner macht oder wie gut es ihm geht – ob tatsächlich oder vermeintlich. Deine Stimmung sinkt auch bei dieser Konfrontation. Ich habe es sicherlich etwas überspitzt dargestellt und doch erleben viele Menschen, dass sie bereits kleine Erinnerung emotional berühren. Das ist typisch für diese Zeit.

Wenn du häufig an deinen Partner denkst oder erinnert wirst, was kann dir in dieser Zeit eine Entlastung und Hilfe sein? Wenn ich mit Menschen zusammenarbeite, die sich in dieser Phase befinden, hat sich das Minimieren der Kontakt- und Erinnerungspunkte bewährt. Suche keinen Austausch zu deinem Ex-Partner. Mache ihm bei möglichen Kontaktversuchen von seiner Seite aus mit einem *Stopp* deutlich, dass du momentan Zeit für dich möchtest. Vermeide darüber hinaus alle Erinnerungen, ob gemeinsame Gegenstände in der Wohnung, das Frühstück in eurem Café oder alle Social-Media-Aktivitäten. Detaillierte Verhaltenstipps haben wir bereits im ersten Kapitel *Verstehen* im Abschnitt der Trennungsphase 1 beleuchtet.

Selbst, wenn wir das alles kognitiv verstehen – diesen Ratschlägen tatsächlich zu folgen, fällt schwer. Denn häufig möchten wir diese Kontaktpunkte noch haben. Einerseits als Hoffnungsschimmer und andererseits aus Neugierde. Wenn wir die Hoffnung loslassen würden, würde das im Umkehrschluss bedeuten, dass wir den Partner nun loslassen, was wir in dieser Zeit meist noch nicht möchten. Folglich halten wir fest und begeben uns immer wieder in diesen Schmerz. *Lieber diesen Schmerz aushalten, als keine Hoffnung und keinerlei Kontakt mehr zu haben*, ist ein häufiger bewusster oder unbewusster Gedanke. Die Neugierde treibt uns an, etwas über unseren Ex-Partner zu erfahren: Wie geht es ihm, leidet er auch unter der Trennung, was macht er oder hat er schon eine neue Beziehung?

Es gibt in meinen Augen zwei Ausnahmen, in dieser Zeit Kontakt mit dem Ex-Partner zu haben: Bei gemeinsamen Kindern und/oder einer gemeinsamen Wohnung. Diese Themen lassen sich nicht nach hinten schieben, sondern bedürfen einer Klärung beziehungsweise eines regelmäßigen Austauschs. Wenn ihr gemeinsame Kinder habt, findest du einen Exkurs zu diesem Thema in Kapitel 9 *Austauschen.*

Wie sieht ein guter Umgang aus für den Fall, dass ihr zusammengelebt habt? Da die Wohn-Konstellationen von Paar zu Paar unterschiedlich sind, fallen mir allgemeingültige Impulse schwer. Manche Paare lassen den Verlassenen entscheiden, wer in der Wohnung bleibt, bei anderen ist es aufgrund der finanziellen Möglichkeiten nur für einen möglich, die Wohnung allein zu tragen und andere einigen sich darauf, dass einer der beiden vorübergehend für einen bestimmten Zeitraum allein in der Wohnung bleiben darf, bis mehr Klarheit herrscht. In manchen Fällen gibt es für die erste Zeit keine sinnvolle Alternative, als weiterhin zusammen in der Wohnung zu leben. Versuche diese Zeitspanne möglichst kurz zu halten. Doch es kann für manche Verlassene auch wichtig sein, noch ein paar Nächte gemeinsam mit dem Partner in der Wohnung zu leben, etwas mehr Zeit für den innerlichen Abschied zu haben und möglicherweise ein wenig Trost zu empfangen. Doch das hat sich bei Menschen, die ich begleiten durfte, noch nie über einen langen Zeitraum bewährt.

Zusammengefasst heißt es für diese Phase: Vermeide möglichst den Kontakt und minimiere Erinnerungspunkte in deiner Umgebung.

Kontaktempfehlung, wenn wenige Erinnerungen Wunden aufreißen

Die Wochen oder Monate ziehen ins Land und deine Reaktion auf Erinnerungen verändern sich. Ganz langsam. Mal kannst du euren gemeinsamen Song ohne emotionale Tiefe hören, ein andermal keimt wieder Trauer oder Sehnsucht auf. Mal siehst du einen Menschen in der Fußgängerzone, welcher deinem Ex-Partner ähnelt und du bekommst Herzrasen, ein anderes Mal bleibst du gelassen. Es ist ein Auf und Ab. Welcher Kontakt zum Ex-Partner bewährt sich in dieser Zeit?

Zur Erinnerung: Dieses Kapitel geht davon aus, dass du bereits den Wunsch losgelassen hast, wieder mit deinem Partner zusammenzukommen. Solange du diesen noch hast, vermeide weiterhin möglichst jeden Kontakt. In allen anderen Fällen kann es irgendwann Sinn machen, weitere Sachthemen zu klären.

Wie können weitere Sachthemen trotz Emotionalität auf einer oder beiden Seiten möglichst gut gelöst werden? Auf der sachlichen Ebene gibt es neben der Wohnungsfrage je nach Paar keine bis sehr viele Themen zu klären. Hierzu zählen beispielsweise gemeinsame Versicherungen und Verträge, der Umgang mit einem bereits gebuchten Urlaub oder dem gemeinsamen Haustier. Die Themen, welche nicht zwingend direkt nach dem Beziehungsende besprochen werden müssen, passen meist gut in diese Zeit.

Es kommt sehr darauf an, wie neutral oder feindselig ihr beide euch begegnen könnt. Wenn die Fetzen sofort fliegen, hat sich die Kommunikation per Brief oder mit Unterstützung von Paartherapeuten oder Mediatoren bewährt. Beobachte dich dabei ehrlich: Stehen noch Dinge von dir in der Wohnung deines Ex-Partners oder müsstet ihr über eine Hochzeitseinladung oder einen Kurzurlaub sprechen, doch du zögerst diesen Austausch darüber hinaus? Wenn das der Fall ist, sei dir bewusst darüber, dass zwar deine Hoffnung davon profitiert und das Loslassen hinausgezögert wird, doch du dich aufgrund dieser ungeklärten Themen nicht vollständig lösen wirst. Allein schon unbewusst, ist es wie mit einer angezogenen Handbremse zu laufen.

Zusammengefasst heißt es für diese Phase: Wenn du die Trennung vollständig akzeptiert hast, ist der Austausch über Sachthemen in dieser Zeit meist passend, manchmal auch bereits ein Gespräch über die Beziehung und Trennungsgründe.

Kontaktempfehlung, wenn keine Erinnerungen Wunden aufreißen

Du wirst im Alltag feststellen, wenn dich Erinnerungen oder Begegnungen nicht mehr emotional berühren. Beispielsweise kannst du gemeinsame Urlaubsbilder betrachten oder deinen Ex-Partner mit einer neuen Liebe sehen, ohne in ein Loch zu fallen. Dann wirst du spüren, in wie weit du noch Kontakt mit ihm möchtest.

Häufig sind wir in dieser Phase – trotz vorherigem Bedürfnis – erst bereit für ein Gespräch mit unserem Ex-Partner. Um über die Trennung, deren Gründe und andere tiefergreifende Themen zu sprechen. Für viele Verlassene ist nach dem Beziehungsende einer der wichtigen Aspekte, sich noch einmal mit dem Ex-Partner auszutauschen, um Fragen zu stellen, Antworten oder mehr Verständnis für die Trennungsgründe zu erhalten. Neben den oben genannten Sachthemen liegen diese Inhalte meist auf der emotionalen Ebene.

Einerseits gibt es viele Fragen, die wir als Verlassene haben und andererseits Dinge, die wir loswerden möchten. Dieser Austausch kann heilsam sein – jedoch auch alles erneut aufwühlen. Daher hängt es davon ab, wie lange die Trennung her ist, wie sie abgelaufen ist und wie weit du dich bereits deinen Gefühlen gestellt und sie gefühlt hast.

Darüber hinaus bestehen unterschiedliche Konstellationen, wer von beiden Kontakt möchte:

- **Beide möchten sich austauschen**: In diesem Fall hat es sich bewährt, dass der Verlassene entscheidet, wann er sprechen möchte und wie intensiv, ob persönlich oder telefonisch, wann und wo ein Treffen stattfindet … Für manche Menschen hat es sich als hilfreich erwiesen, dass sich beide vorher über die Inhalte des Gesprächs austauschen, damit die Sorge oder Aufregung sich verringert.

- **Nur der Verlassene möchte sich austauschen**: So schwer das anzunehmen ist, das gilt es zu akzeptieren! Vielleicht ist es zu einem späteren Zeitpunkt möglich oder beispielsweise mit schriftlichem Austausch.

- **Nur der, der sich getrennt hat, möchte sich austauschen**: Auch in diesem Fall gilt es, dies anzunehmen. Wenn du selbst keinen Austausch möchtest, vertraue diesem Gefühl und bitte deinen Ex-Partner das zu akzeptieren. Das ist dein gutes Recht.

Wenn beide Seiten offen für ein Gespräch sind, mache dir vorher bewusst, was du dir davon erwartest. Diese Klarheit zu finden, hilft dir dabei, dich gut vorzubereiten und kann vor Enttäuschungen und unrealistischen Vorstellungen schützen. Wie kannst du dich vorbereiten? Es geht um deine Fragen und Aussagen:

- **Deine Fragen**: Was möchtest du von deinem Ex-Partner wissen? Häufig hat es sich bewährt, wenn du dir deine drei wichtigsten Fragen für das Gespräch einprägst. Überlege dir am besten auch, welche Erwartungen du an den Austausch hast und was du machst, wenn diese – aus welchen Gründen auch immer – nicht erfüllt werden.

- **Deine Aussagen**: Hier geht es um all das, was du deinem Ex-Partner sagen möchtest. Als hilfreich hat es sich erwiesen, deine Aussagen nicht als Vorwürfe zu formulieren, sondern von deinem Erleben und deinen Gefühlen zu berichten. Anstatt etwa zu sagen: »Du hast mich so verletzt und wegen dir ging es mir schlecht«, wäre eine vorwurfsfreie Möglichkeit, deinem Ex-Partner zu sagen, dass du nach der Trennung in ein großes Loch gefallen bist. Diese sogenannte gewaltfreie Kommunikation ist eine hohe Kunst und bedarf viel Reflexion sowie vor allem geklärte Emotionen.

Soweit einige Gedanken zur Vorbereitung für das erste Beziehungsgespräch nach der Trennung. Zwei weitere Themen sind in dieser Phase häufig präsent:

Was wir häufig aus verletztem Stolz machen ist, dass wir unsere Verletzlichkeit vollständig verbergen und dem Partner etwas vormachen, was nicht unserer emotionalen Realität entspricht. Wir zeigen uns häufig wesentlich stärker als wir uns fühlen. Falls das auch deine Überlegung ist, ist das Verhalten für dich gut? Was sagt deine Gefühlswelt dazu? Ich möchte dir damit nicht sagen, dass du vor deinem Ex-Partner heulend zusammenbrechen sollst, sondern dir diese Frage mitgeben: Wem gegenüber möchtest du ehrlich und authentisch sein? Dir oder deinem Ex-Partner?

»Lass uns Freunde bleiben.« Was ist mit diesem Satz des Ex-Partners? Er ist nicht ausschließlich ein Klischee, sondern häufig Realität. In meinen Augen macht eine Freundschaft frühestens in diesem Stadium Sinn, wenn beide keine Beziehung mehr möchten und wenn du ohne emotionale Schmerzen an deinen Ex-Partner denken und ihm begegnen kannst. Solange du noch Hoffnung auf eine Wiederaufnahme der Beziehung hast, ist eine Freundschaft schwer möglich. Du würdest bei jedem Kontakt ein Stück in deinem Trennungsprozess zurückgeworfen und ihr könntet euch nicht auf Augenhöhe begegnen. Wie eine »normale« Freundschaft, entsteht diese bei einem ehemaligen Paar nicht von heute auf morgen. Wenn euch beiden der andere Mensch wichtig ist, dann wird ein freundschaftliches Begegnen ebenfalls noch nach Monaten oder Jahren möglich sein.

Wie du mit gemeinsamen Freunden umgehen kannst

Je länger die Partnerschaft beziehungsweise die Ehe Bestand hatte, desto mehr Gemeinsamkeiten und Überschneidungen gibt es – auch bei gemeinsamen Freunden und Bekannten. Die ersten Fragen, die wir uns stellen, sind meist: »Soll ich es gemeinsamen Freunden sagen, hat es mein Ex-Partner bereits erzählt und was denken die über mich und uns?« Solange wir uns noch die Beziehung wünschen, vermeiden wir häufig, unseren gemeinsamen Freundeskreis über die Trennung zu informieren. Denn das würde die unliebsame Wahrheit weiter unterstreichen. Doch irgendwann ist es Zeit, diesem von dem Beziehungsende zu erzählen.

Mit dem Ex-Partner über das Thema gemeinsame Freunde zu sprechen, muss in meinen Augen nicht sofort nach Beziehungsende geschehen. Häufig geben wir diesem Thema direkt nach einer Trennung eine zu große Bedeutung. Denn meist erhalten wir im Laufe der Zeit automatisch Antworten auf diese Frage und es regelt sich von allein. Dennoch habe ich aus der Erfahrung in meiner Praxis einige Gedanken für den Umgang des gemeinsamen Freundeskreises:

- **Klarheit**: Eine klare Kommunikation Freunden und Bekannten gegenüber ist hilfreich: *Wir haben uns getrennt und wünschen uns Folgendes.* Das könnte zum Beispiel sein: *Ihr müsst nicht zwischen uns vermitteln, dürft zu uns beiden Kontakt halten und wir bitten euch, euch nicht moralisch auf eine Seite zu schlagen.* Und vielleicht noch weiter: *Bevor ihr irgendwelche Fantasien habt oder euch eine Meinung bildet, fragt uns bitte.*

- **Freiheit**: Stelle eure Freunde nicht vor die Entscheidung, sich entweder für dich oder deinen Ex-Partner zu entscheiden. Zudem steht es weder dir noch deinem Ex-Partner zu, den Kontakt zu gemeinsamen Freunden zu verbieten. Der Wunsch ist nachvollziehbar, doch gemeinsame Freunde sind etwas anderes als deine Familienangehörigen, deine beste Freundin oder dein bester Freund.

- **Stillschweigen**: Wenn du in Kontakt mit gemeinsamen Freunden bist, bitte diese – wenn es dir wichtig ist – um Stillschweigen bezüglich der Beziehungsthemen, über welche ihr euch zu zweit austauscht.

- **Akzeptanz**: Wenn manche Freunde keinen Kontakt mehr möchten – ob durch den Ex-Partner initiiert oder nicht – dann gilt es das zu akzeptieren. Ebenso sollten die Freunde akzeptieren, wenn du (zurzeit) selbst keinen Austausch möchtest.

Soweit einige Impulse. Diese stellen den bestmöglichen Fall dar. Es gelingt jedoch nicht jederzeit, diese Themen friedlich zu regeln. Insbesondere, wenn einer oder beide in Emotionen stecken. Zudem solidarisieren sich Freunde oft mit einem der beiden. Häufig wenden sie sich dem Partner zu, den sie zuerst kannten oder zu dem sie eine nähere Bindung haben.

Exkurs: Wie ihr während der Trennungszeit mit euren Kindern umgehen könnt

Eine Trennung hat nicht nur weitreichende Auswirkungen auf die beiden Partner, sondern insbesondere auch auf gemeinsame Kinder. Gleichgültig, ob diese 6 Monate, 8 oder 15 Jahre alt sind. In diesem Exkurs möchte ich dir Hintergrundwissen der Auswirkungen einer elterlichen Trennung geben sowie einige Impulse für den Umgang mit Kindern aufzeigen. Zu dem Thema könnte man ein ganzes Buch schreiben und diese Bücher gibt es auch. Daher ist es ein kurzer Exkurs mit den meiner Erfahrung nach wichtigsten Aspekten.

Die wichtigste Grundlage

Eine der zentralen Botschaften, welche ich dir mitgeben möchte: Bei einer Trennung oder Scheidung mit gemeinsamen Kindern können es Eltern nur gemeinsam schaffen. Auch, wenn es vor allem in der ersten Zeit unglaublich schwerfällt. Beim Beziehungsende mit gemeinsamen Kindern gilt nicht, dass einer gewinnt und einer verliert, sondern entweder gewinnen alle (beide Eltern und Kinder) oder alle verlieren. Viele Studien machen das deutlich. Wenn ein Elternteil vor den Kindern schlecht über das andere spricht, ist das für die kindliche Entwicklung schlecht. Damit das besser gelingen kann, ist es wichtig, dass du und dein Ex-Partner euch die Unterscheidung der Paar- und der Elternebene bewusst macht und konsequent danach lebt. Wenn das vermischt wird, werden Themen der Paarebene in die Eltern- und Familienebene getragen, mit allen negativen Folgen für die gesamte Familie. Beispielsweise werden die Kinder in einen oft jahrelangen Loyalitätskonflikt gedrängt und zahlen den Preis der elterlichen Auseinandersetzung.

Kinder gehen unbewusst davon aus, dass sie 50 Prozent Mama sind und 50 Prozent Papa. Wenn also Papa die Mama ablehnt, kritisiert oder schlecht über sie redet oder andersherum, dann fühlt sich das Kind selbst abgelehnt und sein Selbstwert wird angegriffen.

Unterstützung für Trennungskinder

Einige Aspekte, welche sich als hilfreiche Haltung den Kindern gegenüber bewährt haben:

- **Verantwortungsübernahme**: Kommuniziert allein und/oder als Paar euren Kindern gegenüber, dass ihr die Verantwortung für die Trennung übernehmt: »Du kannst nichts dafür. Es hat nichts mit dir zu tun.« Das könnt ihr jedem Kind einzeln oder allen zusammen sagen. Zudem hilft es zu verdeutlichen: »Und du kannst in Zukunft auch nichts machen, damit wir wieder zusammenkommen.«

- **Schuldeingeständnis**: Kinder benötigen kein Mitleid der Eltern, sondern deren Verantwortung. Als Eltern ist es wichtig, diese Schuld der Trennung gegenüber den Kindern anzunehmen. Das erlaubt es den Kindern traurig zu sein und unterstützt sie bei der Verarbeitung. Somit kann es helfen, wenn du/ihr den Kindern sagt: »Ich kann mir vorstellen, dass du wahrscheinlich wütend auf mich bist, oder traurig. Das ist ok!« Ein Wiedergutmachungsprogramm, um die eigenen Schuldgefühle zu mindern, funktioniert hingegen nicht. Vor allem nicht, wenn mit den Kindern zu wenig über die Trennung gesprochen wird und diese nicht beim Ausdrücken ihrer Gedanken und Gefühle unterstützt werden.

- **Ehrlichkeit**: Kinder spüren Konflikte der Eltern meist bereits, bevor sie von deren Trennung erfahren. Die Schwierigkeiten vor ihnen zu verleugnen bewirkt häufig das Gegenteil. Wenn ihr als Eltern Konflikte austragt, bestätigt eurem Kind seine Wahrnehmung: »Ja, wir streiten gerade häufiger und haben eine schwere Zeit. Wir kümmern uns darum.«

- **Sicherheit**: Für die Kinder ist es wichtig, dass die Eltern ihnen die Differenzierung zwischen der Partnerschaft und der Elternschaft aufzeigen:» Als Liebespaar sind wir nicht mehr zusammen, aber wir werden immer eure beiden Eltern sein und bleiben. Daran ändert das Ende der Beziehung nichts. Ihr verliert also keinen von uns, weder Papa noch Mama!«

- **Gefühle**: Sei deinen Kindern ehrlich gegenüber, wie es emotional bei dir aussieht. Nicht im Sinne, dass du ohnmächtig bist und Trost bei den Kindern suchst. Vielmehr, dass du ausdrückst, dass du dir die Beziehung ebenfalls anders gewünscht hast und jetzt selbst traurig bist, dass es anders gekommen ist.

Eine der wichtigsten Voraussetzungen für eine langfristig gute Entwicklung der Kinder ist der Kontakt zu beiden Elternteilen. Dabei geht es um tragende Beziehungen, einen wirklichen Kontakt und ein ehrliches Interesse an dem Kind. Kinder stellen sich stets die Frage: »Meinst du wirklich mich? Hast du mich lieb? Kann ich mich auf dich verlassen?« Daher geht es vor allem um Qualitätszeit und weniger darum, gemeinsam vor dem Fernseher zu sitzen oder der Freizeitbeschäftigung der Eltern nachzugehen. Sie benötigen in dieser herausfordernden Zeit Liebe, Ernsthaftigkeit, Verständnis, Ehrlichkeit und altersgerechte Offenheit. Darüber hinaus eine Wertschätzung für deren seelische Tapferkeit, etwa in Form einer selbstgeschriebenen Geschichte, in welcher das Kind vorkommt und Anerkennung erfährt.

Darüber hinaus noch weitere Gedanken für den zukünftigen Umgang:

- **Vorteile**: Neben den Nachteilen der Trennung, mach deinen Kindern deutlich, was sich verbessern wird. Oder erarbeite es zusammen mit ihnen. Zum Beispiel gibt es keinen Streit mehr zuhause zwischen den Eltern, es geht zweimal in den Urlaub und es gibt exklusiven Kontakt zu Papa oder Mama.

- **Soziale Kontakte**: Gute und gesunde Beziehungen zu Geschwistern und anderen Menschen sind Heilung für Trennungskinder. Versuche deine Kinder darin zu unterstützen und zu begleiten.
- **Bücher**: Nutze scheidungsbezogene Materialien wie Geschichten. Ein hilfreiches Buch für Kinder hat Eva Orinsky geschrieben: *Die Krokobären: eine Geschichte für Kinder, deren Eltern sich trennen.*
- **Foto**: Schenke jedem Kind ein Bild von euch Eltern aus einer glücklichen Zeit. Das kann hilfreich, selbstwertunterstützend sein und den Kindern die Botschaft vermitteln: »Ich bin aus Liebe entstanden, aus einer schönen Zeit und nicht aus Streit und Zank.«
- **Beratung oder Therapie**: Nutze bei Bedarf Angebote von Psychologen oder Therapeuten oder entsprechende Beratungsstellen wie *Pro Familia*.

Folgen für Trennungskinder

Was sind mögliche Folgen einer Trennung? In erster Linie verlieren sie einen geliebten Elternteil aus ihrem Leben sowie Sicherheit und Gewohntes. Möglicherweise folgt zudem ein Wohnsitz-, Kindergarten- oder Schulwechsel und ein neuer Partner von Mama oder Papa.

Wie Erwachsene unter einer Trennung leiden, erleben es Kinder ebenfalls. Grundgefühle bei einer Trennung beziehungsweise Scheidung der Eltern sind vor allem Verlustangst und Trauer, sie fühlen sich verraten oder alleine gelassen und damit folgt häufig einhergehend eine Kränkung des Selbstwertgefühls. Sie können wütend auf die Eltern sein, weil diese sich nicht versöhnen, sie schämen sich möglicherweise, weil sie nun ein Scheidungskind sind oder sind eifersüchtig, wenn ein Elternteil einen neuen Partner hat. Oder sie verbergen ihren eigenen Schmerz, um die Eltern oder ein Elternteil nicht weiter zu belasten.

Die ersten zwei bis drei Jahre nach der Trennung der Eltern erleben laut Studien etwa 80 Prozent der Kinder eine turbulente Zeit, haben jedoch keine langfristigen Folgen. Etwa 10 bis 15 Prozent haben längerfristig damit zu kämpfen. Vor allem, wenn es zwischen den Eltern zu körperlicher und/oder verbaler Gewalt kommt. Auch die Schulleistung kann sich für einige Zeit verschlechtern, ebenso das Sozialverhalten.

Wohnort der Trennungskinder

Eine wichtige Entscheidung betrifft die Wohnsituation der Kinder. Meist stellen sie sich auf die Seite des aus ihrer Sicht schwächeren Elternteils. Ab einem gewissen Alter sehen Kinder in einem der Eltern mehr den Täter und in dem anderen mehr das Opfer.

- **Entscheidung**: Häufig wird im therapeutischen Kontext die Altersgrenze von 14 Jahren genannt. Bis zu diesem Alter sollten die Entscheidung, wo das Kinder leben soll, die Eltern treffen. Im Falle einer anderen Präferenz des Kindes, solltet ihr das selbstverständlich anhören. »Wir haben deinen Wunsch gehört, doch wir haben uns anders entschieden.« Ältere Kinder sollten hingegen umfassender in den Entscheidungsprozess mit einbezogen werden.

- **Geschwister**: Bis auf Ausnahmefälle sollten diese zusammengelassen werden. Eine Trennung der Geschwister würde einen weiteren Verlust einer wichtigen Bezugsperson bedeuten.

- **Regelungen**: Klare Besuchs- und Ferienregeln – mit einer verlässlichen Umsetzung vonseiten der Eltern – sind unerlässlich, damit die Kinder Struktur und Sicherheit erhalten.

- **Wechselmodell**: Laut Studien sind sowohl die Kinder als auch die Eltern mit einem Wechselmodell zufriedener, verglichen mit dem sogenannten Einzelresidenzmodell. Die Beteiligten berichteten von weniger Stress und die Kinder hatten weniger psychosoziale Beschwerden. Beim Wechselmodell haben Kinder zwei Zuhause und leben abwechselnd in etwa derselben Zeitspanne bei jedem Elternteil.

- **Kontaktqualität**: Wenn die Kinder bei einem Elternteil leben, sollte das Elternteil, welches die Kinder mehrheitlich am Wochenende sieht, kein Wochenende-Unterhalter sein. Vielmehr sollte dieser während der gemeinsamen Zeit mit den Kindern auch erzieherische Verantwortung übernehmen.

Besser geschieden als zerrüttet

Wie geht es dir, nachdem du diese Informationen und Fakten gelesen hast? Kommen dir Zweifel, machst du deinem Ex-Partner Vorwürfe, der mit seiner Entscheidung die Trennung herbeigeführt hat oder wirfst du dir selbst etwas vor? Von vielen Eltern in meiner Praxis höre ich diese Ängste oder ein schlechtes Gewissen. Doch ist es zielführend, ausschließlich wegen der Kinder eine Partnerschaft fortzusetzen? Früher war die verbreitete entwicklungspsychologische Meinung die, dass Eltern zusammenbleiben sollen.

Heute wird in den meisten therapeutischen Ansätzen eine andere Meinung vertreten. Es ist sehr schlecht für Kinder, wenn die Eltern wegen ihnen zusammenbleiben. Warum ist das so? Kinder nehmen all die sichtbaren und unsichtbaren Konflikte der Eltern wahr. Als Eltern ist es unmöglich, den Kindern auf Dauer etwas vorzuspielen, was nicht da ist: Liebe, Harmonie, Gemeinsamkeit oder wenigstens Achtung und ein respektvoller Umgang. Insbesondere, wenn die Spannungen unterdrückt werden, ist das für Kinder schwierig. Eine konfliktreiche Partnerschaft wirkt sich nahezu immer negativ auf das kindliche Wohlbefinden und Verhalten aus – dabei ist es egal, ob die Eltern verheiratet oder getrennt beziehungsweise geschieden sind. Bereits ab 6 Monaten reagieren Kinder auf größere Konflikte der Eltern mit Belastungssymptomen. Gerade jüngere Kinder sehen sich als den Hauptgrund für die Spannungen ihrer Eltern, sie übernehmen Schuld und Verantwortung und versuchen daher deren Streitigkeiten zu verringern.

Aus diesen Gründen gilt heute der Satz: »Besser geschieden als zerrüttet.« Verwende daher deine Energie lieber auf eine gute Eltern-Kind-Beziehung, anstatt dir dauerhaft Vorwürfe zu machen. Diese lassen sich selbstverständlich nicht wie ein Schalter ausschalten, doch die Inhalte in diesem Abschnitt im Buch können dir dabei helfen.

»Children of Divorce«

In den USA wurden im Jahr 1995 zwölf Aspekte zusammengetragen, die für Kinder nach der Trennung oder Scheidung der Eltern wichtig sind. Die Aspekte sind teilweise ähnlich wie die oben beschriebenen, doch ich möchte sie dennoch mit dir teilen:

- **Sagt uns rechtzeitig Bescheid**: Es verunsichert uns, wenn wir monatelang außer non-verbalen Botschaften keine Informationen bekommen. Wir benötigen – wie auch ihr – Zeit, uns auf die Trennung einzustellen.
- **Erkennt unsere Gefühlslage an**: Wir benötigen eine Anerkennung und Bestätigung unserer Gefühle – auch, wenn sie für euch schwierig sind.
- **Lasst uns hören und spüren, dass ihr uns noch liebt**: Es ist für uns nicht selbstverständlich, dass eure Liebe zu uns weitergeht. Wir haben Angst, dass eure Liebe zu uns ebenfalls zerbricht.
- **Lasst uns heraus aus der Verantwortung für eure Trennung**: Wir denken sonst, dass wir sie hätten verhindern können (und müssen). Sprecht es aus, dass es nicht unsere Schuld ist.
- **Entscheidet euch**: Wollt ihr weiterhin Eltern sein oder wollt ihr Kampf? Wir wollen unsere Sportfeste, Schulabschlüsse oder Hochzeiten begehen können, ohne uns fürchten zu müssen, ob das mit euch klar geht. Auch, wenn wir Pech und Pannen haben, täte es uns gut, ihr würdet euch elterlich verhalten.
- **Streitet euch nicht über uns**: Es ist furchtbar, wenn wir bei eurem Streit unsere Namen hören. Einigt euch auch, wer unseren Gitarrenunterricht bezahlt, sonst wagen wir es bald gar nicht mehr, euch unsere Wünsche vorzutragen.
- **Redet zu uns nicht schlecht über den abwesenden Elternteil**: Wir haben doch von euch beiden etwas in uns und darum fühlen wir uns dann gleich mit schlecht gemacht. Lasst uns die Möglichkeit, euch beide zu lieben und sprecht auch mal positiv über den anderen.
- **Wir sind keine Spione, keine Briefträger und keine Botschafter**: Verschont uns also mit Aushorchen.

- **Lasst nicht zu, dass wir zu schnell erwachsen werden müssen**: Wir können gelegentlich Elternaufgaben für jüngere Geschwister übernehmen, auch für den Haushalt und Rücksicht auf eure Traurigkeit. Aber wir sind die Kinder und ihr die Eltern.

- **Brecht eure Versprechen nicht**: Wenn ihr Besuche oder Geschenke angekündigt habt, dann haltet das auch ein. Sonst verlieren wir das Vertrauen und müssen befürchten, dass ihr euch jetzt doch auch von uns abwendet, entgegen euren Beteuerungen.

- **Seid uns gegenüber zurückhaltend mit eurem neuen Liebesleben**: Für uns ist euer neues Liebesglück erst mal ein Schock. Es macht deutlich, dass wir nie wieder die alte Familie sein werden. Eure Liebesgeräusche möchten wir auf keinen Fall hören.

- **Wir wollen uns austauschen mit anderen Scheidungskindern**: Sprecht ihr auch mit anderen Scheidungseltern! Wenn wir all den Raum haben können für die Dinge, die uns beschäftigen, dann kann uns das die Trennung erleichtern. Wir haben dann auch die Möglichkeit, über Fortschritte zu sprechen und über Dinge, die wir zusammen gut bewältigt haben.

Soweit zum Exkurs und dem gesamten Kapitel *Austauschen.* Was nimmst du aus diesem Kapitel für dich mit? Welcher Gedanke, Impuls oder welche Übung war am wichtigsten für dich? Was nimmst du dir vor? Gibt es eine Aufgabe, die du gleich jetzt oder später durchführen möchtest?

10) Lernen: Warum es zur Trennung kam und was du daraus lernen kannst

Sobald die See ruhiger geworden ist und nur noch selten heftige Stürme und hohe Wellen uns an unsere Grenzen bringen, können und sollten wir die Zeit zum Reflektieren nutzen: Was haben wir gelernt, wo sind wir gewachsen oder haben uns entwickeln können? Auch stellen wir fest, dass wir viele neue Fähigkeiten erlernt haben, wie etwa allein auf hoher See im weiten Meer zu überleben, uns ein immer stabileres Boot zu bauen und anschließend in die gewünschte Richtung zu segeln.

Dieses Kapitel richtet den Blick von der Vergangenheit auf die Zukunft und wie alles zum Guten geworden ist. Im ersten Abschnitt befassen wir uns mit den häufigsten Trennungsgründen gefolgt von der Sinn-Frage: »Wozu ist die Trennung geschehen und wie können du und deine zukünftigen Partnerschaften von dieser Erfahrung profitieren?« Als letztes blicken wir auf all die Fähigkeiten, die du durch den Schmerz und Verlust entwickelt hast und die dir eine neue Stärke im Leben schenken.

Trennungsgründe: Warum es zur Trennung gekommen ist

Warum ist dieses Kapitel erst so weit hinten im Buch platziert? Wenn wir unseren Fokus zu sehr auf die Ursachen der Trennung legen, besteht die Gefahr, dass wir im Verstand und in der Vergangenheit verhaftet bleiben. Demnach sind wir zu sehr am Hoffen und Analysieren, anstatt uns dem Annehmen und Fühlen zuzuwenden – und daher können wir die Trennung nicht verarbeiten.

Meist kommen mehrere Faktoren zusammen, die einen Menschen dazu bringen, sich von seinem Partner zu trennen. Die Gründe der Trennung zu kennen, ändert jedoch nichts an dem Beziehungsende. Doch für viele Menschen sind die Antworten auf diese Fragen wichtig, um darüber hinwegzukommen. Unser Bauchgefühl liegt dabei meist daneben. Somit raubt uns dieses Unwissen den Schlaf, wir haben die wildesten Fantasien und Theorien und verbringen ewig damit die letzten Stunden der Beziehung oder auch die gesamte Partnerschaft nach Hinweisen zu durchsuchen. Daher beschäftigen sich viele Verlassene mehr mit der Frage nach den Gründen, als sich der Verarbeitung zu stellen. In manchen Fällen ist es eine unbewusst gewählte Strategie, nicht ins Fühlen zu kommen und den Schmerz zulassen zu müssen.

Neben der Trennungsverarbeitung kann es dennoch hilfreich sein, die Gründe zu verstehen oder eine Ahnung davon zu bekommen. Im besten Fall können wir nicht nur etwas über unseren Ex-Partner lernen, sondern insbesondere über uns und unsere Beziehungsmuster und profitieren in Zukunft davon.

Eine wichtige Frage ist häufig: »Wer ist schuld?« Manche Menschen nehmen nahezu die gesamte Verantwortung auf sich. Andere schieben den Großteil dem Ex-Partner zu. Wie ist es bei dir selbst? So wie du es heute beurteilst, ist es richtig. Meist verändert sich die Zuschreibung mit der Zeit und mit neuen Erkenntnissen über dich selbst oder den Ex-Partner. Du kannst dir gerne zu einem späteren Zeitpunkt diese Frage nochmals stellen.

Wenn du zu den Menschen gehörst, die sich selbst weit mehr als 50 Prozent der Schuld geben, können dich folgenden Aspekte möglicherweise dabei unterstützen, ebenso die Verantwortung des Ex-Partners zu erkennen und diesen Teil bei ihm zu lassen. Gehörst du hingegen zu den Personen, die die Verantwortung hauptsächlich beim Ex-Partner sehen, können dich die folgenden Trennungsgründe dabei unterstützen, in die Eigenreflexion, zu neuen Erkenntnissen und persönlichem Wachstum zu kommen. Dieser ehrliche Blick auf sich selbst – egal in welchem Fall – sollte nicht gleich in der akuten Trennungsphase geschehen. Vielmehr profitierst du von dieser inneren Arbeit, wenn du bereits aus dem tiefsten emotionalen Loch rausgekommen bist. Uns hilft es dabei, wenn wir ohne Selbstvorwürfe, sondern mit einem liebevollen Blick und Mitgefühl auf uns blicken.

Schon gewusst? Wie sich der Ex-Partner mit der Trennung befasst

Manche Menschen, die sich von ihrem Partner getrennt haben, haken dies recht schnell ab. Andere beschäftigt die Trennung mitunter ebenso lange, wie den Verlassenen. Meist mit anderem Blickwinkel und auf anderer emotionaler Ebene. Die Persönlichkeit, die Beziehungsdauer sowie die Bereitschaft zum Lernen, Verstehen und Reflektieren, führen zu diesem unterschiedlichen Verhalten. Die Themen, mit welchen sich die Menschen befassen, die sich getrennt haben, können vielfältig sein, beispielsweise: »War es die richtige Entscheidung? Welche Schuld trage ich? Welchen Einfluss hat es auf Kinder? Was habe ich dem anderen damit angetan, stand mir das zu? Hätte ich noch mehr tun können, um die Beziehung zu retten?« Mir ist es wichtig, dir an dieser Stelle zu sagen: Dieser Gedanke soll dir keine Hoffnung machen, dass ihr wieder zusammenkommt. Vielmehr möchte ich damit ausdrücken, dass eine Trennung auch für den Initiator mitunter noch ein jahrelanger innerer Prozess sein kann.

Bevor wir uns den häufigsten Trennungsgründen zuwenden, möchte ich noch einige Gedanken dazu aus meinem Buch *Männer verstehen für Dummies* mit dir teilen: Die Antennen von Männern, Schwierigkeiten in der Beziehung wahrzunehmen, sind häufig weniger sensibel und ausgeprägt. Oder sie nehmen die Anzeichen nicht ernst genug: *Wird ja nicht so schlimm sein …* Somit sind Männer oftmals völlig überrascht, wenn sich die Partnerin trennt. Häufig realisieren sie erst im Nachhinein, dass diese wiederholt Hinweise gegeben oder ihre Unzufriedenheit ausgedrückt hat. Einige wachen dann schlagartig auf und kämpfen nach Kräften um die Partnerschaft – häufig zu spät.

Nun blicken wir auf mögliche Trennungsgründe. Es hilft dabei, auf beide Seiten zu blicken: Welche der Aspekte gehören zu dir und welche treffen auf deinen Ex-Partner zu? Folgendes sehen wir uns dabei an:

- Konflikte und Streitigkeiten
- Affären und Seitensprünge
- Bedürfnisse und Erwartungen

- Wertschätzung und Vernachlässigung
- Ängste und Sorgen
- Anziehungskraft und Sexualität
- Verletzungen und Wunden
- Nähe und Distanz
- Lebenskonzepte und Lebensumstände

Konflikte und Streitigkeiten

In jeder Partnerschaft gibt es Konflikte und Auseinandersetzungen. Das ist nicht das Problem, sondern vielmehr, wenn beide keinen guten Umgang damit finden. Als Grundlage gilt: Es geht nicht darum, den Partner zu verändern, sondern zu lernen ihn anzunehmen, wie er ist. Wenn das nicht gelingt, können Paare in eine Abwärtsspirale gelangen und aus vielen Kleinigkeiten wird die Beziehung zu einem Kampf.

Eine Trennung folgt oft, wenn mehrere der Kennzeichen einer glücklichen und stabilen Partnerschaft nicht mehr vorhanden sind:

- **Konfliktkompetenz**: Glücklichen Paaren gelingt es, Auseinandersetzungen fair und lösungsorientiert zu regeln und den sogenannten *4 apokalyptischen Reitern* keinen Raum in der Beziehung zu gewähren. Das heißt erstens: Keine pauschale Kritik wie »immer« und »nie« sowie keine persönlichen Angriffe wie »Du bist so faul!« Zweitens: Keine Verachtung und Abwertung wie Sarkasmus, Augenrollen oder abschätzigen Humor. Drittens: Keine Verteidigung, Gegenangriffe und Rechtfertigungen und viertens: Kein Abblocken durch Kontaktabbruch oder dem Vermeiden von Blickkontakt.
- **Vertrauen**: Eine stabile Partnerschaft beruht insbesondere auf Nähe und Vertrautheit, nicht auf Leidenschaft. Es geht mehr um das Gefühl, wie gut ich meinen Partner kenne und er mich und weniger um die körperliche Nähe.

- **Autonomie**: In einer harmonischen Partnerschaft wird nicht nur Nähe, sondern auch Freiraum ermöglicht.
- **Selbstvertrauen**: Wie jeder Partner zu sich selbst steht, welchen Wert er sich selbst geben kann, hat einen Einfluss auf die Stabilität einer Paarbeziehung.
- **Liebe**: Das emotionale Grundgerüst, welches für jeden Menschen jedoch eine unterschiedliche Bedeutung hat.
- **Kommunikation**: Ein gelingender Austausch ist wichtig, vor allem das Interesse am anderen und eine wertschätzende Kommunikation auf Augenhöhe.
- **Sexualität**: Eine erfüllende Sexualität, die beiden Partnern Freude bereitet und nicht zu einer Pflichtübung wird.

Wie du siehst, decken sich diese Grundlagen einer harmonischen Partnerschaft weitestgehend mit den Aspekten, welchen wir uns im Folgenden zuwenden.

Affären und Seitensprünge

Eine dritte Person betritt den geschützten Rahmen einer monogamen Partnerschaft. Das führt häufig zum Beziehungsende. Unabhängig davon, ob es eine kurzfristige Affäre oder ein längerer Seitensprung war. In meiner Praxis habe ich viele Klienten zu diesem herausfordernden Thema begleitet.

Ein Seitensprung weist stets auf etwas Fehlendes in einer Partnerschaft hin. Jedoch nicht in dem Sinne, dass der Hintergangene etwas falsch gemacht hat und nun verantwortlich für den Seitensprung ist. Der Fremdgänger trägt zu 100 Prozent die Verantwortung für die Untreue. Der Hintergangene hat ihn nicht ins Bett der Affäre gelegt. Die Verantwortung, dass in der Beziehung Dinge falsch gelaufen sind, tragen für gewöhnlich beide Partner zu jeweils 50 Prozent. Diese Differenzierung ist wichtig und entlastend.

Wenn die Affäre auffliegt oder gebeichtet wird, bricht für den Betrogenen die Welt zusammen. Interessanterweise – so sagt es zumindest eine Studie – haben knapp 90 Prozent eine Ahnung, dass sie betrogen werden. Als hintergangene Person haben wir vor allem mit dem Vertrauensverlust zu kämpfen, unser Selbstwert wird angegriffen und wir stellen uns selbst und die gesamte Beziehung in Frage.

Es gibt viele verschiedene Konstellationen, warum Untreue zur Trennung führt:

- **Partnerwechsel**: Der Fremdgänger hat sich dazu entschieden, mit dem Affärenpartner eine feste Beziehung einzugehen. Dann ist alles klar.
- **Vertrauensverlust**: Das Vertrauen ist nach einem aufgeflogenen oder gebeichteten Seitensprung immer erschüttert. Wenn sich das Paar danach nicht trennt, gilt es die Gründe hinter der Untreue aufzuarbeiten. Das verlangt von beiden Partnern, dass sie die Beziehung tatsächlich weiterführen möchten und sie alles dafür geben, die Krise zum Guten zu verwandeln.
- **Befreiung**: Ein Seitensprung wird – häufig unbewusst – als Sprungbrett genutzt, eine Beziehung zu beenden. Das klingt auf den ersten Blick möglicherweise absurd, doch ich habe es häufig so erlebt. Eine Affäre hilft diesen Menschen dabei, aus der Primärbeziehung auszubrechen. Sich selbst gegenüber haben sie nun einen Grund sich zu trennen, oder sie hoffen, dass der Partner geht.

In vielen Fällen trennt sich auch der Hintergangene. Doch das ist nicht der Schwerpunkt in diesem Abschnitt.

In manchen Fällen führt die Untreue des Ex-Partners dazu, dass die Wut auf und die Enttäuschung über ihn derart groß ist, dass die emotionale Loslösung vom Partner dadurch schneller gelingt. Dennoch ist das Thema Untreue für den Hintergangenen eine Herausforderung.

Schon gewusst? Daten und Fakten zur Untreue
In europäischen Ländern liegt die gesellschaftliche Erwartung an eine monogame Partnerschaft laut unterschiedlichen Befragungen zwischen 60 und 100 Prozent. Treue wird häufig als die wichtigste Eigenschaft eines idealen Partners angesehen. Dennoch geben – je nach Befragung etwa 15 bis 50 Prozent der Befragten an, in ihrem Leben mindestens eine sexuelle Außenbeziehung gehabt zu haben. Es scheint demnach eine große Kluft zwischen dem Wunsch nach Verlässlichkeit, Treue und einer monogamen Beziehung und dem Bedürfnis nach Freiheit, Abwechslung und sexuellem Abenteuer zu geben.

Bedürfnisse und Erwartungen

Ein guter Umgang mit den Bedürfnissen beider Partner ist ein wichtiger Bestandteil einer glücklichen Beziehung. Bedürfnisse haben prinzipiell immer Recht. Wir können uns nicht in unserem Bedürfnis irren. Wir haben jedoch kein Anrecht darauf, dass es erfüllt wird. Wie können Bedürfnisse und Erwartungen zu einer Trennung führen?

- **Bedürfnisse ausdrücken**: Viele Menschen kennen ihre Bedürfnisse nicht gut oder trauen sich aus unterschiedlichen Gründen nicht, diese ihrem Partner gegenüber auszudrücken. Dahinter stehen oft die Fragen: »Darf ich das? Bin ich so viel wert? Mag er mich dann noch?« Wenn auf Dauer die eigenen Bedürfnisse keine Erfüllung finden, entsteht verständlicherweise Frust. Dieser richtet sich auf den Partner und führt nicht selten zu einer Trennung. Doch wenn man genauer hinsieht, bezieht sich der Frust meist auf sich selbst, weil man sich nicht für seine eigenen Bedürfnisse eingesetzt hat – das häufig über Jahre. Eine Trennung aus diesem Frust heraus ist für den, der verlassen wurde, häufig völlig überraschend, weil er die Bedürfnisse oder Unzufriedenheit seines Partners nicht gehört hat – oder weil er diese gekonnt überhörte.

- **Wünsche unterdrücken**: Wenn die Wünsche des Partners unterdrückt oder manipuliert werden, und alles nach dessen Pfeife tanzen muss, ist das eine Weile aushaltbar. Wenn es zu einem Dauerzustand wird und das Eigene in der Beziehung keinen Platz findet, kann häufig eine Trennung folgen.

- **Erwartungen erfüllen**: Zu hohe Erwartungen an den Partner, dass dieser meine Bedürfnisse wahrnimmt und sich um sie kümmert, kann auch zu Trennungen führen. Dahinter steht meist die unbewusste Sehnsucht, dass der Partner sich um mich sorgt und erkennt, was ich brauche. Das sind jedoch kindliche Erwartungshaltungen. Diese Erfüllung wird ausschließlich kurzfristig gelingen, wenn überhaupt. Denn diese kindlichen Bedürfnisse kann und sollte ebenfalls kein Partner erfüllen. Diese Themen können ausschließlich in Bezug zur eigenen Lebensgeschichte und Herkunftsfamilie gelöst werden.

Wertschätzung und Vernachlässigung

Alle Menschen möchten wertschätzend und respektvoll behandelt werden, insbesondere von nahestehenden Personen. In den ersten Monaten oder Jahren gelingt das den meisten Paaren gut. Doch mit der Zeit schleichen sich manchmal andere Seiten ein. Man fühlt sich von seinem Partner nicht mehr ausreichend gesehen: Mit den Bedürfnissen, den Gefühlen, dem Aufopfern für die Beziehung oder die Familie, dem Zurückstecken und den Kompromissen.

Wenn ein Partner den Eindruck hat auf Dauer mehr in die Partnerschaft zu investieren als der andere, entsteht Frust und Enttäuschung – unabhängig davon, ob diese Einschätzung realistisch ist oder nicht. Vor allem dann, wenn dieser Einsatz nicht gesehen und anerkannt wird und keine Dankbarkeit ausgedrückt wird. Fehlt die Würdigung durch den Partner oder wird diese ausschließlich als Manipulation oder Erpressung eingesetzt, dann können Trennungsgedanken aufkommen. Im Beruf ist es ähnlich. Wenn wir alles für das Unternehmen geben, doch es kommt keine Wertschätzung oder ein *Danke* zurück, sondern weiterhin Druck und Kritik, sind Kündigungsgedanken ebenfalls nicht weit entfernt.

Ängste und Sorgen

Ängste sind uns bereits im Kapitel *Fühlen* begegnet. Sie können zu Entscheidungen und Verhaltensweisen führen, die rational nicht immer verständlich sind – für uns selbst oder für andere Menschen. Aus diesem Grund ist es schwer, Trennungsgründe aufgrund von Ängsten in aller Tiefe zu durchschauen. Dennoch möchte ich dir häufige mit Ängsten zusammenhängende Trennungsgründe nennen:

- **Verlassen zu werden**: In krisenhaften Zeiten werden von einem oder beiden Partnern direkte oder indirekte Trennungsüberlegungen geäußert. Diese können den anderen in eine derartige Angst vor dem Verlassenwerden versetzen, dass er sich entscheidet, diesen Schritt lieber selbst zu gehen. Dahinter steht dessen Angst, in ein Gefühlschaos und eine Ohnmacht zu stürzen und damit nicht umgehen zu können. Diesen Trennungsgrund habe ich hauptsächlich bei Paaren erlebt, die noch nicht lange zusammen waren.
- **Nicht zu genügen und Fehler zu machen**: Eine ähnliche Sorge, wie der erste Aspekt kann ebenfalls zum Beenden einer Beziehung führen: Die Angst, nicht gut genug für den Partner zu sein. Meist als vorbeugende Schutzmaßnahme. *Bevor der Partner erkennt, wie ich wirklich bin und mich dann nicht mehr mag, trenne ich mich lieber selbst.* Dahinter steht meist ein Selbstwertthema.
- **Etwas zu verpassen**: Bestimmte Erfahrungen im Leben nicht mehr machen zu können ist ein weiterer Trennungsgrund. Diesen erlebe ich in meiner Arbeit vermehrt bei Männern sowie bei Menschen, die früh eine langfristige Partnerschaft eingegangen sind. Häufig ringen sie lange mit sich, bis sie die Entscheidung für oder gegen die Partnerschaft treffen.

Anziehungskraft und Sexualität

Beim Thema Sexualität stellt sich die Frage: Stärkt eine gute Sexualität die Partnerschaft oder fördert eine gute Beziehung und Kommunikation die Lust auf Sex? Es gibt Studien zu beiden Thesen, demnach sind beide Richtungen möglich.

Fest steht auf jeden Fall, dass eine Partnerschaft mit langanhaltender unbefriedigender Sexualität in den meisten Fällen zu Schwierigkeiten führt. Häufig ist es ein Baustein von vielen, der in Summe zur Trennung führt. In sexualtherapeutischen Sitzungen wird der Fokus unter anderem daraufgelegt, was die Hintergründe sind. Diese eindeutig herauszukristallisieren ist nicht immer leicht. Warum hat einer oder beide Partner keine Lust mehr? Was liegt in der Partnerschaft begründet und was in anderen Lebensbereichen? Dabei gibt es unzählige Ursachen einer unbefriedigenden Sexualität. Hier ein Ausschnitt:

- **Kommunikation**: Fehlender Austausch und fehlende Nähe können zu einer unbefriedigenden Sexualität führen, weil zumindest für einen der Partner auf verbaler und emotionaler Ebene etwas fehlt. Eine Begegnung auf körperlicher und sexueller Ebene ist für diesen häufig nicht möglich, wenn die emotionale nicht stimmig ist.

- **Scham**: Wenn Themen rund um Sexualität schambesetzt sind, fällt es schwer, seine eigenen Wünsche auszudrücken. Dies hat Frust, Resignation und Rückzug zur Folge.

- **Macht**: Manchmal ist der Entzug der Sexualität die beste oder einzige Möglichkeit, in welchem der eine Partner noch Macht und Kontrolle besitzt. Wenn der andere in allen anderen Bereichen die Beziehung führt, bestimmt und entscheidet, bleibt manchmal nur noch dieser – unbewusste – Ausweg, sich nicht vollständig ausgeliefert zu fühlen.

- **Stress**: Überlastung, ob im Job oder der Familie ist für die meisten Menschen ein wahrer Lustkiller. Dieser lässt sich auch hormonell nachweisen.

- **Geschlecht:** Der unterschiedliche Umgang der Geschlechter kann zu Frustrationen im Bett führen. Einer möchte mehr Sex oder andere Stellungen, der andere vermisst das ausgiebige Vorspiel oder kann sich erst öffnen, wenn genügend Nähe und Wertschätzung spürbar sind. Passend dazu fällt mir dieser Satz ein: *Für Frauen beginnt das Vorspiel direkt nach dem letzten Sex, für Männer direkt vor dem Akt.*

Nähe und Distanz

Eine gute Balance von Bindung und Autonomie ist ein Grundthema in jeder Beziehung. Denn jeder Mensch hat unterschiedliche Vorlieben nach Verbundenheit und Nähe sowie Freiheit und Distanz. Manche Paare passen dabei wunderbar zusammen, bei anderen ist es eine Herausforderung und kann einem täglichen Kampf gleichen.

Häufig verhalten sich die Partner nach einigen Monaten nicht anders, doch das Erleben hat sich verändert. Was am Anfang vielleicht noch anziehend war – der freiheitsliebende beziehungsweise nähesuchende Partner – wird dann zur emotionalen Herausforderung.

Bevor wir uns die Trennungsursachen zu diesem Thema ansehen, ist es wichtig die Mechanik der Bindungsangst zu verstehen. In meiner Praxis begleite ich viele Menschen zum diesem Thema. Bindungsangst ist dabei keine psychische Erkrankung, kann jedoch Beziehungen unglaublich erschweren. Dabei zeigen sich bei betroffenen Menschen zwei Seiten, meist abhängig vom Verhalten des Partners:

- **Der Wunsch nach Autonomie**: Je nach Grad der Bindungsangst zeigt sich die Aversion gegenüber zu viel Nähe oder Verpflichtungen früher oder später. Das Gefühl der Einengung führt unweigerlich zum Autonomiebestreben. Dahinter stehen meist Verletzungen in der Kindheit, wie keine verlässliche und liebevolle Nähe durch die Eltern (oder andere Hauptbezugspersonen), Grenzüberschreitungen oder der emotionale Missbrauch des Kindes als Partnerersatz. Da sie diese Erfahrungen der verletzenden Nähe gemacht haben, bedeutet diese auch im Erwachsenenalter eine Bedrohung – außer sie haben sich damit intensiv befasst und die verletzten inneren Anteile geheilt. Sie schützen sich vor einer möglichen Wiederholung, indem sie die Nähe nur bedingt zulassen – das läuft meist automatisch und unbewusst ab.

- **Der Wunsch nach Nähe**: Bei Bindungsangst denken wir im ersten Moment meist an Menschen, die keine Nähe ertragen und sich schwer in Partnerschaften fallen lassen können. Doch das ist nur eine Seite der Medaille. Denn die andere existiert ebenfalls, sie zeigt sich jedoch vor allem situativ bedingt. Immer dann, wenn Nähe keine konkrete Gefahr bedeutet, wie in der Kennenlernphase, wenn der (zukünftige) Partner noch keine deutlichen Bindungswunsch-Signale aussendet, er ihn im Unklaren über seine Zuneigung und Liebe lässt oder er mit einer Trennung droht. In diesen Phasen bedeutet die Nähe keine Gefahr und der bindungsängstliche Mensch kann sich leichter öffnen. Dahinter steht ebenfalls die eigene Lebensgeschichte. Denn das Bedürfnis nach positiver, verlässlicher und nährender

Nähe wurde ebenfalls nicht befriedigt, sodass diesbezüglich Defizite und damit eine tiefe Sehnsucht nach positiver Nähe bestehen.

Dieser Wechsel zwischen den beiden Seiten kann für den Partner und den Betroffenen selbst verwirrend sein. Selbstverständlich ist nicht jedes Autonomiebestreben eine Bindungsangst und muss zudem nicht jederzeit so deutlich ausgeprägt sein, wie hier beschrieben. Die Mechanik der Nähe-Distanz-Thematik lässt sich damit jedoch am leichtesten erklären.

Es gibt selbstverständlich auch den Gegenspieler des bindungsängstlichen Menschen: Den nähesuchenden bis klammernden. Dieser hat in der stärksten Ausprägung Dauerverschmelzungsfantasien, er erhält seinen Wert und sucht seine Lebenszufriedenheit vor allem in der Beziehung. Er benötigt von seinem Partner viel Aufmerksamkeit und Liebe und kann schwer allein sein. Er wird panisch, wenn er die Nähe, Liebe und Sicherheit des Partners nicht mehr spüren kann und fordert – direkt oder indirekt – all das von seinem Partner ein. Auch hier liegt die Ursache für gewöhnlich in der Kindheit, in welcher der Bindungswunsch des Kindes nicht adäquat erwidert oder verletzt wurde. Dieses Defizit und diese Sehnsucht bringt dieser Mensch ebenfalls mit in die Beziehung.

Was in Partnerschaften häufig passiert ist, dass ein bindungsängstlicher Typ auf einen Menschen trifft, der viel Nähe benötigt. Meist hält sich die Ausprägung die Waage. Je extremer das Verhalten des einen ausgeprägt ist, desto deutlicher auch bei seinem Partner. Das gilt nicht in allen Fällen, doch erstaunlich häufig.

Du kannst dir vorstellen, dass diese Beziehungsdynamik zu vielen Konflikten führen kann. Wenn der bindungsängstliche Typ einen Schritt nach hinten macht, folgt der nähesuchende ihm sofort. Dieser fühlt sich dadurch noch mehr bedrängt, geht noch einen Schritt zurück und der nähesuchende Partner fängt an zu klammern. Ein Kreislauf beginnt. Somit bedingen sich beide wunderbar und beide leiden, jeder auf seine Weise. Eine Trennung ist dann häufig die Konsequenz. Betrachten wir dabei die zwei Möglichkeiten: Erstens, es trennt sich der

Partner, dem die Nähe zu viel wurde und zweitens derjenige, der sich mehr Nähe wünscht:

- **Zu viel Nähe**: Wenn sich der bindungsängstliche Typ in seiner Autonomie beschnitten fühlt, wird er immer mehr um seine Freiräume kämpfen. Wenn das Gefühl der Enge und des Eingeschränktseins für ihn zu groß und einschneidend wird, trennt er sich. Das kann unabhängig davon passieren, ob der Partner tatsächlich klammert oder nur nach einer gesunden Nähe in der Beziehung sucht.

- **Zu wenig Nähe**: Wenn einem der Partner die Verbundenheit, Verbindlichkeit oder Nähe, ob emotional, zeitlich oder kommunikativ, nicht ausreicht, kann dies ebenfalls zur Trennung führen. Häufig versuchen sie lange mit dem Partner eine Lösung zu finden, doch sobald keine Hoffnung auf Veränderung besteht, trennen sie sich schweren Herzens. Denn sie wünschen sich Nähe mit diesem Menschen – bekommen sie aber nicht in dem Maße, wie sie es brauchen.

Verletzungen und Wunden

Jeder Mensch trägt seine Lebensgeschichte in sich. Hierzu zählen alle Fähigkeiten und Ressourcen als auch Wunden und Herausforderungen. Diese beeinflussen unsere Beziehungsgestaltung und führen letztendlich zu den meisten Trennungen. Nach meiner Erfahrung gibt es drei Arten von Verletzungen, die zu Schwierigkeiten und damit zu Beziehungsabbrüchen führen können:

- **Wunden aus der Herkunftsfamilie**: Wenn es eng wird in Partnerschaften, spielt bei allen Themen die eigene Lebensgeschichte und insbesondere die eigene Kindheit eine wichtige Rolle. Wenn wir uns die Frage stellen: »Warum bin ich so, wie ich bin? Warum fallen mir manche Dinge leicht und tue ich mich mit anderen derart schwer?« kommen wir nicht umhin, auf unser eigenes Leben zu blicken. Die Muster, welche wir in der Kindheit als beste Anpassungsstrategie entwickelt haben, verwenden wir in Beziehungen weiterhin. Die verletzten Anteile in uns, können durch unseren Partner leicht angetriggert werden. Zudem fordern wir unbewusst von unserem Partner ein, dass er sich um die in unserer

Kindheit zu kurz gekommenen Dinge kümmert. Doch dieser ist dafür die falsche Zielperson. Wie ich in meinem Buch *Beziehungsleben* beschrieben habe, finden wir die Lösung für nahezu alle Beziehungskrisen, wenn wir den Blick auf uns und unsere Lebensgeschichte richten und uns um unsere Verletzungen kümmern – anstatt uns an unserem Partner abzuarbeiten. Daher zerbrechen Partnerschaften häufig aufgrund von Verstrickungen mit der eigenen Herkunftsfamilie und dem Nichtwissen dieser Parallelen.

- **Wunden aus der vorherigen Beziehung**: In meiner Praxis begleite ich viele Menschen, die emotional noch an dem vorherigen Partner hängen. Das heißt jedoch nicht, dass sie diese alte Partnerschaft wieder aufnehmen möchten. Meistens haben sie die Trennung akzeptiert und möchten sich tatsächlich auf die neue einlassen. Doch wenn dein Ex-Partner noch mit einer vorherigen Beziehung verstrickt ist, wird die Beziehung zu dir schwer. Es wird ihm schwerfallen, zu vertrauen, sich fallenzulassen oder sich voll zu öffnen. Unbewusst ist er in diesem Fall noch mit der vorherigen Partnerschaft verbunden – ob mit Liebe, Wut oder Schuld. Diese kann dabei Monate oder Jahre in der Vergangenheit liegen. Entscheidend ist es nicht, wie der Verstand deines Ex-Partners die Trennung akzeptiert hat, sondern vielmehr, wie er sie emotional abgeschlossen hat.

- **Wunden aus der Beziehung**: Verletzungen, welche du und dein Ex-Partner euch gegenseitig zugefügt habt, führen häufig ebenfalls zum Beziehungsende. Beispielsweise aufgrund einer Lüge oder tiefverletzenden Aussage. Welche Gründe können dahinterstehen? Derjenige, der verletzt hat. Häufig ist es in dem Fall die Schuld, den Partner enttäuscht und verletzt zu haben oder die Unfähigkeit von ihm oder euch beiden, in Heilung und zu dem Ende von Schuldvorwürfen gekommen zu sein. Derjenige, der verletzt wurde – oder, wie im vierten Kapitel *Fühlen* geschrieben, der sich verletzen ließ. Dieser trennt sich aufgrund des zugefügten Leids, der tiefen Enttäuschung darüber, dass der Partner einem diese Wunden zufügen konnte, der Angst vor einer Wiederholung oder der Hoffnungslosigkeit bezüglich zukünftiger Verbesserungen.

Am meisten können wir persönlich wachsen, wenn wir die drei Aspekte verbinden: Unsere Wunden aus der Herkunftsfamilie, aus vorherigen Partnerschaften und aus der letzten Beziehung. Meistens gibt es Parallelen der alten Wunden aus unserer Kindheit mit den Erfahrungen, die wir in der aktuellen Beziehung machen. Wenn wir das verstehen, werden wir sowohl unser Verhalten als auch das unseres Ex-Partners besser verstehen.

Lebenskonzepte und Lebensumstände

Wir verlieben uns stets in die Vorstellung, wie der andere im besten Fall sein kann und zukünftig sein wird. Insbesondere am Anfang sehen wir die Schokoladenseiten des Partners und übersehen Dinge, die uns später weniger gut gefallen. Unser Partner zeigt diese zu Anfang nicht. Das gilt selbstverständlich in beide Richtungen. Zudem wächst nicht nur die Partnerschaft, sondern auch die beiden Partner entwickeln sich weiter. Jedoch nicht immer in die gleiche Richtung, was zu Bewährungsproben für beide werden kann.

Du kennst sicherlich die beiden Volksweisheiten *Gegensätze ziehen sich an* sowie *Gleich und gleich gesellt sich gern.* Das sind auf den ersten Blick erstmals Widersprüche, die wohl nicht beide stimmen können. Tatsächlich haben beide ihre Daseinsberechtigung. Der Zeitaspekt ist hier entscheidend:

- **Gegensätze** ziehen sich vor allem am Anfang an und beide bereichern gegenseitig ihr Leben. Das Aufregende, Besondere und Gegensätzliche am anderen wird nach gewisser Zeit jedoch häufig zur Herausforderung und das Paar trennt sich aufgrund dessen.
- **Gemeinsamkeiten** wie ähnliche Werte, Projekte oder Ziele sind vielleicht zu Beginn weniger aufregend, führen aber dazu, dass diese Paare nachweislich länger zusammenbleiben.

Im Folgenden habe ich häufige Themen zusammengetragen, die zu einer Trennung bei unterschiedlichen Lebenskonzepten und Lebensumständen führen können:

- **Kinderwunsch**: Ein Thema, welches immer mehr Partnerschaften beeinflusst und aus unterschiedlichen Gründen zu Trennungen führen kann. Einer möchte keine Kinder. Einer oder beide können keine Kinder zeugen. Einer möchte ein weiteres Kind. Oder einer tut sich schwer mit den Kindern des Partners aus dessen vorheriger Beziehung. Eine Lösung bei diesen Themen ist schwer zu finden, denn ein halbes Kind lässt sich nur schwer in die Welt setzen.
- **Kindererziehung**: Ein weiteres konfliktbeladenes Thema in vielen Partnerschaften ist die Kindererziehung. Einer der Partner möchte beispielsweise den Kindern schon mit fünf Jahren Zugang zu Smartphones und Co. ermöglichen, für den anderen ist das unvorstellbar. Dieser möchte vielmehr, dass Kinder primäre Sinneserfahrungen machen und die reale Welt kennenlernen. Diese unterschiedlichen Welten können aufeinandertreffen, zu endlosen Diskussionen führen und zum Anstoß einer Trennung werden.
- **Elternsein**: Kinder stellen eine Partnerschaft und das eigene Leben vollständig auf den Kopf, wie alle Eltern nur zu gut wissen. Plötzlich ist die Zeit als Paar ein rares Gut. Auch die Zeit für sich selbst zum Durchschnaufen und Energietanken sinkt auf ein Minimum. In den ersten Monaten ist alles neu, aufregend und schön, doch dann kommen neue Herausforderungen auf Paare zu. Häufig ist das zweite Kind ein Knackpunkt. Die Verantwortung verdoppelt sich und es gibt noch weniger Zeit und Nähe.
- **Abtreibung**: Ein häufig unbeachtetes Thema, welches jedoch in den meisten Fällen zum Beziehungsende führt, ist eine nicht einvernehmliche Abtreibung. Eine Frau, die ein Kind abtreibt, sagt innerlich zum Mann: »Von dir will ich kein Kind.« Das gilt auch umgekehrt, wenn der Mann gegen das Kind ist. Eine Partnerschaft verträgt das selten.
- **Persönlichkeitsentwicklung**: Es kann Jahre oder Jahrzehnte dauern, häufig ausgelöst durch eine Krise oder ein bestimmtes Erlebnis, dass Menschen erkennen, dass sie bisher nicht ihr Leben gelebt haben. Dass sie sich beispielsweise untergeordnet und angepasst haben und sie selbst dabei auf der Strecke geblieben sind. Auf diese Erkenntnis erfolgen meist deutliche Verhaltensänderungen, mit allen Auswir-

kungen auf die Paarbeziehung. Wenn eine solche Veränderung ausschließlich bei einem Partner geschieht, kann das eine Bedrohung für den anderen darstellen. Denn dieser war mit dem bisherigen Zustand zufrieden und die Veränderung bedroht nun das Gewohnte oder Liebgewonnene. Die darauffolgenden Konflikte können zu Trennungen führen – von beiden Seiten.

Soweit meine Erfahrungen zu den Trennungsgründen. War etwas dabei, was bei eurer Trennung einen Einfluss gehabt haben kann? Meist kommen mehrere Faktoren zusammen, die in der Summe zum Ende führen. Wie beschrieben, tragen jederzeit beide ihre 50 Prozent zum Ende einer Paarbeziehung bei und nicht derjenige, der verlassen wurde die 100 Prozent. Wir können jedoch nicht unseren Ex-Partner verändern, sondern ausschließlich uns selbst für unser zukünftiges Leben. Daher befassen wir uns im nächsten Kapitel damit, was du aus der Partnerschaft und Trennung lernen kannst.

Exkurs: Wenn der Partner ohne Vorwarnung und Begründung geht und den Kontakt vollständig abbricht

Der Verlust der geliebten Person ist an sich bereits eine große psychische Herausforderung. Doch wenn der Partner den Kontakt zu uns nach der Trennung vollständig abbricht, sind wir mit einer weiteren Herausforderung konfrontiert. Im folgenden Abschnitt einige Gedanken und Impulse zu diesem plötzlichen und harten Kontaktabbruch.

Wichtig dabei ist: Es geht nicht um die Reaktion deines Ex-Partners auf eine große Verletzung, wenn er dich zum Beispiel mit jemand anderem im Bett erwischt hat. Die folgenden Gedanken beziehen sich auf einen Abbruch, der unerwartet und ohne nähere Begründung erfolgte. Warum wir in diesem Fall – neben dem Verlust – meist doppelt leiden:

- **Unwissenheit**: Wir wissen nicht, warum sich der Ex-Partner getrennt hat. Sofort beginnt der Kopf auf Hochtouren zu arbeiten. Er vermutet, grübelt, stellt Hypothesen auf, stellt Antithesen auf, ist sich sicher, ist sich unsicher … und findet nur schwer zu Ruhe.

- **Ungerechtigkeit**: Auch wenn wir wissen, dass jeder in einer Beziehung das Recht hat, sich zu trennen und nach Beziehungsende seine Privatsphäre zu schützen, möchten wir zumindest einige Informationen bekommen oder ein letztes Gespräch führen. Alles andere fühlt sich wie eine große Ungerechtigkeit und Strafe an.
- **Stellungnahme**: Zum einen wissen wir häufig nicht, was den Ausschlag der Trennung gegeben hat und zum anderen erhalten wir keine Möglichkeit, unsere Sicht der Dinge auszudrücken oder mögliche Missverständnisse aus dem Weg zu räumen.
- **Entwicklungsmöglichkeit**: Wenn wir nicht wissen, was uns der Ex-Partner vorwirft, fehlen uns hilfreiche Informationen, aus dieser Erfahrung etwas für die Zukunft zu lernen.

Was kann ein solches Verhalten über deinen Ex-Partner aussagen? Ein Kontaktabbruch ohne, dass dieser je vorher über die Unzufriedenheit in der Beziehung gesprochen hat und dir keinerlei Gründe für die Trennung nennt, spricht für gewöhnlich nicht für seine Fähigkeit, sich mit seinen wunden Punkten auseinanderzusetzen. Dahinter steht häufig seine Angst vor einer Begegnung und Auseinandersetzung mit dem Partner, die unangenehm und schmerzhaft sein könnte. Demnach ist eine Trennung häufig eine Flucht vor sich selbst – und du bekommst dieses Weglaufen direkt zu spüren. Das gilt es zu akzeptieren, denn du wirst es nicht ändern können.

Was dich aus der Ohnmacht bringen kann ist die Reflexion: Was bedeutet dieses Verhalten nun für mich? Zu was werde ich dadurch aufgefordert? Was gilt es für mich in dieser Situation zu lernen? Mögliche Antworten auf diese Fragen finden wir meist erst nach einer gewissen Zeit, durchaus erst nach Monaten oder Jahren. Diese Fragen mit sich herumzutragen kann zur Entlastung beitragen, weil unser Verstand sich dann nicht mehr um die Frage des »Warum ist der andere gegangen?« dreht, sondern sich mit der Frage »Was soll ich daraus für mich lernen?« befassen kann.

Als weiterer Impuls kannst du über Folgendes nachdenken: Möchtest du mit einem Menschen zusammenleben, der derart vor sich selbst wegrennt? Die Wahrscheinlichkeit ist hoch, dass es in Zukunft zu ähnlichem Verhalten kommt. Außer, er stellt sich seinen Themen mit professioneller Hilfe.

Sinn: Wie du für dich und zukünftige Partnerschaften das Beste aus der Trennung mitnimmst

Niemand möchte gern Schmerzen spüren, ob seelische oder körperliche. Wir alle wünschen uns Zufriedenheit, Gesundheit und Liebe. Doch das Leben besteht aus Entwicklung. Wenn wir das Wort Entwicklung genauer betrachten, heißt es nichts anderes als uns zu *ent-wickeln*, uns folglich aus etwas *heraus-zu-wickeln*, in dem wir bislang gesteckt haben. Diese Entwicklung kann auf verschiedene Art und Weise geschehen. Wir können uns durch Schmerz oder durch Einsicht entwickeln. Die meisten Menschen entwickeln sich durch schmerzhafte Ereignisse, wie Trennungen, Kündigungen, materielle Verluste, Krankheiten oder den Tod eines geliebten Menschen. Also immer dann, wenn plötzlich etwas weg ist, was wir gerne noch haben wollten, wie den Partner, den Job, das Haus oder die Gesundheit. Diese Krisen zwingen uns dann, uns mit der Entwicklungsaufgabe auseinander zu setzen. Das ist der unfreiwillige und doch häufig beschrittene Weg. Wenn wir die kleinen Hinweise für Entwicklungsaufgaben nicht wahrgenommen haben, werden sie größer, bis wir ihnen nicht mehr ausweichen können. Schmerzen sind dabei in allen Lebensbereichen ein Hinweis darauf, dass wir wachsen. Ein anschauliches Beispiel ist das Zahnen bei Kleinkindern, das meist mit erheblichen Schmerzen verbunden ist und zugleich Kindern neue Möglichkeiten eröffnet. Das Gleiche gilt bei seelischen Schmerzen, die zu neuen Einsichten oder Weisheiten führen.

Manche Menschen gehen darüber hinaus den zweiten Weg. Sie möchten sich entwickeln und lernen. Lernen aus Einsicht und Bewusstwerdung, durch das Annehmen von neuen Sichtweisen, Selbstreflexion, »harte« innere Arbeit und Übung. Sie stellen sich den Aufgaben in Partnerschaften und im Leben und achten auf die kleinen Hinweise.

Eine häufig genannte Parallele einer Lebenskrise ist die Metamorphose eines Schmetterlings. Er durchlebt dabei vier Entwicklungsstadien: Vom Ei zur Raupe, zur Puppe und schließlich zum Schmetterling. In diesem Verwandlungsprozess löst sich die Raupe für eine Zeit lang vollständig in ihre Bestandteile auf. Wenn wir den Kokon öffnen, würden wir nur ein schleimiges Gemisch sehen und kaum glauben, dass daraus einmal ein Schmetterling entsteht. Diese Metamorphose zeigt auf, dass manchmal etwas Altes gehen muss, bevor Platz für etwas Neues ist. Wie der Schmetterling grundlegend darauf vertraut, dass er selbst aus dem Schleim zum Falter wird, hilft uns selbst unser Vertrauen in unseren eigenen Verwandlungsprozess. Interessant ist, dass der Schmetterling sterben würde, wenn man die Raupe aus dem Kokon schneidet. Er muss sich selbst daraus befreien, um die Kraft zu entwickeln, die er später zum Fliegen benötigt. Somit kann ein Zusammenbruch nach einer Trennung die beste Basis für eine Entwicklung und ein neues, zufriedeneres und authentischeres Leben sein.

Dieser Abschnitt ist für alle Menschen geschrieben, die etwas aus der Trennung lernen möchten. Nach meiner Erfahrung wirst du am meisten von diesen Gedanken profitieren, wenn du die ersten beiden Trennungsphasen überwunden hast und wieder festeren Boden unter den Füßen spürst. Denn erstmals ist es wichtig, zu trauern und die Gefühle nicht zu unterdrücken. Doch nach gewisser Zeit – häufig nach Monaten oder Jahren – wird vielen Menschen bewusst, dass die Trennung oder Scheidung auch ihr Gutes hat und sie erkennen nun einen Sinn darin. Dabei möchte ich dich mit diesem Kapitel begleiten.

Nach dem Motto: *Ein weiser Mensch verwandelt sein Unglück in Glück. Er sucht solange das Positive im Negativen und ist nicht gegen die Umstände.* Wie kann uns das gelingen? Wir benötigen dazu eine andere Perspektive und die Beschäftigung mit bestimmten Fragen.

Deine Entwicklungsaufgaben durch die Trennung

Stellen wir uns einmal vor, dass die Trennung zu unserem Guten wäre und verschiedene Lernaufgaben und Erkenntnisse für uns bereithält. Einmal angenommen, das wäre tatsächlich so, wie wäre deine Antwort auf diese Frage: »Was ist der Sinn der Trennung?« Geht es vielleicht darum, eine ungesunde Abhängigkeit vom Partner zu erkennen und wieder selbstständiger zu werden? Oder geht es darum, frei zu sein und sich in der Partnerschaft nicht mehr verbiegen zu müssen? Oder endlich dein Leben zu leben? Meistens, so meine Erfahrung, liegt der Sinn im Lernen, Verstehen und Entwickeln. Darauf blicken wir nun im Detail.

Was du über dich selbst lernen kannst

Selbstverantwortung ist wesentlich, um die Trennung verarbeiten und etwas daraus lernen zu können. Es ist nicht leicht, sich ehrlich im Spiegel anzublicken, dort seine eigenen Schwächen zu sehen und sich diese einzugestehen. Ziel ist es nicht, dass wir uns für unsere Schattenseiten schämen und uns niedermachen. Vielmehr, dass wir sie kennen und annehmen lernen und wenn wir möchten verwandeln.

Im vorherigen Abschnitt zu den Trennungsgründen habe ich bereits verdeutlicht, dass nahezu alle Beziehungsthemen mit beiden Partnern zu tun haben. So ist es auch mit der Trennung. Folgende Fragen können dir dabei weiterhelfen:

- **Anteile**: Was ist mein Anteil an der Trennung, was habe ich dazu beigetragen? Was habe ich während der Partnerschaft versäumt? Was wollte ich vielleicht nicht sehen oder wahrhaben und habe es unter den Teppich gekehrt? Helfen können dir frühere Aussagen deines Ex-Partners, Selbsterkenntnisse, ehrliche Gespräche mit Freunden oder eine Beratung und Therapie. Die Fragen gelten auch andersherum: Was ist der Anteil deines Ex-Partners und was hat er versäumt?

- **Verantwortung**: Bin ich bereit, die Verantwortung für meinen Anteil zu übernehmen und zu sagen *Ja, das geht auf meine Kappe? Wenn ich es damals bereits gewusst hätte, hätte ich es anders gemacht, doch das habe ich erst jetzt verstanden/gesehen/erkannt.* Oder kommt gleich eine Ausrede oder ein *Aber,* warum du so gehandelt hast? Die Frage gilt auch andersherum: Kannst du die 50-prozentige Verantwortung deines Ex-Partners bei ihm lassen oder nimmst du davon etwas zu dir?

- **Beitrag**: Was habe ich dazu beigetragen, dass sich mein Ex-Partner genauso verhalten hat? Wie habe ich ihn dort hingebracht? Etwa, indem du ihn verändern wolltest – ob mit bewussten oder unbewussten Verhaltensweisen – und er mit der Zeit den Eindruck bekam, dass du ihn/sie nicht annimmst, wie er/sie ist. Die Frage gilt auch andersherum: Was hat dein ehemaliger Partner dazu beigetragen, dass du dich verhalten hast, wie du dich verhalten hast?

- **Wiederholung**: Kennst du ähnliche Verhaltensweisen von dir aus vorherigen Beziehungen? Nimm dir Zeit, dein Verhalten, den Beziehungsverlauf, die Konfliktthemen und das Beziehungsende deiner Partnerschaften zu reflektieren. Welche Gemeinsamkeiten werden deutlich? Was war für dich immer schwierig? Welche Veränderungswünsche hast du von deinen Partnern gehört und welche hast du geäußert? Wiederholungen sind stets ein Hinweis, dass es mehr mit uns als mit anderen Menschen zu tun hat.

- **Selbstbetrug**: Wovor hast du in der Beziehung die Augen verschlossen? Wir reflektieren uns selbst und erkennen vielleicht, dass wir uns in der Beziehung selbst angelogen haben, weil wir den Tatsachen nicht ins Auge blicken wollten. Beispielsweise haben wir versucht, unserem ehemaligen Partner alles rechtzumachen, uns selbst aufgegeben und haben uns für unsere Bedürfnisse nicht mehr eingesetzt.

Findest du Antworten darauf und möchtest du dir diese Erkenntnisse aufschreiben? Ich kann es dir empfehlen.

Die Frage nach dem *Wozu* bringt uns dabei wesentlich weiter, als die Frage nach dem *Warum.* Zum Beispiel: Wozu fordert mich die Trennung auf? Wozu zwingt mich diese Erfahrung? Wozu ist das alles gut?

Was Gutes durch die Trennung entstand

Direkt nach dem Beziehungsende fällt es uns schwer, das Gute an der Trennung zu sehen. Doch nach gewissem zeitlichem Abstand, kann sich eine andere Perspektive eröffnen:

- **Lernen**: Welche Erfahrungen, Erkenntnisse sowie Entwicklungsmöglichkeiten hat dir die Trennung bisher ermöglicht? Diese Lernaspekte können sich mit den oben genannten Fragen und Antworten decken.
- **Chancen**: Was wird erst durch die Trennung für dich möglich? Vielleicht war dein Lebenstraum einer Motorradreise durch Australien mit deinem Ex-Partner nicht möglich, Romantik- oder Science-Fiction-Filme wurden aus dem gemeinsamen Fernsehprogramm gestrichen oder du warst in Süddeutschland gefangen und konntest nicht nach Leipzig ziehen.
- **Loslassen**: Neben dem neuen Positiven gibt es auch altes Negatives. Was kannst du davon zurücklassen? Die aufdringliche Schwiegermutter, die ungemütliche gemeinsame Wohnung im Souterrain oder den Putzfimmel deines Ex-Partners?

Wie fühlt es sich an, dass auch Gutes daraus entstanden ist? Auch hier empfehle ich dir, die für dich relevanten Fragen und Antworten aufzuschreiben. Es hat sich bewährt, wenn du dich nach gewisser Zeit nochmals mit den Themen aus diesem Kapitel befasst. Lernen hört ja bekanntlich nie auf.

Schon gewusst? Ein spiritueller Blick auf den Sinn einer Trennung

Viele Kulturen und Religionen glauben an Reinkarnation. Das bedeutet, dass wir zu verschiedenen Zeiten und in unterschiedlichen Körpern immer wieder auf die Welt kommen. Der Glaube an Reinkarnation unterscheidet sich dabei zwischen westlichen und östlichen Kulturen. In Indien ist dieser beispielsweise normal und jedes Kind glaubt daran. Nach dieser Vorstellung nehmen wir bestimmte Charaktereigenschaften, Fähigkeiten, Phobien, Verletzungen oder ungelöste Aufgaben aus früheren Leben in eine neue Inkarnation mit. Unser Geist kann sich daran nicht erinnern, unsere Seele trägt dieses Wissen jedoch mit.

Diese Menschen glauben daran, dass sie sich bestimmte Aufgaben für ein Leben vornehmen und mit diesen dann konfrontiert werden, zum Beispiel mit einem schweren Verlust nach einer Trennung zurechtzukommen und dabei das Verzeihen zu lernen. Sie erklären sich den Sinn der vielen Leben damit, dass sie dadurch persönlich wachsen und viele verschiedene Erfahrungen auf der Erde machen können. Aus dieser spirituellen Perspektive ist das Leben ein wenig wie ein Spiel. Wenn dich das Thema interessiert, kann ich dir das Buch von Carol Bowman empfehlen: »Mama, ich war schon einmal erwachsen! Kinder erinnern sich an frühere Leben.«

Wenn wir die Bewertung verändern und Krisen nicht als Fehler ansehen, sondern als etwas, was zu einem gelingenden Leben dazugehört, können wir die Trennung leichter annehmen und gelangen früher aus dem Schmerz. Im besten Fall lernen wir etwas und *ent-wickeln* uns weiter.

Die Sichtweise, dass wir mit der Trennung nicht bestraft werden, sondern diese sich langfristig gesehen für uns zum Positiven entwickelt, kann uns folgende Haltung schenken: *Ja, das Leben traut mir zu, das durchzustehen. Es möchte, dass ich wachse. Das Leben ist für mich und nicht gegen mich.* Zum Sinn von Krisen habe ich vor Jahren »Die vier Weisheiten« gefunden. Dieser Text passt gut zur Sinnfrage einer Trennung und kann uns Trost schenken. Du findest ihn auf meiner Webseite: wielandstolzenburg.de/vier-weisheiten

Ressourcen: Wie du ein Leben lang von dieser Erfahrung profitieren kannst

Wenn wir den Sinn der Trennung erkennen und unsere Lernaufgaben verstanden haben, kann sich unsere Bewertung der Trennung verändern. Durch all die schmerzhaften Momente zu gehen, die Wut rauszuschreien oder in tiefster Trauer zu versinken, kostet viel Energie.

Doch gerade diese Erfahrungen in unserem Leben lassen uns wachsen. *Wir erkennen uns selbst am besten, wenn wir an unsere Grenzen gelan-*

gen. Wir sind stärker geworden, kennen uns nun selbst besser und sind im besten Fall ein wenig weiser. In diesem Abschnitt befassen wir uns damit, welche Fähigkeiten du durch die Beziehung und das Ende dieser erlernen konntest und durftest. Dabei blicken wir auf drei Themen:

- Dein Ex-Partner als dein Lehrer
- Deine Ressourcen durch die Partnerschaft
- Deine Ressourcen durch die Trennung

Persönlichkeitsentwicklung ist selbstverständlich nicht nur nach einer Trennung möglich, sondern im gleichen Maße auch in Partnerschaften oder als Single.

Dein Ex-Partner als dein Lehrer

In meinen Augen dienen alle Beziehungen im Leben, ob zum Partner, den eigenen Kinder, Kollegen oder Nachbarn zum persönlichen Wachstum. Nicht ausschließlich, doch ergänzend. Wenn wir diese Haltung einnehmen, kann sich auch der Blick unserem Ex-Partner gegenüber verändern. Anstelle eines Menschen, der uns ausschließlich verletzt, betrogen oder enttäuscht hat, können wir ihn als einen wichtigen Lehrer ansehen. Wenn du diese Haltung einnehmen würdest, welche Botschaften hat dir dieser Lehrer geschenkt? Ist es für dich möglich, so zu denken?

Ich persönlich bin der festen Überzeugung, dass wir immer den richtigen Partner finden, der uns in der persönlichen Entwicklung zum richtigen Zeitpunkt weiterbringt. Eben nicht ausschließlich über das Schöne und Leichte, sondern auch über Schweres. Wenn wir diesen Blick einnehmen, passen alle Paare zusammen. Und auch alle Trennungen sind passend. Auch wenn unser Ego damit nicht einverstanden ist. Für manche Menschen ist das ein Gedanke, den sie zulassen, andere sträuben sich dagegen.

Auch, wenn es sich für dich vielleicht abenteuerlich anhört: Unter der Annahme, dass du dir diese Partnerschaft mit diesem Beziehungsende unbewusst genauso gewählt hast, wofür hast du sie ausgesucht, was wäre der Sinn dahinter? Wofür war diese Erfahrung wichtig?

Deine Ressourcen durch die Partnerschaft

Bisher haben wir vor allem darauf geschaut, was du durch die Trennung entwickelt oder gelernt hast, doch es gibt noch einen anderen Zeitraum: Die gemeinsame Beziehungszeit mit deinem Ex-Partner. Blicken wir darauf, was das mit dir und deinem Leben gemacht hat:

- **Erhalten**: Was hast du von der Person während eurer Beziehung bekommen? Liebe, Anerkennung oder ein neues Selbstvertrauen? Das alles hast du noch in dir und es ist nicht mit der Person gegangen. Es kann dir niemand mehr nehmen.

- **Geben**: Was hast du geben dürfen? Was hast du an deinen ehemaligen Partner verschenkt, nicht ausschließlich im materiellen Sinne? Warst du ihm ein Lehrer in Sachen Geduld, hast du ihm die Liebe zur Natur beigebracht oder ihm dein Vertrauen geschenkt? Auch diese Dinge, sind durch das Beziehungsende nicht weg.

- **Lernen**: Was hast du durch deinen Ex-Partner lernen dürfen? Welche Fähigkeiten konntest du durch die gemeinsame Zeit entwickeln? Bist du beispielsweise dadurch zu einem gesünderen Lebensstil gekommen, hast du das Reisen für dich entdeckt oder gelernt, dich fallen zu lassen und tiefer und bedingungsloser zu lieben?

- **Verändern**: Wie hast du dich persönlich verändert? Was davon möchtest du weiterhin sein und was möchtest du loslassen?

Deine Ressourcen durch die Trennung

Wie beschrieben, geschehen unsere größten Wachstumssprünge aufgrund von Herausforderungen und Krisen. Somit wirst du durch die Trennung ebenfalls viele neue Fähigkeiten entwickeln können. Folgende Fragen können dich bei der Reflexion unterstützen:

- Was war während dem Trennungsverlauf deine größte Herausforderung und wie hast du diese gemeistert?

- Welche deiner Fähigkeiten war dabei am hilfreichsten?
- Woher hattest du all die Kraft, die Trennung zu überstehen?
- Wie konntest du mit deinen Mustern umgehen und dich davon befreien?
- Welche Fähigkeiten hast du neu entwickelt?
- Über was bist du selbst überrascht?
- Auf was bist du besonders stolz?

Nimm dir genügend Zeit, dir diese Fragen zu beantworten – am besten schriftlich. Manchmal tun wir uns schwer, unsere Sonnenseite zu sehen, insbesondere, wenn wir eine schwere Zeit durchmachen und Selbstvorwürfe und Schuldgefühle präsent sind.

Wenn du dir noch mehr Zeit für dieses Thema nehmen möchtest, habe ich noch einen weiteren Impuls für dich: Stell dir vor, dass du deine Trennungsgeschichte als ein Märchen verfassen würdest, sodass du sie später einmal deinen Enkelkindern vorlesen kannst. Was ist geschehen? Welches war das größte Hindernis für den Helden – also dich – und wie hat er es geschafft, dieses zu überwinden. Welche Fähigkeiten, welche Ressourcen und Stärken haben ihm dabei geholfen? Wie hat sich der Held verändert und was war das Gute an der Beziehung und letztendlich auch an deren Ende? Wenn du deine persönliche Heldengeschichte geschrieben hast, willst du sie mit mir teilen? Darüber würde ich mich freuen: wielandstolzenburg.de/feedback

Was nimmst du aus diesem Kapitel für dich mit? Welcher Gedanke, Impuls oder welche Übung war am wichtigsten für dich? Was nimmst du dir vor? Gibt es eine Aufgabe, die du gleich jetzt oder später durchführen möchtest?

11) Freuen: Wie du wieder mit Zuversicht ins Leben startest

Du hast es geschafft: Das erste Mal nach langer Zeit siehst du Land. Mittlerweile gibt es häufiger Tage auf dem Boot, die du genießt. Manchmal gibt es noch kleinere Stürme, doch mittlerweile weißt du, wie du damit umgehen kannst und was dir hilft. Du liegst auf dem Deck und deine Gedanken drehen sich nicht mehr ausschließlich um deinen Ex-Partner. Wenn du an ihn denkst, stellst du fest, dass sich deine Bewertung verändert hat: Zuversicht und Vertrauen sind wieder fester verankert in dir.

In dem letzten Kapitel geht es darum, wie du den letzten Rest der Schwere endgültig hinter dir lassen kannst. Zum einen befassen wir uns mit dem Loslassen von unserem Ex-Partner, wenn wir noch ein wenig an ihm hängen. Anschließend blicken wir auf das Thema Dankbarkeit sowie die Freude an unserem neuen Leben.

Rituale: Wie du deinen Ex-Partner endgültig loslassen und verabschieden kannst

Wenn das Loslassen doch nur so einfach wäre. Wir hängen häufig innerlich noch an etwas, was im Außen längst vorbei ist. Sei es der Verlust unseres Kaninchens als Kind, der Umzug der besten Freundin im Jugendalter oder der geliebte VW-Käfer, der einen Motorschaden hatte. Das ungewollte Ende eine Beziehung ist dabei einer der tiefgreifendsten und vielschichtigsten Herausforderung. Das Loslassen wird im besten Fall auch ein Abschied. Wenn wir uns von etwas verabschieden, dann haben wir die Trennung akzeptiert. Wenn wir das nicht möchten oder es uns nicht gelingt, blockieren wir uns selbst: *Was wir festhalten, hält uns fest!*

Vielleicht ist Loslassen auch nicht immer der passende Begriff. Vielmehr geht es ums Verwandeln. Denn wir können unseren Ex-Partner trotz Trennung weiter lieben oder schätzen und ihm einen Platz in unserem Herzen geben. Das sollte niemand loslassen müssen. Dagegen hilft es, sich von dem Wunsch zu lösen, dass er mich auch noch liebt. Diese Differenzierung ist wichtig.

Als grobe Regel bedarf es auf dem Weg zum Loslassen und Verabschieden diese Schritte:

- **Fühlen**: Als erstes gilt es, die Wut und Enttäuschung auszudrücken, zu Trauern, zu Heulen und alles raus zu lassen, was sich deine Gefühlswelt noch wünscht. Wenn noch vieles in dir ist, schaue am besten nochmal ins vierte Kapitel *Fühlen*.

- **Verstehen**: Erlange Verständnis: Sowohl für dich und dein Verhalten als auch für das deines Ex-Partners. Das ist manchmal nicht leicht, weil wir nicht alle Hintergründe kennen – dann geht es zumindest um ein Teilverständnis.

- **Verzeihen**: Im nächsten Schritt geht es ums Verzeihen und Versöhnen: Dir gegenüber für dein Verhalten und deine Fehler und deinem Ex-Partner gegenüber für sein Verhalten, seine Fehler und seinen Beschluss, die Beziehung zu beenden.

- **Danken**: Es geht darum, dem Ex-Partner zu danken, als innere Haltung. Danke zu sagen für das Gute und das Schwere. Das befreit uns endgültig und wir finden Versöhnung in unserem Herzen. Im nächsten Abschnitt befassen wir uns mit der Dankbarkeit.

Diesem Prozess folgen wir selbstverständlich nicht linear und haken die Punkte ab wie eine Checkliste. Meist braucht dieser Prozess Monate oder Jahre. Doch wir können ihn beeinflussen, wenn wir uns damit auseinandersetzen. Im ersten Schritt, indem wir identifizieren, was uns oder einen Teil von uns noch an unserem Ex-Partner bindet. Anbei einige Aspekte, welche bei meinen Klienten eine Rolle spielten:

- **Glorifizierung**: Häufig glorifizieren wir den Ex-Partner noch und stellen ihn auf ein Podest. Wir machen ihn in unserem Gedanken zu jemand anderem, als er in Wirklichkeit war. Diesen Menschen können wir noch schwerer loslassen, da er fast makellos scheint und gefühlt kein anderer Mensch an ihn herankommen wird. Das bindet uns an ihn. Denn mit dieser Perspektive können wir in keiner anderen Partnerschaft unser Glück finden. Wenn es dir ähnlich geht, mache einen Realitätscheck: Was waren seine Schokoladen- und was seine Schattenseiten? Lass dich von Freunden dabei unterstützen. Werde dabei zu einem strengen Prüfer, der möglichst viele negative Eigenschaften deines Ex-Partner zusammenträgt.

- **Hoffnung**: Auf die Rückkehr des Ex-Partners zu hoffen, ist wie eine Scherbe im Fuß: Jeder Schritt tut weh, eine Heilung ist nahezu unmöglich. Beim Herausziehen der Scherbe schmerzt und blutet es kurz, doch erst dann kann die Wundheilung beginnen. Dieser Schritt ist meist die Voraussetzung, um den Verlust zu spüren und zur Trauer zu kommen. Das Hoffen und Bangen hält uns dagegen in der Vergangenheit und im Wartemodus gefangen und belastet unser gebrochenes Herz noch unnötig mehr. Aus dem Hoffnungsmodus gelangen wir, wenn wir die Trennung mehr und mehr akzeptieren, unsere Gefühle ausdrücken und uns immer wieder bewusst machen: »Ja, es ist vorbei.«

- **Lebenstraum**: Unser Ex-Partner ist häufig eng mit unserem Lebenstraum verbunden. Ob wie im Klischee mit glücklicher Familie, Reihenhaus, zwei gesunden Kindern sowie einem Grillfest am Wochenende mit Freunden und Kindergeschrei auf der Schaukel – oder nach deiner eigenen Vorstellung. Wenn wir verlassen wurden, haben wir den Eindruck, dass der Traum dadurch für immer gestorben ist. Doch er stirbt nicht durch die Trennung. Was gestorben ist, ist *nur* der Traum, ihn mit diesem Menschen zu leben. In dir kann er weiterleben und ob er sich mit jemand anderem erfüllt, hast du in der Hand und nicht dein Ex-Partner. Es ist dein Traum, versuche ihn dir nicht durch diese Erfahrung nehmen zu lassen.

- **Erwartungen**: Ich sage oft, *Wer Erwartungen hat, der sollte mit Enttäuschungen umgehen können.* Wenn das nur so einfach wäre … Häufig haben wir noch Erwartungen an den Ex-Partner, die uns am Loslassen hindern. Beispielsweise möchten wir eine Erklärung, Entschuldigung oder eine Klarstellung gegenüber gemeinsamen Freunden. Diese Erwartungen können wir haben, nur haben wir keinen

Einfluss auf deren Erfüllung und warten vielleicht vergebens darauf. Somit hilft es, Erwartungen maximal an uns selbst zu stellen und an die Dinge, die wir beeinflussen können. Das bedarf einer bewussten Entscheidung, immer wieder die Erinnerung daran und viel Übung.

- **Groll**: Wenn du deinem Ex-Partner noch etwas übelnimmst, kannst du ihn nicht loslassen. Groll bindet dich an ihn und verhindert deine eigene Heilung. Dieser unausgedrückte Ärger muss raus! Wenn das bei dir der Fall ist, finde die Vorwürfe an deinen Ex-Partner und einen Weg, diese auszudrücken: Aufschreiben, rausschreien … Im Kapitel *Fühlen* findest du viele Impulse zum Ausdruck deiner Gefühle.

Hast du etwas entdeckt, was dich an deinen Ex-Partner bindet? Nimm dir die Zeit, die es benötigt, um die für dich wichtigen Schritte zu gehen. Druck und Eile sind beim Loslassen fehl am Platz und verhindern es vielmehr.

Noch Jahre später am Ex-Partner hängen

Die Beziehung und den Ex-Partner haben wir üblicherweise nicht innerhalb von Tagen und Wochen losgelassen. Doch wenn wir alle Trennungsphasen durchlaufen haben und dennoch langfristig nicht darüber hinwegkommen, hängen wir an irgendeiner Stelle noch fest. Kann es an einem der gerade genannten Aspekte liegen? Oder gibt es noch etwas völlig anderes?

- **Verzeihen**: Kannst du dir selbst verzeihen? Wenn nicht, dann passiert es häufig, dass wir diese Schuld unbewusst auf unseren Ex-Partner projizieren. Diesem übertragen wir dann einen großen Berg an Schuld, der uns selbst am Loslassen hindert. In diesem Fall geht es darum, dass du lernst, dir selbst zu vergeben und zu verzeihen. Im nächsten Atemzug gelingt es uns dann meist auch mit dem Ex-Partner.

- **Wenn-Dann**: *Was wäre, wenn ich mich doch nur mehr bemüht hätte? Wenn ich doch diesen einen blöden Satz vor der Trennung nicht gesagt hätte. Was wäre, wenn mein Ex-Partner an mich denkt, sich aber nicht traut mich zu kontaktieren …* In dieser Gedankenfalle, mit den tausenden Möglichkeiten an *Was-wäre-Fragen,* sitzen wir häufig.

Unser Verstand kreiert andauernd alle möglichen und unmöglichen Fantasien, die unser Loslassen verhindert. Denn, was wäre, wenn … Wenn du aufgrund dessen noch an deinem Ex-Partner hängst, versuche Folgendes: Lies nochmals das dritte Kapitel *Denken* und finde einen spielerischen Umgang mit diesen Fragen, nutze dabei insbesondere die Beobachterposition. Oder kontaktiere deinen Ex-Partner, wenn es noch etwas zu klären gibt.

- **Ungeklärtes**: Häufig hängen wir noch an unserem Ex-Partner, weil wir noch Fragen an ihn haben. Erst, wenn wir diese beantwortet oder losgelassen haben, gelingt es uns auch, den Menschen loszulassen. Der Verstand lässt uns solange keine Ruhe. Wenn deine Trennung bereits länger zurückliegt und es *nur* an diesen Fragen liegt, suche den Kontakt zu deinem Ex-Partner. Es ist zumindest ein Versuch wert. Im besten Fall gibt sich dein Verstand mit den Antworten zufrieden und ermöglicht dir dann das Loslassen. Im schlechtesten Fall wird kein Gespräch möglich sein oder die Antworten sind unbefriedigend. Danach gilt es für dich einen Weg damit zu finden, das zu akzeptieren. Lies dann am besten nochmals das zweite Kapitel *Akzeptieren*.

- **Schmerzvermeidung**: Solange du noch Hoffnung auf ein *Happy-End* mit deinem Ex-Partner hast, bleibst du mit ihm noch verbunden – zumindest einseitig. Damit schützt du dein Herz, denn es besteht für dich keine Gefahr, der Trauer zu begegnen, weil die Hoffnung sich noch erfüllen könnte … Leider erkennen wir diesen Mechanismus bei uns selbst nur schwer.

Soweit meine Impulse für dich, wenn du noch Jahre nach der Trennung an deinem Ex-Partner hängst. Einen abschließenden Gedanken möchte ich dir noch mitgeben, der trotz der Kürze vieles in uns verändern kann: *Man kann niemanden verlieren, weil man niemand besitzen kann.*

Solltest du trotz der Arbeit mit diesen Aspekten nicht weiterkommen, suche dir am besten professionelle Begleitung. Häufig profitieren wir in diesem Fall von jemand Drittem, der einen anderen Blickwinkel und andere Erfahrungen mit dem Thema der Trennung hat.

Übungen und Rituale zum Loslassen

Unabhängig davon, was dich noch an deinem ehemaligen Partner hält, gibt es einige weiterführende Möglichkeiten, mit denen du dich zum Thema Loslassen befassen kannst.

- **Abgabe**: Spende Geschenke, die du von deinem Ex-Partner erhalten hast und welche dich heute immer wieder an ihn erinnern an einen guten Zweck oder verschenke sie anderweitig.
- **Ehering**: Wenn du verheiratet warst, finde einen passenden Ort für deinen Ehering. Beispielsweise kannst du ihn einschmelzen und etwas Neues daraus kreieren, ihn im Meer versenken …
- **Baum**: Pflanze einen kleinen Baum als Symbol für den Neubeginn und kümmere dich gut um ihn. Sein Wachstum, seine Verwandlung zeigt dir, dass nichts im Leben bleibt, wie es ist.
- **Einzugsparty**: Wenn du eine neue Wohnung beziehst, bitte jeden deiner Gäste, etwas für deinen neuen Haushalt mitzubringen.
- **Loslassen**: Ein häufig genutztes Abschiedsritual: Nimm einen Gegenstand, welchen du mit deinem Ex-Partner verbindest, einen Brief, welchen du an ihn geschrieben hast oder ein Symbol eurer Partnerschaft. Anschließend lässt du diesen los. Zum Beispiel verbrennst du ihn, versenkst ihn im Wasser, schickst ihn auf einem Schiffchen auf unbekannte Reise oder mit einem Luftballon in den Himmel.
- **Münzwurf**: Nimm, bevor du abends ins Bett gehst, eine Münze und lege Folgendes fest: Zahl bedeutet, den Ex-Partner loszulassen, Kopf ihn festzuhalten. Anschließend wirfst du die Münze und merkst dir, auf welcher Seite sie gelandet ist. Am nächsten Morgen stehst du auf und verhältst dich so, wie es die Münze entschieden hat. Wenn sie Loslassen gesagt hat, verhältst du dich den gesamten Tag so, als ob du bereits innerlich losgelassen hast. Du überlegst dir, wie du dich fühlen, verhalten und was und wie du denken würdest. *Eben so tun, als ob.* Wenn die Münze auf der anderen Seite gelandet ist, dann tust du so, als ob du an deinem Ex-Partner festhalten würdest. Probiere das einige Tage aus und beobachte dich selbst: Wie unterscheiden sich die Tage abhängig vom Münzwurf?

Hast du Lust die Münzübung einmal auszuprobieren? Diese lässt sich übrigens mit allen Themen durchführen, bei welchen es um Entscheidungen geht. Oder ist etwas anderes passender für dich? Lass mich gerne wissen, was dir dabei geholfen hat, ich freue mich, wenn du mir schreibst: wielandstolzenburg.de/feedback

Übungen und Rituale zum Verabschieden und Freilassen

Weitere Schritte auf dem Weg des Loslösens sind ein bewusster Abschied sowie das sogenannte Freisprechen. Beim Abschied geht es nicht darum, dass dein Ex-Partner anwesend ist. Wichtig ist es, dass es in deinem Inneren, in deinem Herzen geschieht. Freisprechen wird im therapeutischen Kontext die innere Haltung genannt, den Ex-Partner für einen neuen Partner freizugeben. Meine Gedanken dazu:

- **Abschiedsbrief**: Schreibe einen Abschiedsbrief an deinen Ex-Partner. Er soll wie bei den vorherigen Briefen ausschließlich für dich bestimmt sein. Einige Themenfelder als Ideen: *Was war das Schöne und Einmalige der Beziehung? Über was habe ich mich am meisten geärgert? Wofür bin ich dankbar und was ehre ich?* Nenne dabei jeweils konkrete Situationen. Eine weitere Möglichkeit für einen Abschiedsbrief: *Schweren Herzens nehme ich Abschied von dir, weil …* sowie *Leichten Herzens nehme ich Abschied von dir, weil …* Was möchtest du mit diesen Briefen machen? Vergraben, verbrennen, aufbewahren …? Finde den für dich passenden Abschied.

- **Freisprechen**: Anschließend geht es um das Freisprechen deines Ex-Partners: *Ich lasse dich los und bin mit dir nicht mehr als Partner verbunden. Wenn ich möchte, kann ich neu wählen und mich mit einem anderen Menschen neu verbinden und ich brauche dann keine Rücksicht auf dich nehmen. Wenn du willst, kannst du neu wählen und dich mit einem anderen Menschen verbinden und brauchst dabei keine Rücksicht auf mich nehmen.* Dieser Text stammt aus einer Fortbildung, welche ich beim *Institut für Fort- und Weiterbildung* in München gemacht habe. Diese Worte an dem Ort eures Kennenlernens auszusprechen, kann eine noch tiefere Wirkung haben.

Deine emotionale Reaktion auf diese nochmals tiefe und intensive Beschäftigung mit der Beziehung ist ein guter Maßstab, wie weit du deinen Ex-Partner tatsächlich losgelassen hast. Wenn dieser Schritt für dich noch zu früh ist, dann gib dir deine Zeit.

Schon gewusst? Ein anderer Blick auf »Ich liebe dich«
Da ich diese Gedanken als wichtig erachte, findest du nochmals einige Worte zum Thema »Ich liebe dich.« Müsste wahre Liebe nicht folgendermaßen aussehen: Weil ich meinen Ex-Partner liebe, möchte ich, dass es ihm gut geht. Wenn er für sich entschieden hat, dass es ihm ohne unsere Partnerschaft besser geht, dann respektiere ich seinen Beschluss. Eben, weil ich ihn liebe, lasse ich ihn gehen. Wenn du ihn aus Liebe wieder an deiner Seite haben möchtest, ist es dann nicht ausschließlich ein Bedürfnis, welches mit dir zu tun hat und nicht mit deinem Partner?

Dankbarkeit: Wie Dankbarkeit möglich und warum sie wichtig ist

Nach dem Durchlaufen aller Trennungsphasen gibt es ein Gefühl, welches sich im besten Fall am Ende zeigt. Es hilft, die Partnerschaft im Frieden und Guten in der Vergangenheit zu lassen: Dankbarkeit. Das ist das einzige Gefühl, das uns nicht mehr am Ex-Partner festhält und uns tatsächlich frei macht. Warum das so ist, darauf blicken wir in diesem Abschnitt.

Dort hinzukommen braucht Geduld und Zeit. Dankbarkeit lässt sich nicht mit einer Entscheidung herbeiführen. Sie ist das Ergebnis des gesamten Trennungsprozesses und steht am Ende. Voraussetzung ist, dass du die wichtigen Prozesse der Trennung durchlebt hast: das Akzeptieren, Fühlen, Verzeihen und Loslassen.

Die Dankbarkeit für alles – auch das Schwere und Verletzende – ist der beste Maßstab, wie intensiv du noch an deinem Ex-Partner hängst, wie weit du die Trennung überwunden hast und damit bereit für etwas Neues bist. Vielleicht fragst du dich, warum du für all das dankbar sein solltest, insbesondere für das Schmerzhafte? Insbesondere, wenn die Trennung noch nicht lange her ist, ist das kaum vorstellbar, vielleicht klingt es sogar absurd. Das ist verständlich. Es geht nicht darum, sofort den Blick auf die Dankbarkeit zu lenken. Wie gesagt, die Zeit, wann du soweit bist – und ob du es überhaupt möchtest – kannst ausschließlich du bestimmen. Was ich dir mitgeben kann ist das Wissen, dass alle anderen Gefühle wie Enttäuschung, Erwartung, Schuld, Ärger oder Wut uns bewusst und unbewusst an den Ex-Partner binden.

Für was kannst du dankbar sein? Einige Beispiele möchte ich dir hier zeigen:

- *Danke für all das, was ich durch dich erleben und lernen durfte.*
- *Danke für die schönen Momente in der Partnerschaft, die mir niemand nehmen kann.*
- *Danke für die schwere Momente, die mich zu dem gemacht haben, der ich heute bin, die mich persönlich wachsen lassen haben.*
- *Danke für die Liebe, die ich von dir erhalten habe.*
- *Danke für all das, was ich dir geben und die Liebe, die ich dir schenken durfte.*
- *Danke, dass du mein Lehrer warst und ich dein Lehrer sein durfte.*
- *Danke, dass du Platz gemacht hast für etwas Neues in meinem Leben.*

Worte, die uns berühren, oder? Sie wirken jedoch nur, wenn du sie ehrlich und aus vollem Herzen sprechen kannst. Eine reine kognitive Dankbarkeit, ohne diese tatsächlich zu fühlen, bringt wenig. Sie ist vielmehr ein Hinweis, dass du noch Zeit zur Verarbeitung benötigt.

Eine hilfreiche Aufgabe zu diesem Thema: Das Schreiben eines *Dankbarkeitstagebuchs*. Zum einen mit all den Aspekten hinsichtlich eurer Beziehung und zum anderen kannst du es ausweiten, Indem du jeden Abend drei Dinge aufschreibst, über welche du heute dankbar warst: Das schöne Wetter, das Essen und ein Dach über dem Kopf, das inspirierende Gespräch oder wie gelassen du auf den unfreundlichen Verkäufer reagiert hast … Du wirst mit diesem Gefühl der Dankbarkeit anders einschlafen und mit der Zeit zufriedener werden.

Weitere wertvolle Abschiedsworte lassen sich auch in den folgenden Gedanken finden: *Ich nehme, was du mir gegeben hast. Es war eine ganze Menge. Ich danke dir dafür und will es in Ehren halten und du kannst nehmen, was ich dir gegeben habe. Ich habe es gern getan. An dem, was schiefgelaufen ist zwischen uns, nehme ich meinen Teil der Verantwortung. Als Frau/Mann verabschiede ich mich von dir. Ich wünsche dir alles Gute. Ich gehe meinen Weg jetzt ohne dich – Lebe wohl.* Ich weiß leider nicht mehr, von wem ich diese Worte habe, dennoch möchte ich sie dir mitgeben.

Diese innere Haltung hilft, uns vollständig und friedlich aus der Beziehung zu lösen. Auch dann, wenn die Beziehung und/oder Trennung konfliktreich und schwierig war. Mit dem Blick der Dankbarkeit haben wir es geschafft, die Trennung nicht mehr als Strafe zu sehen, sondern als eine Erfahrung, die wir überstanden haben und die uns hat wachsen lassen. Meist können wir dann mit Milde und einem liebevollen Blick auf den Ex-Partner schauen. Da es nicht darum geht, den Ex-Partner endgültig wegzupacken, kann der folgende Satz entlastend sein: *Du hast einen Platz in meinem Herzen, für immer.*

Am Ende gibt es einen veränderten Blick auf die gemeinsame Zeit. Er löscht nicht den Schmerz, den wir erfahren haben. Doch wir sind nicht mehr im Kampf gegen das, was geschehen ist. Wir sind in dankbarer Annahme und wieder frei.

Offenheit: Wieder frei für neue Partnerschaften werden

In meiner Erfahrung zeigt uns das Leben, ob wir bereit für eine neue Partnerschaft sind. Damit meine ich keine Beziehung, die hauptsächlich zur Schmerzvermeidung und dem Selbstwertaufbau eingegangen wird, sondern eine auf Augenhöhe und voller Liebe, die das Potential hat, eine langfristige Paarbeziehung zu werden.

Welche potenziellen Partner in dein Leben treten, ist der beste Hinweis und Spiegel zugleich, ob du bereit bist für etwas Neues. Wenn die neue Beziehung bereits nach wenigen Wochen zu Ende geht, war es wohl nicht der passende Partner oder du bist noch nicht wirklich bereit dafür. Manchmal denken wir, dass wir viel weiter in der Trennungsverarbeitung sind, doch unsere Gefühlswelt sieht das noch anders als unser Verstand.

Angst oder Druck sind dabei ungeeignete Ratgeber. Egal, wie sehr du dir eine Beziehung wünschst oder Angst hast, keinen Partner mehr zu finden, beziehungsweise keine Kinder mehr bekommen zu können, lass los! Du kannst nur ins Vertrauen gehen. Manchmal ist es wichtig, auch einige Monate oder Jahre Single zu bleiben, weiter zu wachsen und sich vermehrt mit dem zu befassen, was vorher zu kurz kam. Vielleicht warst du es selbst, deine Familie, Freunde, Hobbys oder dein Beruf. Manchmal steht ein neuer Partner bereits einige Zeit nach der Trennung vor der Türe und wenn wir tatsächlich offen sind, kann eine schöne Zeit mit einem anderen Menschen beginnen.

Zwei Gedanken, die dich in dieser Phase weiterbringen können:

- **Was möchtest du verändern?** Was möchtest du in einer neuen Beziehung anders machen? Reichen dabei die Erkenntnisse aus der alten Partnerschaft oder geht es darum, dass du dich mit diesen Themen intensiver beschäftigst? Was ist noch wichtig, besser zu verstehen oder neu zu erlernen, bevor du wieder eine Beziehung eingehst? Du hast dich mit den Fragen bereits im Kapitel *Lernen* beschäftigt.

- **Welcher Partner möchtest du sein?** Welcher Mensch möchtest du werden, damit du die Person in dein Leben ziehst, die du als Partner möchtest? Wir ziehen immer einen Menschen in unser Leben, der uns selbst weiterbringt, der uns an unsere Grenzen bringt, der unser bester Lehrer ist. Wenn wir uns selbst entwickeln, wachsen und diese Lernaufgaben angehen, ziehen wir auf einmal andere Menschen an.

Wenn wir dagegen stehen bleiben, kommen ähnliche Aufgaben auf uns zu. Ein wenig nach dem Motto: *Jeder bekommt den Partner, den er verdient.* Was wünschst du dir für einen Partner? Was gilt es für dich noch zu tun, damit du der Mensch wirst, der zu diesem Wunschpartner passt?

Nimm dir genügend Zeit für die Beantwortung dieser Fragen. Es hat sich bewährt, sie ebenfalls mit guten Freunden zu besprechen, die dich spiegeln und ehrlich sind. Hast du etwas gefunden, was noch wichtig ist zu tun? Weißt du, wie du dieses Ziel erreichen kannst?

Freude: Friedvoll auf die Vergangenheit und freudvoll auf die Zukunft blicken

Wir haben es geschafft! Wir haben die Trennung verarbeitet und den Liebeskummer überwunden. Wir sind persönlich gewachsen und gereift. Wir haben Neues über uns erfahren und vieles gelernt. Wir sind gestärkt aus der Trennung hervorgekommen, dürfen stolz auf uns sein und uns freuen, zu was wir alles fähig waren. Das Leben als Single können wir nun genießen und vertrauen, den richtigen Menschen zur richtigen Zeit am richtigen Ort zu treffen. Somit blicken wir wieder mit Leichtigkeit und Zuversicht in die Zukunft und sind freudig gespannt, was dort alles noch auf uns wartet. Dazu finde ich diesen Gedanken spannend: Stell dir vor, wer in Zukunft den freigewordenen Platz neben dir in deinem Leben einnehmen wird: Wer wird dich begleiten, was werdet ihr alles gemeinsam erleben? Wie sieht dieser Mann oder diese Frau aus? Welche Werte und Eigenschaften zeichnen diesen Menschen und eure Partnerschaft aus? Bist du schon gespannt, wer das sein wird, wem du deine Liebe schenken darfst?

Wenn du dir keine neue Partnerschaft vorstellen kannst, nicht aus Angst vor Verletzungen, sondern aufgrund deiner Lebenssituation – beispielsweise deines Alters oder weil du erstmals deine Zeit und Liebe deinen Kinder schenken möchtest – dann stelle dir vor, welche lieben Menschen du in Zukunft um dich haben wirst.

In der Psychologie wird häufig beschrieben, dass wir *nur* drei Lebensbereiche zu meistern brauchen, um zufrieden zu sein: Den Umgang mit uns selbst, den Umgang mit anderen Menschen und den Umgang mit dem Leben und Schicksalsschlägen. Genau in diesen Bereichen wurdest du während des gesamten Trennungsprozess in jedem Moment geprüft, herausgefordert und bist daran gewachsen und auf einem neuen Level angekommen.

Möchtest du noch einen anderen Blick in die Zukunft werfen? Dazu gibt es eine unglaublich schöne Übung: Wie sieht dein Leben in 3 oder 5 Jahren aus? Wo stehst du, was machst du und wie geht es dir? Bist du in einer Partnerschaft und wenn ja, wie sieht diese aus? Wie steht es um deine Freundschaften, Hobbys und deinen Beruf? Wie möchtest du dich fühlen? Schreibe dabei zwei Versionen deines Lebens auf:

- **Mit Happy-End**: Einmal in der bestmöglichen Version. Stelle dir alles so vor, wie es im perfekten Fall geschieht und schreibe dieses Leben auf.

- **Ohne Happy-End**: Einmal in der schlechtmöglichsten Version. Stelle dir auch vor, wie dann dein Leben aussieht und beantworte die oben genannten Fragen ebenfalls.

Nimm dir genügend Zeit für diese Aufgabe und schreibe alles so detailliert wie möglich auf. Du bist dabei Drehbuchautor, Hauptdarsteller und Regisseur in einer Person. Anschließend kannst du dir überlegen, was du ab heute an jedem Tag selbst dazu beitragen kannst, dass die *Happy-End-Version* wahr wird? Was kann das sein? Schreibe dir diese Erkenntnisse ebenfalls auf und überlege dir, wie du dich selbst immer wieder daran erinnern kannst.

Mein letzter Impuls für dich in diesem Trennungsratgeber: Welche Geschichte möchtest du ab sofort bezüglich deiner Trennung über dich selbst erzählen? Die arme Maus, die betrogen wurde und daran zerbrochen ist oder der arme Kerl, der verlassen wurde und seitdem mit Verbitterung und verschlossenem Herzen durchs Leben läuft? Ist eine solche Opfergeschichte attraktiv für dich? Wenn du eine solche Version über dich erzählst, dann bist du diese arme Maus oder dieser arme Kerl. Dann kannst du jedoch auch eine Heldengeschichte daraus machen. Wie sieht diese aus? Schreibe sie auf, die Geschichte von einer Heldin, von einem Helden, die verlassen wurden, und sich … Nur du weißt, wie du diese Erfahrungen bewerten möchtest und wie deine Geschichte aussieht und ausgeht. Wenn du sie mit mir teilen möchtest, schreibe mir gerne: wielandstolzenburg.de/feedback

Angekommen

Du hast eine lange Reise hinter dir. Erinnerst du dich noch an die ersten Sekunden im kalten Wasser und deinen damaligen Gefühlen? Anschließend hast du vieles erlebt, bist im Meer geschwommen und später gesegelt und bist ebenso über dich hinausgewachsen. Mal war der Weg schwer, mal war er leicht, mal bist du ihn allein gegangen, mal hattest du jemanden an deiner Seite. Nun bist du auf einem stabilen und wunderschönen Schiff und bereit an Land zu gehen und das Leben neu zu entdecken und zu genießen.

Dabei wünsche ich dir nur das Beste, viel Freude bei allem, was dir begegnet und die Erfüllung deiner Träume. Erlaube dir große Träume! Zudem wünsche ich dir jederzeit einen guten Kontakt zu dir selbst und deinem Inneren. Dort wirst du die Lösung für nahezu alles finden, was dir im Leben begegnet, denn wir alle haben unendliche Ressourcen in uns.

Dein Wieland Stolzenburg

PS: Wir alle mögen Überraschungen, du auch? Dann habe ich eine kleine für dich, du findest sie unter wielandstolzenburg.de/geschenk

Vielen Dank

Alles, was du im Buch gelesen hast, habe ich in meiner Praxis, in Studium und Ausbildungen und in meinem Leben lernen dürfen. Daher geht der erste Dank an alle Klienten, die ich begleitet habe. Bei ihnen konnte ich erleben, dass wir Menschen aus dem größten Schmerz herausfinden und gestärkt zurück ins Leben finden, sowie dass wir mit Ausdauer, Selbstverantwortung, Mut und Vertrauen alles erreichen können.

Mein Anspruch an mich war es, all meine Erfahrung und Liebe in diesen Trennungsratgeber zu stecken. Erst dadurch, dass du dieses Buch gelesen hast, ist es Wirklichkeit geworden. Somit möchte ich mich auch bei dir bedanken. Du hast es gelesen und dich mit all den Themen und Übungen auseinandergesetzt.

Ebenso möchte ich mich bei all meinen Lehrern bedanken, deren Erfahrung, Weisheit und Liebe an vielen Stellen im Buch durchblitzt sowie bei allen Menschen, die mir wertvolles Feedback zum Buch gegeben haben.

Wenn dir das Buch gefallen hat, freuen sich potenzielle Leser und ich mich ebenso, wenn du auf Amazon eine Bewertung schreibst. Damit können mehr Menschen erreicht werden und hoffentlich davon profitieren. Vielen Dank dafür! Den Link zur Bewertungsseite findest du hier: wielandstolzenburg.de/trennung-bewertung

Ebenso freue ich mich über ein persönliches Feedback von dir, am einfachsten über das Kontaktformular auf meiner Webseite.

Weitere Bücher von mir

Beziehungsleben. Wie du die Lösung für eine erfüllende Partnerschaft in dir findest: Ein Beziehungsratgeber für Paare und Singles, der aufzeigt, warum wir die Lösung für Herausforderungen in Partnerschaften ausschließlich in uns selbst finden können. Dieses Buch richtet sich an alle, die sich und ihre Beziehungsmuster besser verstehen und selbst zur Veränderung dieser beitragen möchten mit dem Ziel, Beziehungen neu zu gestalten: zufriedener, erfüllter und harmonischer.

- Erschienen 2018 als Buch und eBook im Verlag *Books on Demand*
- Umfang: 150 Seiten
- ISBN: 978-3-7460-2424-0

Männer verstehen für Dummies: Ein Buch für alle, die Männer besser verstehen möchten. Warum sind Männer so, wie sie sind? Warum tun sich viele schwer mit festen Bindungen und welche Hürden gibt es auf dem Weg zu einer langfristigen Partnerschaft? Warum ist Sex für sie so wichtig? Wie gehen Männer mit Ängsten und Schwächen um und warum benötigen sie häufig Anerkennung, Macht und Kontrolle?

- Erschienen 2015 als Buch und eBook im Verlag *WILEY-VCH Verlag*
- Umfang: 334 Seiten
- ISBN: 978-3-527-71210-6

Weitere bekannte Trennungsratgeber: *Goodbye Herzschmerz: Eine Anleitung zum Wieder-Glücklichsein* von Elena-Katharina Sohn sowie *Wenn der Partner geht: Trennungsschmerz und Liebeskummer bewältigen* von Doris Wolf.